新编21世纪
高等职业教育精品教材
旅游大类

酒店市场营销

（第三版）

主　编　成荣芬　黄舒拉
副主编　孙娴娴　罗艳丽

中国人民大学出版社
·北京·

图书在版编目（CIP）数据

酒店市场营销 / 成荣芬，黄舒拉主编. --3 版.
北京：中国人民大学出版社，2025. 9. --(新编 21 世纪
高等职业教育精品教材). --ISBN 978-7-300-34085-2

Ⅰ. F719.2

中国国家版本馆 CIP 数据核字第 2025B7J641 号

新编 21 世纪高等职业教育精品教材・旅游大类

酒店市场营销（第三版）

主　编　成荣芬　黄舒拉

副主编　孙娴娴　罗艳丽

Jiudian Shichang Yingxiao

出版发行	中国人民大学出版社		
社　　址	北京中关村大街 31 号	**邮政编码**	100080
电　　话	010－62511242（总编室）		010－62511770（质管部）
	010－82501766（邮购部）		010－62514148（门市部）
	010－62511173（发行公司）		010－62515275（盗版举报）
网　　址	http://www.crup.com.cn		
经　　销	新华书店		
印　　刷	北京七色印务有限公司	**版　　次**	2013 年 3 月第 1 版
开　　本	787 mm×1092 mm　1/16		2025 年 9 月第 3 版
印　　张	15.5	**印　　次**	2025 年 9 月第 1 次印刷
字　　数	323 000	**定　　价**	42.00 元

前　言

PREFACE

酒店市场营销是高等职业院校旅游大类，包括旅游管理、酒店管理与数字化运营、导游等专业的核心课程。为了更好地适应高等职业院校旅游类专业教学改革的需要，本教材以高等职业技术教育培养专业性、职业性、应用性、实践性的人才培养目标为基准，以市场营销基本原理在酒店业中的应用为核心，以酒店营销管理岗位及其营销任务为导向，结合酒店营销工作过程，基于工作任务下的项目化教学内容设计，形成了酒店市场营销课程教学做一体化的内容体系，特点鲜明。

1. 行动导向、教学做一体化项目教学

本教材每个模块都有学习目标与导入案例两个栏目。每个项目都设置了任务活动以引起学生的兴趣，激发学生的思维，有效地实践了教学做一体化的项目教学模式，实现了学生综合素质培养与专业能力锻炼的统一。

2. 体现以教师为主导、以学生为主体的教学理念

本教材以导入案例与任务活动为切入点，实施以教师为主导、以学生为主体的教学方式，并附有案例分析、知识链接等，以期深入浅出地拓宽学生思路，开发学生的创新性思维。

3. 实施体验式学习模式教学改革

酒店市场营销是一门理论与实践紧密结合的应用型课程，特别适合体验式学习模式。本教材遵循体验式学习理念进行课程教学模式的优化设计，插入思考与讨论、小训练、思考练习等教学环节，便于教师实施案例教学、情景教学、问题驱动教学（PBL）等体验式学习模式教学改革。

4. 体现职业素质培养目标

本教材每个模块都设有以团队形式开展活动的操作训练等栏目，重点培养学生团队合作与创新实践的意识和能力，着重提高学生的观察、判断、表达、应变及人际交往能力。

5. 体现以能力培养为主的高等职业院校教育本位

本教材构建了相对完善的知识体系与能力培养体系，回归了以能力培养为主的高等职业院校教育本位，强化了学生学习的主动性，体现了职业教育

教学改革的基本要求。

本教材共分为十个模块，模块一要求学生深入理解酒店市场营销的相关知识，熟悉酒店市场营销岗位工作流程，指导营销实践，为后面的学习打好基础。模块二至模块四是市场调查、营销环境分析和消费者行为分析，为实施营销战略与策略活动提供前期准备。模块五通过学习与训练，使学生了解酒店市场细分的作用，掌握酒店市场细分的方法、选择目标市场的策略、市场定位的过程，能够在市场调研的基础上，制定目标市场营销策略，对酒店企业及其产品进行恰当的市场定位。模块六至模块九为市场营销策略，使学生能够科学、有效地实施酒店企业营销活动，实现酒店企业营销战略目标。模块十介绍了随着市场发展变化形成的市场营销新理论，使学生了解绿色营销、网络营销、关系营销等的原理与方法，掌握各种新型营销理念和技巧的实施步骤，并能实施相关策略，给学生新的启迪。

在第二版教材的基础上，第三版教材做了以下修订：第一，增加了新数据、新知识，与时俱进；第二，结合网络新特点进行了调整，强化实践性；第三，结合实际更新了大量案例及部分操作训练；第四，深入贯彻党的二十大精神，以习近平总书记关于职业教育工作的有关重要指示批示精神为导向，落实立德树人根本任务，推进习近平新时代中国特色社会主义思想进教材、进课堂、进头脑。

由于编者水平有限，书中不妥与疏漏之处在所难免，敬请专家、同行及同仁批评指正。

编　者

目　录
CONTENTS

模块一 酒店市场营销及岗位工作流程

学习目标

- 认知酒店市场营销，掌握酒店市场营销学的研究对象、内容和方法
- 掌握市场营销理念的演变，树立现代市场营销理念
- 了解酒店市场营销岗位的工作流程，指导营销实践
- 能够以现代市场营销理念指导经营活动
- 能够借助酒店市场营销岗位工作流程指导营销实践

导入案例

盐水虾的启示

某外贸公司在青岛白浪花餐厅宴请一位初次来大陆的台商，当盐水虾这道菜端上来时，台商突然要求值台的服务员王小姐为他剥掉虾皮。在酒店服务程序中并没有这一服务模块，主人赶忙向客人解释：“这道菜是客人自己动手的。”客人固执地说：“我只想问王小姐能不能为我剥虾。”当时在座的客人都把目光投向王小姐，气氛有些紧张。只见王小姐微笑着端过客人面前的餐碟，小心细致地用公刀、公叉为客人剥虾，把虾肉切成大小均匀的虾段放到客人面前，并说了一句：“希望您能满意。”客人笑着说道：“大陆餐厅服务员的服务水准是一流的。”在座的其他客人也露出了赞许与自豪的微笑。

这件事以后，王小姐对自己提出了更高的要求。她认为，客人提出要求后再为客人服务是被动的，要真正使客人满意，就要猜透客人的心思，在客人开口之前为客人提供服务。后来，有位澳大利亚客人在白浪花餐厅就餐。当端上盐水虾时，王小姐注意到其他客人都在动手剥虾，而这位客人却略有迟疑。她便主动上前询问：“先生，需要我为您剥虾吗?”“啊，可以吗？太好了！”宴会结束后，这位澳大利亚客人握着王小姐的手说：“王小姐，你的眼睛真厉害，可以看到我心里在想什么，我回国后要告诉朋友们，我在中国享受到了至高待遇。”

资料来源：商业服务先锋．餐厅顾客10个被感动的服务案例，点进来瞧一瞧！[EB/OL].(2023-01-12)[2024-12-09]．微信公众平台．

项目一 认知酒店市场营销

任何酒店企业都与市场有着千丝万缕的联系，酒店企业通过市场不断进行酒店产品

的生产与交换。市场不仅是酒店企业经营活动的起点与终点，而且是酒店企业与外界建立各种关系的媒介。因此，酒店企业应认识市场、适应市场、驾驭市场，发现市场机会、规避市场风险，在满足市场需求的同时，获得利益，求得生存与发展。

活动 **酒店市场理解训练**

活动目的：了解学生对酒店市场的理解现状，引导学生正确理解酒店市场。

活动内容与要求：观察社会现象，分组讨论对“酒店市场”的理解。小组代表集中发言，其他同学做补充。

结果与检测：能够正确理解各时期的酒店市场。

提示：注意时代性、立足点，教师要及时引导。

一、理解酒店市场

市场是一个复杂的、多层次的、发展中的概念。市场具有地理特征、社会经济特征、文化特征和消费者心理特征，其中，市场的文化特征尤为明显。在不同的历史时期，随着市场经济的发展，市场的内涵不断变化。站在不同的角度理解市场，市场的含义也有所不同。

在日常生活中，人们习惯将市场看作商品买卖的场所，将酒店市场看作酒店与餐馆等场所，这是一个时间维度和空间维度的酒店市场概念。

从经济学角度来看，酒店市场是酒店商品交换关系的总和，反映了人与人之间的关系。经济学家用酒店市场来泛指一个特定酒店产品或某类酒店产品进行交易的卖方和买方的集合，这是狭义的酒店市场概念。

管理学家侧重于从具体的交换活动及其运行规律去认识市场，认为市场是供需双方在共同认可的一定条件下所进行的商品或劳务的交换活动。

现代市场营销学则站在酒店企业的角度认识酒店市场。酒店市场是指那些对酒店产品具有特定需求或欲望，愿意并能够通过交换来满足这种需求或欲望的全部顾客。这是广义的酒店市场概念，也称为“酒店营销市场”，这个市场的大小取决于人口、购买力和购买欲望三个要素，即：

酒店营销市场 ＝ 人口＋购买力＋购买欲望

人口、购买力和购买欲望这三个要素互相制约、缺一不可。只有三者结合起来，才能构成现实的市场，决定市场的规模和容量。

二、酒店市场营销的定义

市场营销一词来自英文 marketing，它是由 market（市场）派生而来的具有一定动词性的名词，既可以指市场营销活动，也可以用于表示市场营销学这门学科。酒店市场营销活动的基本含义是在市场中进行酒店商品交换的活动过程。

美国市场营销学家菲利普·科特勒给市场营销下的定义为：个人和群体通过创造产品和价值并同他人进行交换以获得所需所欲的一种社会和管理过程。

美国市场营销协会（AMA）在1985年给市场营销下了这样一个定义：市场营销是关于构思、货物和服务的设计、定价、促销和分销的规划与实施过程，目的是创造能实现个人和组织目标的交换。在交换双方中，如果一方比另一方更主动、更积极地寻找交换对象，则前者称为市场营销者，后者称为潜在顾客。

酒店市场营销是市场营销的分支学科，是指个人和群体通过创造酒店产品和价值并同他人进行交换以满足需求和欲望的一种社会管理过程。

三、酒店市场营销学的研究对象

酒店市场营销学的研究对象可以概括为：从酒店企业的角度出发，研究以消费者为中心的酒店企业市场营销活动及其规律，即酒店企业为满足消费者日益增长的物质、文化需求所实施的以产品、价格、渠道、促销为主要内容的营销活动及其规律。

四、市场营销组合

市场营销组合（marketing mix）是指企业在选定的目标市场上，综合考虑环境、能力、竞争状况等，对企业自身可以控制的因素加以最佳组合和运用，以完成企业的目的与任务。

20世纪60年代，美国著名学者杰罗姆·麦卡锡将市场营销学的研究内容概括为4P，即产品（product）、价格（price）、渠道（place）、促销（promotion）四个变量。由于这四个英文单词的首字母相同，因此简称为4P组合。20世纪90年代，美国学者罗伯特·劳特朋又提出了4C理论，即消费者（consumer）、成本（cost）、便利性（convenience）和沟通（communication）。

市场营销组合是制定企业营销战略的基础，做好市场营销组合工作可以保证企业从整体上满足消费者的需求。市场营销组合是企业应对竞争者强有力的手段，是合理分配企业营销费用的依据。

企业从事市场营销活动，一方面要考虑企业的各种外部环境，另一方面要制定市场营销组合策略，通过市场营销组合策略的实施，满足目标市场的需求，实现企业的目标。在这里，产品，即企业为目标市场开发适当的产品，选择产品线、品牌和包装等；价格，即产品或服务内在价值的货币表现，企业应制定适当的价格；渠道，即企业通过适当的途径安排中介、运输、仓储等机构将产品送达目标市场；促销，即企业考虑如何将适当的产品，按适当的价格，在适当的渠道送达目标市场，包括销售促进、广告、人员推销等。市场营销组合策略的基本思想在于：从制定产品策略入手，同时制定价格、渠道及促销策略，组合成策略的有机整体，以便达到以合适的产品、合适的价格、合适的促销方式，将产品送到合适地点的目的。企业经营的成败很大程度上取决于这些组合策略的选择及综合运用效果。

〖思考与讨论〗

如何理解市场这一核心概念？

分析提示：市场是商品和服务交换的场所或机制，具有多种类型和结构。它通过价格机制实现资源的合理配置，传递信息并分散风险。市场受到多种因素的影响，包括需求与供给、政府政策和外部环境等。市场是动态演变的，伴随着创新和市场失灵等挑战。因此，理解市场需要综合考虑市场的多个维度和复杂性。

知识链接

酒店业、旅游业市场营销组合

1. 4P 理论的运用

● 产品：在酒店业与旅游业中，产品不仅包括酒店的房间、旅游线路等实体产品，还包括服务体验等无形产品。例如，酒店企业可打造主题客房、亲子客房等特色产品；旅游企业可设计文化体验游、生态探险游等差异化产品。

● 价格：酒店企业或旅游企业可根据不同的目标市场、季节、供需关系等因素制定灵活的价格策略。例如：酒店企业在旅游旺季提高房价，在旅游淡季推出优惠套餐；旅游企业针对学生、老年人等特殊群体提供折扣门票等。

● 渠道：酒店企业或旅游企业线上可通过酒店官网、在线旅游平台、社交媒体等进行推广和销售；线下可与旅行社、旅游代理商合作。例如，酒店企业可与携程、去哪儿等在线旅游平台合作，扩大销售渠道。

● 促销：酒店企业或旅游企业可运用广告、公共关系、人员推销、营业推广等手段进行促销。例如，酒店可在电视、报纸等媒体上投放广告，举办开业庆典、会员活动等；旅游企业可参加旅游展会，发放宣传资料等。

2. 4C 理论的运用

● 消费者：酒店企业或旅游企业可通过市场调研、大数据分析等手段，深入了解消费者的需求和偏好。例如，酒店企业可根据消费者对智能化设备的需求，在客房内配备智能控制系统；旅游企业可根据游客对个性化旅游的需求，提供定制化旅游服务。

● 成本：酒店企业或旅游企业可关注消费者的成本，包括货币成本、时间成本、精神成本等。例如，酒店企业可提供免费的早餐、接送服务等，减少消费者的货币成本；旅游企业可优化旅游线路，减少游客的路途时间，减少时间成本。

● 便利性：酒店企业或旅游企业可为消费者提供便捷的购买渠道和服务体验。例如，酒店企业可提供在线预订、在线支付、自助入住等服务；旅游企业可在景区内设置多个服务点，提供咨询、餐饮、休息等一站式服务。

● 沟通：酒店企业或旅游企业应加强与消费者的互动和沟通，及时了解消费者的反馈和意见。例如，酒店企业可通过社交媒体、在线客服等渠道与消费者进行互动；旅游企业可在旅游结束后对游客进行回访，了解游客的满意度和意见、建议。

资料来源：黄昕．酒店与旅游业市场营销：基于数字化创新［M］．北京：机械工业出版社，2024.

项目二 树立现代市场营销理念

市场营销理念是企业进行经营决策、组织和管理市场营销活动的基本指导思想，也就是企业的经营哲学。它是企业管理层制定营销战略时的一种观念、态度或思维方式。因此，企业能否树立正确的市场营销理念，决定着企业的发展方向与成败。

活动1　市场营销理念类型判断

活动目的：了解学生对市场营销理念的初步理解现状，引导学生正确理解市场营销理念。

活动内容与要求：教师指出涉及市场营销理念的几种现象，由学生进行比较和判断。

结果与检测：能够做出比较正确的判断。

提示：教师及时引导、纠正。

活动2　为酒店设计不同市场营销理念下的营销策略

活动目的：引导学生了解学习本项目的目的，并使之学以致用。

活动内容与要求：团队每个成员分别设计某一理念下的营销策略；制作简易的PPT汇报，学生互评、教师点评。

结果与检测：能够客观地比较和评价不同的市场营销理念，树立正确的市场营销理念，指导营销实践。

提示：教师及时引导、评价。

一、市场营销学的产生和发展

市场营销学萌芽于20世纪初期，目前仍在不断发展之中。

（一）市场营销学的产生

市场营销理论作为一门学科产生于20世纪初的美国。它是美国社会制度由自由资本主义向垄断资本主义过渡时期的产物。

（二）市场营销学的发展

纵观市场营销学的发展历程可以看出，市场营销学者对市场营销活动规律性的认识是逐步深化的，它大体经历了初创时期、应用时期、变革时期、发展时期四个阶段。

1. 初创时期（20世纪初至20年代末）

1905年，W. E. 克罗伊西在美国宾夕法尼亚大学开设“产品市场营销”课程，市场营销学作为一门学科开始受到学界关注。1912年，哈佛大学教授赫杰特齐出版了第一本以“市场营销”命名的教材，标志着市场营销学作为一门独立学科的形成。

2. 应用时期（20世纪20年代至40年代末）

第一次世界大战结束后，1929年至1933年资本主义世界爆发了严重的经济危机，市场营销学开始运用于企业销售活动中。

3. 变革时期（20世纪50年代初至70年代初）

这一时期被称为市场营销学的变革时期。这次变革被称为与工业革命相提并论的销售革命，即从推销（selling）理念转变为以消费者需求为中心的市场营销（marketing）理念的一场革命。

4. 发展时期（20世纪70年代初至今）

近几十年来，市场营销学在基本理论、学科体系、传播领域等方面都有着重大的发展。这主要是科学技术的日益进步，社会、政治、经济环境的不断变化，企业市场营销实践的不断发展所导致的。

二、市场营销学在中国的传播与应用

20世纪30年代，市场营销学在中国曾有一轮传播。中国第一本营销学教材是复旦大学商学院丁馨伯教授编译的《市场学原理》。

党的十一届三中全会为中国重新引进和研究市场营销学创造了良好条件。

1978—1985年，是市场营销学再次引进中国并初步传播的时期。

1984年1月，为加强学术与教学研究，推进市场营销学的普及与发展，全国高等财经院校、综合大学市场学教学研究会成立（1987年改名为中国高等院校市场学研究会）。

1991 年 3 月，中国市场学会在北京成立。

1992 年至今，是市场营销理论研究结合中国实际，提高创新的时期。

三、市场营销理念的演变

市场营销理念，又称市场营销观念、市场营销哲学，是指企业制定经营决策、开展市场营销活动的根本指导思想，是企业的基本经营理念。自 20 世纪初营销理论产生以来，市场营销理念经历了以下的发展与变革。

（一）生产观念

生产观念被称为“最古老的市场营销理念”，即以生产为中心的企业经营指导思想，将生产作为企业的经营活动的中心。这一市场营销理念在 19 世纪末至 20 世纪初的美国企业中表现得最为典型，即以产定销，以量取胜。企业经营管理的重心是：合理组织企业内部的各种资源，实现较高的生产效率，提高产量，降低成本，广泛分销，以满足消费者的迫切需求。

（二）产品观念

20 世纪初期，供不应求的市场状况在欧美国家得到了缓和，产品观念应运而生。持产品观念的人士认为，在市场产品有较多选择的情况下，消费者会选择质量最优、性能最好和特点最多的产品，因此，企业应该致力于制造质量优良的产品，并经常不断地改进质量。“酒香不怕巷子深”“祖传秘方”等便是这一观念的反映。

（三）推销观念

自 20 世纪 30 年代以来，由于科学技术的进步，加之科学管理以及在生产观念驱动下产生的大规模生产，产品数量迅速增加，但人们有支付能力的需求增长相对缓慢，出现了生产增长超过需求增长的趋势，市场上许多产品出现了供过于求的现象，企业之间竞争加剧，特别是受 1929—1933 年经济危机的冲击，大量产品积压，很多企业倒闭。这时，许多企业开始重视运用推销技术和广告宣传，派大量的人员从事推销业务。在这样的客观经济条件下，推销观念应运而生，取代了产品观念，成为许多企业的经营指导思想。持推销观念的人士认为，企业产品的销售量总是和企业所做的促销努力成正比的。到 20 世纪 40 年代，为了扩大销量，一些企业开始不择手段，甚至欺骗顾客，引起顾客满意度下降甚至造成顾客的反感。

（四）市场营销观念

市场营销观念是一种以消费者需求为中心的企业经营哲学。持市场营销观念的人士认为，实现企业经营目标的关键在于切实掌握目标市场消费者的需求和愿望，并以市场需求为中心组织企业的整个生产经营活动。企业将发现和满足消费者需求作为生产经营活动的核心，并通过使消费者满意来获得可观的利润。

从推销观念向市场营销观念的转变，是企业新旧经营哲学的分水岭，是企业经营思想的一次重大飞跃，也是市场营销学理论上一次重大的变革，被称作“营销革命”。企业生产经营活动从此开始从以生产者为重心转向以消费者为重心，结束了“以产定销”的局面，走上了“按需生产”“以销定产”的轨道。

〖思考与讨论〗

“营销的最终目的是使推销成为多余。”

分析提示： 这句话出自管理学家彼得·德鲁克，体现了他对营销的深刻理解。要理解这句话，我们可以从以下几个方面来思考：客户需求的满足、品牌价值的建立、产品差异化、客户关系管理、整合营销传播等。

（五）社会营销观念

社会营销观念是市场营销观念的发展和延伸，主要包括客户的需求与利益、企业利益和社会利益三个方面。这种经营哲学强调企业向市场提供的产品和服务，不仅要满足客户个别的、短期的需求，而且要符合客户和社会的整体的、长远的利益。企业要正确处理客户需求与利益、企业经营目标和社会整体利益之间的关系，在满足目标市场需求的同时，还要考虑将自身的长期利益目标和竞争战略、客户利益和社会利益同时纳入企业生产经营的决策系统，统筹兼顾，求得三者之间的平衡与协调。

20 世纪 80 年代以后，市场营销与其他学科相互融合，使市场营销理念进一步深化和发展。

（六）新市场营销观念

1. 大市场营销观念

大市场营销是指企业为了成功地进入特定的市场并从事经营活动，需要综合运用经济的、心理的、政治的和公共关系等手段，以推动各方面合作的活动过程。

在目前的市场环境中，由于贸易保护主义回潮，政府干预加强，企业营销中所面临的首要问题，已不仅仅是如何满足现有目标市场的需求，而是如何进入壁垒森严的特定市场。因此，持大市场营销观念的人士认为，企业在市场营销中，首先要运用政治权力和公共关系，设法取得具有影响力的政府官员、立法部门、企业高层决策者等方面的合作与支持，激发和引导特定市场需求，在该市场的客户中树立良好的企业信誉和产品形象，从而打开并进入该特定市场，然后要运用传统的市场营销组合去满足该市场的需求，达到占领该目标市场的营销目的。

2. 关系营销观念

关系营销是指为了建立、发展、保持长期的、成功的交易关系而进行的市场营销活动。关系营销的核心是正确地处理企业与客户、竞争对手、供应商、分销商、政府机构和社会组织的关系，以追求各方面关系利益最大化。追求各方面关系利益最大化既是关系营销的特征，也是当今市场营销发展的新趋势。

关系营销观念是与交易营销观念相比较而言的。传统的交易营销观念是买卖双方价值的交换，双方是一种纯粹的交易关系，交易结束后不再保持交易和往来。在这种交易关系中，对于企业而言，卖出商品并获利是主要的，客户是否满意并不重要。而事实上，客户的满意度直接影响重复购买率，关系到企业的长远利益。因此，从20世纪80年代起，美国理论界开始重视关系营销。

3. 绿色营销观念

绿色营销观念是指企业必须将客户需求、企业利益和环保利益三者有机地结合起来，充分估计资源利用与环境保护问题，从产品设计、生产、销售到使用的整个营销过程都要考虑到资源的节约利用和环保利益，做到安全、卫生的一种营销观念。

绿色营销观念是在当今社会环境被破坏、污染加剧、生态失衡、自然灾害等威胁人类生存和发展的背景下提出来的新观念。20世纪80年代以来，伴随着各国消费者环保意识的日益增强，世界范围内掀起了一股绿色浪潮。在这股浪潮冲击下，绿色营销观念也就应运而生了。

4. 文化营销观念

文化营销观念是指企业成员共同默认并在行动上付诸实施，从而使企业营销活动形成文化氛围的一种营销观念。企业的营销活动不可避免地包含文化因素，企业应善于运用文化因素来实现占领某个目标市场的营销目的。

持文化营销观念的人士认为，在企业的整个营销活动过程中，文化因素渗透始终，原因有二：一是商品本身蕴含着文化，商品不仅具有某种使用价值，而且凝聚着审美价值、知识价值、社会价值等文化价值的内容；二是经营过程中渗透着文化因素，企业应在营销活动中尊重人的价值，重视企业文化建设。

〖思考与讨论〗

以酒店业为例，分析不同市场营销哲学下的营销策略。

分析提示：在分析不同市场营销哲学下的酒店营销策略时，我们可以从几个主要的市场营销哲学出发，探讨它们在酒店业的具体应用和策略。(1) 产品观念。酒店应专注于提升产品和服务的质量，如提供高端的客房设施、优质的餐饮服务，以及特色的娱乐活动，以吸引对品质有要求的客户。(2) 绿色营销。酒店可实施节能减排措施，推出绿色住宿计划，与环保组织合作开展公益活动，提升品牌形象。(3) 数字化营销：包括社交媒体营销、搜索引擎优化（SEO）、数据驱动营销等。例如，酒店可通过社交媒体平台发布最新动态，与客户建立互动；优化网站关键词以提高搜索引擎排名；利用数据分析工具了解客户需求，制定精准营销策略。

项目三 设计酒店市场营销岗位工作流程

因工作任务不同，不同的酒店市场营销岗位具有不同的工作流程。明确各岗位的工作流程，对于更好地完成酒店市场营销工作至关重要。

活动 酒店市场营销岗位工作流程设计

活动目的：理解酒店市场营销岗位职责、业务，学会设计酒店市场营销岗位工作流程。

活动内容与要求：观察酒店市场营销岗位，以小组形式设计酒店市场营销岗位类型；不同成员分别设计不同岗位的业务流程；制作PPT，各小组代表选择一个岗位汇报发言，其他同学做补充；小组间相互点评，教师点评。

结果与检测：能够根据总体酒店市场营销岗位设计合理的业务流程，并合理分配总流程中的具体模块。

提示：首先系统、科学地设计总的业务岗位，然后设计具体的岗位工作流程。

一、酒店市场营销的主要任务

酒店市场营销的主要任务是根据酒店销售目标、营销策略，在总经理室的领导下，协助制订并实施销售计划。通过市场调研、营销环境分析，确定目标市场，制定产品策略、价格策略、渠道策略和促销策略；并通过建立预订网络，设置销售网点，组织销售代表做好政府机构、企业等各类客源群体的销售工作，达成销售目标，为酒店创造经济效益和社会效益。

二、酒店市场营销岗位的主要业务

不同的酒店市场营销岗位的主要业务各不相同。

（一）市场营销部经理业务

（1）正确地掌握市场需求和合理地协助总经理室设定销售目标。

（2）制定销售策略和销售计划并采取具体措施。

（3）善于调动营销员的积极性，激发营销员的斗志。

（4）进行销售管理活动，做好职务分配和内部沟通。

（5）高效地安排销售事务、统计、分析和工作量测定等事项。

（6）及时总结情况，上报总经理室。

（二）市场营销部策划副理业务

（1）进行市场调研，分析季节变动因素，协助营销经理制定销售目标。

（2）分析市场占有率，策划营销活动，落实销售任务。

（3）对营销员进行培训、指导和监督。

（4）协助草拟销售计划，上呈营销经理。

（5）对内与各部门沟通协调，及时将客户建议反馈给相关部门。

（6）对外做好公关工作，提高酒店知名度，及时推广酒店的项目。

（7）对营销员进行业绩评估。

（8）协助营销经理实施营销活动，总结和分析经营业绩。

（三）高级客户主任业务

（1）根据酒店市场营销计划，按照客源构成比例要求，带领业务员完成商务客户、团体客户、散客的营业模块，定期统计各营业员的销售业绩。

（2）统筹客户拜访事项，分配各业务员拜访的区域，巩固现有客源，开发新客户；检查并收集营业员的拜访报告，及时建立客户档案，上呈营销部经理。

（3）收集客户的反馈意见，向策划副理汇报。

（4）参加酒店的“早晨问候”活动，与住客交谈，及时征询意见，完善服务细节。

（5）每天检查业务员对客户订房、订餐等业务的落实情况，确认酒店能为客户提供相应的设施、服务。

（6）利用公关技巧和营业技巧，广交各界人士，扩大信息来源，掌握商机。

（7）积极参与酒店举办的各种促销活动，树立酒店形象，促进业务发展。

（8）完成营销经理布置的其他各项工作。

（四）客户服务主任（业务员）业务

（1）根据营销经理分配的营业目标，在高级客户主任的带领下完成商务客户、团体客户、散客的营业模块，及时汇报业绩。

（2）坚持不断以上门拜访、电话等方式保持与客户的密切联系，并有计划地开发新客户，拓展新客源，将拜访报告交上级审阅。

（3）每周到前台、餐厅参加“早晨问候”活动，与客户沟通。

（4）妥善处理客户的订房、订餐等预订业务，并落实到位，诚恳耐心地做好沟通工作，给客户一种信任感，从而建立长期合作关系。

（5）积极参与酒店筹办的各项促销活动。

（6）协助收集有关信息。

（7）完成有关营销文件，与客户签订商务合同、旅行社协议，拓展酒店的业务。

（8）每天整理名片，列入名录，归类存档。

（9）完成营销经理布置的其他各项工作。

（五）市场营销部营销员业务

酒店市场营销部营销员的主要业务包括以下几个方面：

（1）详细查看订单，不漏掉任何细节，特别是客户需求部分。

（2）提早通知各个部门做好接待准备。

（3）若客户要求更改、变更，及时通知各部门，并将处理情况及时报告各有关部门。

（4）客户消费过程中如有投诉，应及时通知有关部门，如解决不了，尽快向总经理室请示处理。

（5）资料归档应简单、明了。

（6）如因不可抗力造成不能按客户要求提供服务，应立即通知客户，做好解释工作，尽量与客户达成谅解。如果客户要求赔偿，尽快通知总经理室处理。

酒店市场营销部营销员的订单跟进工作流程为：

（1）查看订单，了解客户的需求。

（2）与接待部门协商、确认，若发现异常情况，及时向上级报告。

（3）与客户保持密切联络，将更改或者变更情况反馈给接待部门。

（4）跟进客户在店消费过程。

（5）将客户意见或建议整理、反馈给有关部门以改进工作。

（6）上门问候、拜访客户，征询意见或建议。

（7）资料整理归档。

【小训练】 请列举你身边与营销有关的事例。

操作训练

1. 案例分析

分析本模块导入案例“盐水虾的启示”并讨论：酒店市场营销的实质是什么？如何提高酒店产品质量？

要点提示：从“盐水虾的启示”这一故事中，我们可以深刻体会到酒店市场营销的实质不仅仅是提供产品或服务，更是一种情感的交流和价值的传递。酒店市场营销的核心在于满足并超越客户的期望，酒店通过提供卓越的服务体验，建立与客户之间的情感联系，从而赢得客户的忠诚和口碑。具体表现在以客户体验为核心，进行情感连接和价值传递；从培训员工、注重细节、个性化服务、持续改进、强化品牌建设等方面着手以改善酒店产品质量。

2. 团队操作

实训内容：了解当地某家酒店企业的营销活动内容。

实训目标：让学生初步了解酒店市场营销活动的基本内容，包括营销理念、客户类型、产品销售渠道和促销方式等。

实训组织：成立实训小组，要求 3～6 人为一组。以小组为单位，在两周内利用周末时间来完成实训任务。

实训提示：实训小组既可以实际走访某家酒店企业，也可以通过二手资料了解有关信息。

实训成果：制作 PPT，课堂汇报。

3. 情景模拟

实训内容：学生扮演不同角色，模拟酒店市场营销活动。

实训目标：让学生体会酒店营销观念指导下的营销策略。

实训组织：成立实训小组，要求 2～3 人为一组。小组成员扮演酒店营销岗位的不同角色及客户角色，现场模拟服务要求与服务过程、事件的处理。其他学生观察，发现问题并讨论。

模块小结

完成本模块，你应该：

1. 知道了市场营销学是一门建立在经济科学、行为科学和现代管理理论基础之上的应用科学。它以市场需求为中心，研究企业经营活动及其规律。酒店市场是指那些对酒店产品具有特定需求或欲望，而且愿意并能够通过交换来满足这种需求或欲望的全部顾客。

2. 认识了用以指导企业经营活动的指导思想，包括生产观念、产品观念、推销观念、市场营销观念、社会营销观念、大市场营销观念、关系营销观念、绿色营销观念和文化营销观念等理念。酒店企业应树立现代营销观念。

3. 明确了在市场营销学的发展过程中，随着其研究对象的不断修正，研究内容也在不断地丰富。市场营销学的研究内容由最初的 4P 理论，进一步发展和丰富为 6P 理论和 11P 理论，市场营销理论获得了重大突破和发展，对营销实践具有重要的指导意义。

4. 了解了酒店市场营销的主要任务与市场营销岗位的主要业务。

素养园地

素养目标：大学生应深刻理解并认同技术在现代社会中的价值。大学生不仅需要掌握技术工具的使用，更要具备技术自觉，即能够主动运用技术解决问题，并不断提升自身的数字素养，以适应数字经济时代的发展。在数字经济背景下，大学生应具备创新意识和实践能力，能够灵活运用所学知识解决实际问题，特别是在酒店营销领域，要敢于尝试新的营销策略和手段，推动行业创新。

教育数字化背景下高职酒店营销实务课程改革实践

——基于产教融合

2022年5月1日，新修订的《中华人民共和国职业教育法》正式施行。该法将职业教育界定为与普通教育具有同等重要地位的教育类型，这对职业教育来说是一个全新高度。也就是说，在面向充满不确定性的未来世界，职业教育教学要转变对技术的态度，从工具层面的技术使用走向价值层面的技术自觉，回归人的培养而非某一类人的培养。2022年1月，国务院印发《“十四五”数字经济发展规划》，提出深入推进智慧教育。该规划指出：“数字经济是继农业经济、工业经济之后的主要经济形态，是以数据资源为关键要素，以现代信息网络为主要载体，以信息通信技术融合应用、全要素数字化转型为重要推动力，促进公平与效率更加统一的新经济形态。”“与此同时，我国数字经济发展也面临一些问题和挑战：关键领域创新能力不足，产业链供应链受制于人的局面尚未根本改变……数据资源规模庞大，但价值潜力还没有充分释放。”这些问题的关键直接指向职业教育需培养具备数字素养的创新型技术人才。2022年1月，全国教育工作会议提出实施国家教育数字化战略行动，切实达成数字化意识与思维转型、师生数字化能力提升、构建智慧教育发展新生态及形成数字化治理体系和机制等目标。2022年10月，党的二十大报告明确指出要推进教育数字化。教育数字化转型的真正含义是充分发挥现代技术的优势，助推教育现代化，发展高质量教育，赋教育创新之能。

2021年3月，教育部颁布了最新的《高等职业教育专业目录》，将“酒店管理专业”更名为“酒店管理与数字化运营专业”，倒逼职业院校紧随酒店业的数字化转型进行专业与教学转型，以培养适应行业数字化转型的人才。未来职业教育所提供的教学内容不仅要涵盖专业领域的技术知识，更要包含促成行业创新、产业升级的数字技能，帮助所有学习者凭借“技术+”的数字化技能组合，既能在原有岗位实现技术创新，又能够在新旧岗位间实现灵活流动。结合上述几个关键文件精神，我们可以看到在产业数字化升级的现阶段，职业教育人才培养要回归人本性、注重数字思维与素养，并能借助数字手段赋能教育，从而全面提升人才培养的质量。

职业教育作为一种新的教育类型，承担着远高于工具人培养的使命；酒店营销人才的培养应重视收益意识、数据思维、沟通等素质的养成，在实践的探索中发现从岗位职业能力分析入手而选择的各类产教融合的实战项目能最大限度地让学生充分了解行业并综合培养上述素养。酒店行业及教育业所使用的各类数字化工具能全面赋能职业教育课程实施与人才培养，大数据挖掘精确分析职业能力从而准确确定课程培养目标；课程实施中成熟的各类技术加持极大地调动学生的兴趣并培养其主动探索的创新能力；可溯源的全程性评价则能做到客观且及时反馈，极大地提升了课程的教学效果。

资料来源：张萍．教育数字化背景下高职酒店营销实务课程改革实践：基于产教融合［J］．现代商贸工业，2024（8）．

问题：在数字经济时代，酒店营销人才应具备哪些核心素质？

分析提示：在数字经济时代，酒店营销人才应具备以下核心素质：一是收益意识，即能够准确分析市场需求和竞争态势，制定合理的营销策略，实现酒店收益最大化；二是数据思维，即能够运用大数据和人工智能技术，对营销数据进行深度挖掘和分析，为决策提供科学依据；三是沟通能力，即能够与客户、同事和合作伙伴建立良好的沟通关系，提升客户满意度和忠诚度；四是创新能力，即能够不断探索新的营销手段和方法，推动酒店营销的创新和发展。此外，酒店营销人才还应具备团队协作、跨文化交流等综合素质，以适应数字经济时代对人才的需求。

思考练习

1. 解释市场营销理念在各阶段形成的原因，及其对酒店企业的营销活动的指导意义。
2. 对比学习本模块前后自己对市场营销的认识与理解。
3. 运用企业的营销理念分析三鹿奶粉事件。

模块二 调研酒店市场

学习目标

- 认知酒店市场营销调研的作用，学会获取与分析信息
- 掌握酒店市场营销调研的方法
- 具备组织与实施酒店市场调研的能力
- 能够撰写酒店市场营销调研报告

导入案例

教授喜欢喝的咖啡

某日下午，李教授和他的一位朋友来到某宾馆大堂咖啡厅，坐定之后等服务员前来点饮料。两人对坐闲聊了一会儿后，服务员端来一壶现磨咖啡，外加两奶盅牛奶和数块方糖，朝着李教授说："我送来了您喜欢喝的咖啡。"（李教授是这里的常客，服务员几乎都很熟悉他的喜好。）谁知那天是李教授的朋友做东，他从不喝现磨咖啡，而是习惯喝速溶咖啡。

李教授的朋友面露愠色地对服务员说："今天是我请李教授来此叙谈，你怎么如此不懂得待客的道理，竟自做主张替我们安排?"服务员不肯认错，对李教授的朋友说："我了解李教授平素喜欢喝现磨咖啡，我猜想您不是忌喝咖啡的客人。"

李教授听服务员这样讲，觉得对他的朋友有失尊重，于是批评这位服务员道："你不应当在没有弄清主客之前就主观地下结论，即使今天我是主人，你也应当问客人需要什么饮料。"李教授的朋友接着讲："我恰好不喝现磨咖啡，而是喝惯了速溶咖啡的人。"服务员讨好不成，反而遭到驳斥，准备继续争论下去。这时大堂副理闻声而至，弄清情况后要服务员赔不是，并答应现磨咖啡按一杯计价，另外补送一杯速溶咖啡给李教授的朋友才算了结此事。

资料来源：金锄头文库．酒店服务案例餐厅部 25 则［EB/OL］．(2022－03－13)［2024－12－10］．360 文库．

项目一 酒店市场调查

酒店市场瞬息万变，不同的客户有不同的需求。只有了解酒店市场的过去和现在，

才能把握其未来发展方向。酒店经营者的所有决策都要建立在掌握必要信息的基础之上。随着知识化、全球化营销时代的到来，酒店市场信息大量产生，经营者的决策难度也随之增加。因此，掌握酒店市场营销调研的科学方法，在科学调研的基础上制定可行的营销策略就显得更为必要。

活动1　市场信息搜集训练

活动目的：了解学生对市场信息的搜集能力，引导学生正确搜集信息。

活动内容与要求：搜集顾客对麻辣鸭舌的需求信息。学生代表发言，包括基本信息与信息来源，其他同学做补充。

结果与检测：能够比较充分地利用信息搜集方法与途径获得信息并进行归纳整理。

提示：注意方法与途径的多样性。

一、酒店市场营销信息

酒店市场营销信息是指在一定的时间和条件下，与酒店企业的市场营销活动相关的各种消息、情报、数据、资料和知识的总称。

酒店企业在制定营销战略和策略时，要以及时、充分、准确的信息为基础，只有这样才能尽量保证营销战略和策略在制定和实施时贴近酒店企业实际，进而赢得市场。

（一）酒店市场营销信息的作用

对于酒店企业而言，市场营销信息不仅对营销活动，而且对整个企业的未来发展都有重要的导向作用。酒店市场营销信息的作用表现在四个方面：

1. 制定营销战略的基础

酒店企业在制定营销战略前，首先必须了解有关的市场营销信息，研究酒店市场和客户的需求。

2. 确定营销策略的导向

酒店企业市场营销策略的制定，是建立在特定的市场营销环境基础上的，而要了解市场营销环境条件，就要掌握与酒店市场营销环境及其变化相关的市场营销信息。因此，酒店企业在制定市场营销策略时，必须根据市场营销决策的需要，有计划、有目的地搜集有关的酒店市场营销信息。

3. 营销计划和营销策略调整的依据

酒店企业所处的市场营销环境是不断变化的，而且有些环境因素的变化是企业无法预料和无法控制的。即使酒店企业在制定营销计划和营销策略时进行了认真的市场研究，也很难完全把握市场营销环境的变化。所以，酒店企业在营销计划和营销策略执行过程中，应根据营销环境的变化，对原先制定的营销计划和营销策略进行适时的控制和调整，而要保证调整后的营销计划和营销策略切实有效，则必须以变化了的酒店市场营销信息为依据。

4. 提高市场竞争力的重要保证

随着现代科学技术的飞速发展，市场竞争在一定程度上已经表现为市场营销信息的竞争，谁先获得有关的市场营销信息，谁就将获得先机。如果能抓住市场机会，就能在相关的领域取得竞争优势。

酒店企业所有的营销决策都应以充分、准确的信息资料为基础。然而，在酒店企业的实际经营管理中，营销管理人员在决策时常常会碰到以下问题：

（1）信息量太少，决策缺乏足够的依据；

（2）信息量太大，决策者理不出头绪，无从下手；

（3）有用的信息太少；

（4）信息不易理解，难以在决策过程中灵活运用。

要解决这些问题，酒店企业需要有一套科学的信息管理办法，建立一套系统的程序来收集、整理、分析信息，使信息真正发挥作用。也就是说，酒店企业需要一套完善的酒店市场营销信息系统。

（二）酒店企业的市场营销信息系统

酒店企业的市场营销信息系统（Marketing Information System，MIS）是指由酒店企业的营销人员、信息处理设备和运作程序组成的一个持续的、彼此相互影响的系统，它的任务是准确、及时地对有关的信息进行搜集、分析、评估和分发，供营销决策者使用，以便使营销计划的制订、执行和控制更加准确、有效。酒店企业的市场营销信息系统包括内部报告系统与市场营销情报系统。

内部报告系统是酒店企业市场营销信息系统中最基础的信息系统，也是酒店企业管理人员最关心的一个系统，企业的内部信息就是通过这个系统传递给管理人员的。

市场营销情报系统是指向营销人员提供营销环境中各种情况的发展变化的一整套信息来源和程序。

酒店企业管理人员可以从各种渠道获得各类营销情报，为了更加及时、系统地得到有关外部环境变化的情报信息。通常而言，酒店企业还会从本企业营销人员、中间商、专业信息提供机构、企业自建的情报机构以及媒体等渠道获取信息。具体来讲，市场营销信息的来源有：（1）文献信息；（2）实物信息；（3）口头信息；（4）内部信息；（5）电子信息；（6）新闻媒体。市场营销信息的采集步骤是：（1）分析信息需求；（2）选择信息源；（3）确定信息采集方法；（4）信息采集等。

对于从各种渠道搜集的信息，酒店企业必须进行加工整理方可采用。市场营销信息的加工整理过程主要包括鉴别与筛选，即利用各种方法对信息的真伪、价值进行判别；对有利用价值的信息进行分类、整理，并进行分门别类的编排，使之成为有内在联系的信息体系；对信息加以描述，并在信息载体上加注识别符号，并将标记编制成简明的目录，以便存储查询和使用等。

活动 2　市场调查训练

活动目的：了解学生的市场调查能力，引导学生正确选择调查方法，培养学生调查能力。

活动内容与要求：以团队形式调查客户对四星级酒店提供的麻辣鸭舌的需求信息。要求：采用问卷调查法时，需要设计调查问卷（含线上与线下），制作 PPT，小组代表发言，小组其他同学做补充。其他小组提问。

结果与检测：能够科学地设计调查问卷。

提示：注意问卷设计的技巧。

二、酒店市场营销调研

〖思考与讨论〗

如何获得市场需求信息？酒店市场调研的方法有哪些？

分析提示：酒店企业需要进行市场调研以获得市场需求信息。酒店市场调研方法包括文案调研、特殊调研、实地调研等。

酒店市场营销调研是指以科学的方法对影响酒店市场变化的各种信息进行专门的调查，对所收集的资料进行分析和研究，发现市场机会，为酒店企业管理人员提供科学决策所必需的信息依据的过程。它包含以下几方面的含义：行为是有目的、有计划、系统的、客观的；方法是科学的，而非主观臆断的；营销活动及过程等对象明确；是制定市场营销战略的前提与基础。

（一）酒店市场营销调研的内容

酒店市场营销调研的内容包括酒店企业经营环境调研（宏观环境与微观环境）、酒店市场需求调研（市场容量、变化、潜力）、酒店企业经营潜力调研、酒店企业经营效果调研、产品调研（与竞争对手对比产品）、客户调研（分布情况、购买力、购买行为）、竞争调研（竞争对手的基本情况）、销售调研（渠道、价格、促销）以及酒店企业经营效果调研（市场份额调研、产品线调研、广告效果调研、业务量调研）等。

（二）酒店市场营销调研的类型

根据所调研问题的性质、目的和要求的不同，酒店市场营销调研的类型一般可以分为探测性调研、描述性调研、因果性调研和预测性调研四类。

1. 探测性调研

探测性调研是当酒店营销人员对所面临的问题不太清楚，尚未确定具体的调研内容时进行的试探性调研。探测性调研的目的是为进行更精确的调研建立假设，从而明确所要探测的问题，为进一步调研建立各种假设或问题的先后顺序；搜集针对某一具体假设进行调研的有关信息。

2. 描述性调研

描述性调研是描述特定总体的特点，初步估计和测算本企业的酒店产品的消费者在具有某种行为方式的特定人群中所占的比例。

描述性调研的具体方法主要有两种，即纵向分析法和交叉影响分析法。纵向分析法，又称时间序列分析法，它是在一个动态数列中对同一酒店市场属性进行调查分析的方法。它所依赖的分析工具一般是各种动态指标，包括序时平均数、发展速度等。交叉影响分析法是在某一特定的时间里研究两个或两个以上变量之间相互关系的一种描述分析方法，它不仅可以用来研究客户的收入、年龄、职业、社会地位与旅行爱好之间的关系，而且可以被用来研究酒店产品价格与购买行为之间的关系，以及服务水平与满意程度之间的关系。

3. 因果性调研

因果性调研是指为了查明项目不同要素之间的关系，以及查明特定现象的产生原因所进行的调研。

4. 预测性调研

预测性调研是指专门为了预测未来一定时期内某一环节因素的变动趋势及其对企业市场营销活动的影响而进行的市场调研。例如，市场上消费者对某种菜品的需求量变化趋势的调研等。这类调研的结果是对事物未来发展变化的预测。

（三）酒店市场营销调研的程序

酒店市场营销调研的程序包括准备阶段、调研实施阶段、调研结果的处理阶段。

准备阶段的任务是确定调研目标和项目、确定搜集资料的范围和方式、设计调查表和抽样方法、制订调研计划等。

调研实施阶段的任务是组织调研人员按照调研计划的要求，系统地搜集资料和数据，听取调研对象的意见。这个阶段大体可以分为对调研人员进行培训和实地调研。

调研结果的处理阶段的任务是整理与分析资料、编写调研报告、追踪与反馈。

（四）酒店市场营销调研的方法

酒店市场营销调研的方法有文案调研、特殊调研、实地调研三种。

1. 文案调研

文案调研主要是对二手资料的收集、整理和分析。酒店市场营销调研人员搜集二手资料的方法较为简单，如查阅现有资料、阅读报纸或杂志等。

2. 特殊调研

特殊调研包括固定样本、零售店销量、消费者调查等持续性实地调研，以及采用投影法、推测试验法、语义区别法、计算机辅助电话访问（CATI）等进行购买动机调研等。

3. 实地调研

实地调研主要是获得一手资料。搜集一手资料较为费时费力。实地调研方法包括观察法、询问法、实验调查法和网上调研法。

观察法是指酒店市场营销调研人员通过现场观察而获取所需资料的一种方法。

询问法是酒店市场营销调研人员通过向调研对象提出问题而获取所需资料的一种方法，具体包括面谈法、电话询问法、函件通信调查法、留置问卷法。面谈法是酒店市场营销调研人员通过向调研对象当面提问来搜集信息的一种方法。面谈可以分为个人面谈与小组面谈、一次性面谈与多次面谈等。电话询问法是酒店市场营销调研人员通过使用电话向调研对象提问来搜集信息的方法。函件通信调查法是酒店市场营销调研人员将事先设计好的调查问卷邮寄给调研对象，让其回答后再寄回的一种搜集信息的方法。留置问卷法是酒店市场营销调研人员将问卷当面交给调研对象，向其说明回答方法后，将问卷留置于调研对象手中，让其自行填写，再由酒店市场营销调研人员定期收回的办法。

实验调查法（简称实验法）起源于自然科学中的实验求证法。这里所说的实验法是指通过在预先确定的与实际遇到的环境条件相同的小范围内进行实验来搜集信息的一种方法。

网上调研法是指在互联网上针对特定营销环境进行调研设计、搜集资料和初步分析的方法，目的是为企业的网络营销决策提供数据支持和分析数据。

案例分析

百事可乐公司的实验调查

1976 年，在美国的达拉斯市，百事可乐公司做了以下实验：将可口可乐倒入 Q 字母杯子，而将百事可乐倒入 M 字母杯子，由消费者任意选择品尝，结果大家都选了 M 杯子。

可口可乐公司不甘示弱，声称根据芝加哥某市场调查公司的调查结论，人们不喜欢字母 Q，因为很多贬义词是字母 Q 开头的。

与此同时，可口可乐公司也将自己的可乐分别置于 M 杯与 Q 杯中，结果大多数人喜欢 M 杯中的可乐。

因此，可口可乐公司称百事可乐公司的实验是不公平的。

资料来源：人力百科互助社．可口可乐公司禁止员工喝百事，发现就开除!？这场斗了百年的大戏，你站谁？[EB/OL]．(2022-05-19) [2024-12-10]．微信公众平台．

分析：

1. 为什么实验调查法的应用出现了争议？

2. 实验调查法的优缺点有哪些？

要点提示：

(1) 争议主要源于实验可能存在实验者效应或者外部因素干扰。可口可乐公司提出的反驳理由是人们不喜欢字母 Q（很多贬义词以 Q 开头），尽管这一理由可能不完全科学，但它确实指出了实验设计中可能存在的偏差，即实验条件（杯子上的字母）可能对消费者的选择产生了影响。换句话说，实验的公正性受到了质疑，因为该实验设计引入了可能影响结果的额外变量。

（2）优点：可控性强、因果关系明确、可重复性。缺点：外部效度问题、实验者效应、成本高昂、难以控制所有变量。

（五）酒店市场营销调研的问卷设计

一份完整的调查问卷由六个部分组成，包括简明扼要的主题、必要的问卷说明、调研对象的基本情况、问卷主体（问题及答案）、编码、作业记载。重点是要设计提出的问题及答案。

设计调查问卷的问题时应注意：避免多义性、一般性、引导性、困窘性、假设性的问题。

根据具体情况的不同，调查问卷中的问题可以采用不同的形式，如开放式问题、封闭式问题、态度测量问题等。

（六）酒店市场营销调研对象的选择方法

酒店市场营销调研人员要根据营销问题的实质、调研目的以及调研对象的特点与分布情况来选择调研对象。一般来说，酒店市场营销调研人员选择调研对象时，应考虑调研对象的数量和规模，采用抽样调查方法，包括随机抽样、系统抽样、分层抽样等。

项目二 撰写酒店市场调研报告

当一切调查和分析工作结束之后，酒店企业必须将这些工作成果展示给客户，市场调研报告是整个调查工作（包括计划、实施、收集、整理等一系列过程）的总结，既是市场营销调研人员劳动与智慧的结晶，也是最重要的书面结果之一。它是一种沟通、交流形式，目的是将调研结果、战略性的建议传达给管理人员或其他担任专门职务的人员。

活动 设计酒店市场调研报告

活动目的：掌握市场调研报告的撰写方法与格式。

活动内容与要求：设计四星级酒店中客户对麻辣鸭舌市场需求的调研报告；制作PPT，各小组代表发言，其他同学做补充；小组间相互点评，教师点评。

结果与检测：能够对调研数据进行整理，并根据调研数据撰写调研报告。

提示：主题明确、条理清晰、表现简洁、结构合理。

一、市场调研报告的定义

市场调研报告是在对调研得到的资料进行分析整理、筛选加工的基础上，记述和反映市场调研成果的一种文书。它既可以是书面形式，也可以是口头形式，或者是其他形式，如电子形式。一份好的市场调研报告能给企业的市场经营活动提供有效的指导，能为企业管理人员的决策提供客观依据。

市场调研报告是经济类调研报告的一个重要种类，它是以科学的方法对市场供求关系、购销状况以及消费情况等进行深入细致的调查研究后所写成的书面报告。市场调研报告的作用在于帮助企业了解和掌握市场的现状和趋势，增强企业在市场经济大潮中的应变能力和竞争力，从而有效地促进企业经营管理水平的提高。

二、市场调研报告的内容

市场调研报告没有固定的格式。不同的市场调研报告的撰写格式主要依据调研目的、内容、结果以及主要用途来确定。但一般来说，市场调研报告在结构上都包括封面、标题、导言、主体和结尾几个部分。

（一）封面

封面部分一般包括项目名称（标题）、调研对象、基本情况、报告提交日期等。

（二）标题

市场调研报告的标题即市场调研的题目。标题必须准确揭示调研报告的主题思想，标题要简单明了、高度概括、题文相符、具有吸引力，如《××市城镇居民饮料消费需求调研报告》。

（三）导言

导言是市场调研报告的开头部分，一般说明市场调研的目的和意义，介绍市场调研工作的基本概况，包括市场调研的时间、地点、内容和对象以及采用的调研方法、方式。这是比较常见的导言结构。有的调研人员会在导言中先写调研的结论或直接提出问题等，这种写法能引起读者阅读报告的兴趣。

（四）主体

这是市场调研报告中的主要内容，是表现调研报告主题的重要部分。这一部分的写作质量直接决定了调研报告的质量。主体部分主要包括调研结果及调研体会（既可以是对调研结果的分析，也可以是找出结果的原因及应对办法等）。调研结果及调研体会要客观、全面地阐述市场调研所获得的材料、数据，用它们来说明有关问题，得出有关结论。调研人员要善于运用材料来表现调研主题，对有些问题、现象要进行深入的分析、评论等。

（五）结尾

结尾主要是形成市场调研的基本结论，也就是对市场调研的结果作一个小结。有的调研报告还会提出对策及措施，供有关营销决策者参考。

有的市场调研报告还有附录。附录的内容一般包括有关调研的统计图表、有关材料出处、参考文献等。

操作训练

1. 案例分析

分析本模块导入案例“教授喜欢喝的咖啡”并讨论：这一案例给了你哪些启示？

要点提示：

（1）客户需求的重要性：服务业的核心在于满足客户的需求。在这个故事中，服务员没有询问李教授的朋友喜欢喝什么类型的咖啡，而是直接按照自己的主观判断（基于李教授的喜好）来提供服务，这显然是不妥的。了解并尊重每一位客户的具体需求是至关重要的。

（2）沟通与确认：在提供服务之前，进行有效的沟通并确认客户的需求是避免误解和不满的关键。服务员应该询问李教授的朋友想要哪种咖啡，而不是自行决定。

（3）客户体验与满意度：客户的体验直接影响客户对服务的满意度。在这个案例中，李教授的朋友因为没有得到想要的服务而感到不满，这影响了他的整体体验。

（4）错误处理与补救：当服务出错时，如何有效地处理错误并补救是至关重要的。大堂副理的处理方式（要求服务员道歉，并按照客户需求调整服务）是积极的，有助于提升客户满意度。

（5）尊重与礼貌：无论是服务员还是客户，都应该保持尊重和礼貌。服务员在没有了解清楚情况之前就擅自做主，缺乏对李教授朋友的尊重；而李教授和他的朋友在表达不满时保持了相对的克制和礼貌。

（6）员工培训：这个故事也体现了员工培训的重要性。服务员需要接受培训，以了解如何更好地为客户提供服务，包括如何询问和确认客户的需求，以及如何处理服务中的错误。

2. 团队操作

实训内容：结合实习酒店的实际情况，进行专题调研，并撰写调研报告。

实训目标：让学生初步了解酒店市场营销调研的基本内容、方法；掌握市场调研报告的撰写技巧。

实训组织：成立实训小组，要求 3～6 人一组。以小组为单位，在两周内利用周末时间来完成实训任务。

实训提示：既可以实地调研，也可以通过二手资料了解有关信息。

实训成果：制作 PPT，课堂汇报。

3. 情景模拟

实训内容：学生扮演调研人员与酒店经理等不同角色，模拟酒店市场调研汇报会。

实训目标：锻炼学生实战经验并培养学生的综合职业素质。

实训组织：成立实训小组，要求 2～3 人为一组。小组成员扮演调研人员与酒店营销岗位的不同角色，现场模拟调研汇报。其他学生观察，发现问题并讨论。

模块小结

完成本模块，你应该清楚：

1. 酒店市场营销信息是指在一定时间和条件下，与酒店企业的市场营销活动相关的各种消息、情报、数据、资料和知识的总称。

2. 酒店市场营销调研的内容包括酒店企业经营环境调研（宏观环境与微观环境）、酒店市场需求调研（市场容量、变化、潜力）、酒店企业经营潜力调研、酒店企业经营效果调研、产品调研（与竞争对手对比产品）、客户调研（分布情况、购买力、购买行为）、竞争调研（竞争对手的基本情况）、销售调研（渠道、价格、促销）以及酒店企业经营效果调研（市场份额调研、产品线调研、广告效果调研、业务量调研）等。

3. 酒店市场营销调研的方法有文案调研、特殊调研、实地调研三种。文案调研主要是对二手资料的收集、整理和分析。酒店市场营销调研人员搜集二手资料的方法较为简单，如查阅现有资料、阅读报纸或杂志等。特殊调研包括固定样本、零售店销量、消费者调查等持续性实地调研，以及采用投影法、推测试验法、语义区别法、计算机辅助电话访问（CATI）等进行购买动机调研。实地调研主要是获得一手资料，实地调研方法包括观察法、询问法、实验调查法和网上调研法。搜集一手资料较为费时费力。

4. 市场调研报告是在对调研得到的资料进行分析整理、筛选加工的基础上，记述和反映市场调研成果的一种文书。它既可以是书面形式，也可以是口头形式，或者是其他形式，如电子形式。一份好的市场调研报告能给企业的市场经营活动提供有效的指导，能为企业管理人员的决策提供客观依据。

素养园地

素养目标：理解酒店市场竞争的复杂性和动态性，培养在激烈的市场竞争中寻求发展的能力。了解度假酒店市场中的品牌竞争、客户满意度提升以及数字化转型等趋势，激发学生的创新思维，鼓励他们在未来的学习和工作中不断探索新方法、新技术，为行业的可持续发展贡献力量。

度假酒店市场竞争格局与发展趋势

度假酒店，作为酒店行业的重要组成部分，不仅对旅游业发展，特别是旅游发源地经济社会发展具有有力的推动作用，而且为大众提供了休息、放松和娱乐的重要场所，对于提升人们的生活质量具有十分重要的作用。中国度假酒店行业从起步阶段，到后来的快速发展阶段，再到今天的逐渐成熟阶段，历经了许多变化。如今的度假酒店市场竞争激烈，趋向于提供个性化和体验式服务。数字化转型和绿色可持续发展成为最新的行业趋势。为了适应这些变化，我们需要深入理解度假酒店市场的竞争格局和未来趋势。

1. 度假酒店市场主要的竞争力量

度假酒店市场的竞争激烈，各家企业为了争夺市场份额，不断推陈出新，不断提高服务质量。品牌知名度是度假酒店市场竞争的重要因素之一。知名度高的品牌能够吸引更多的潜在客户，并能够依靠品牌溢价提高产品和服务的售价。世界知名的度假酒店品牌如万豪、希尔顿和洲际酒店集团通过不断扩张和品牌宣传，积累了强大的市场竞争力。一些本土的度假酒店品牌也在市场中崭露头角，通过本土文化独特性和地域优势，形成了自己的品牌魅力。客户满意度是衡量度假酒店竞争力的重要指标之一。对酒店口碑及客户回头率影响最大的就是消费者对度假酒店的满意度。高质量的服务、宜人的环境、丰富的休闲活动与设备，以及独特的服务体验，这些都是度假酒店提高客户满意度的捷径。度假酒店在用心听取客户咨询的同时应积极接纳客户的建议，提高服务质量，从而赢得更高的客户满意度以及更多的赞誉。度假酒店的市场竞争力主要包括品牌知名度、客户满意度以及创新力和业务多样化。在激烈的市场竞争中，度假酒店需要不断提升自身竞争力，加强品牌建设，提高客户满意度，不断创新和提供新的服务和产品，以保持市场竞争优势。

2. 度假酒店市场的竞争动态

度假酒店市场在不断变化，竞争动态的变化影响市场格局和行业发展。在分析竞争动态时，可以考虑以下几个方面：首先，市场竞争的演变。随着竞争者的出现和消失、品牌的合作和重组，市场竞争格局也会发生相应调整。新的品牌出现、现有的品牌调整，度假酒店之间的联盟和合作关系值得关注。其次，市场需求的变化。这会直接决定度假酒店的竞争力和发展趋势。随着旅游消费的升级、休闲度假需求的增加，度假酒店市场可能出现新的需求结构转变。审视这些变化，并根据变化调整经营策略是必要的。最后，技术的进步和创新的影响。技术的进步和创新对度假酒店市场的竞争格局和竞争力量产生了重要影响。

3. 度假酒店市场的发展趋势预测

(1) 高端度假酒店的崛起。随着人们对品质生活的追求和旅行观念的改变，高端度假酒店市场将迎来更大的发展空间。高端度假酒店注重服务优质化、体验贴心化和产品创新化，提供更高水平的服务和更加丰富多样的度假体验。

(2) 亲子度假市场掀热潮。现如今，亲子度假旅游成了度假酒店市场的新趋势。众多家庭选择以度假酒店作为他们亲子度假的驻足之处。由于亲子度假市场的发展前景广阔，因此度假酒店可以积极推动亲子度假产品及相应设施的开发。

(3) 基于科技的个性化服务。科技的进步和整合让度假酒店有可能提供更加个性化的服务和特定的体验。借助人工智能、大数据分析和物联网等工具，度假酒店可以更精准地洞悉客户的需求，进而为他们提供定制化的服务和体验，从而极大地提升了客户满意度和忠诚度。

资料来源：郑坚刚．度假酒店市场竞争格局与发展趋势 [J]. 商界评论，2024 (2).

问题： 如何通过提升品牌知名度来提升度假酒店的市场竞争力？

分析提示： 大学生应认识到品牌知名度是度假酒店市场竞争的关键因素之一。大学生可以通过学习品牌管理理论，了解品牌塑造、传播和维护的全过程。在实际操作中，大学生可以运用社交媒体营销、内容营销、事件营销等手段，结合目标客户群的特点，制订有效的品牌推广计划，提升品牌的知名度和影响力。

思考练习

1. 市场营销调研的内容及方法有哪些？

2. 设计一份调研报告目录。

3. 阅读《2023 年中国酒店行业发展现状与趋势分析》，你对未来中国酒店行业发展有何建议？

2023 年中国酒店行业发展现状与趋势分析

一、酒店行业定义及分类

酒店是指以建筑物为凭借，主要通过客房、餐饮等向客人提供服务的场所，换言之就是利用空间设备、场所和一定的消费性物质资料，通过接待服务来满足客人住宿、饮食娱乐、购物、消遣等需要而取得经济效益和社会效益的一个经济实体。根据酒店业态中各酒店不同的市场定位和客源结构来划分，酒店主要可分为商务酒店、度假酒店、公寓酒店和会议酒店。

二、酒店行业发展环境

2009—2019 年是旅游业的“黄金 10 年”，国内跨省旅游景气，据文化和旅游部数据，2019 年国内旅游人次达到 60.1 亿，国内旅游收入达到 57 251 亿元。自 2020 年开始，国内旅游市场规模收缩，酒店业发展受阻，旅游消费决策中的不确定性增加，2022 年国内旅游总人次为 25.3 亿，比上年同期减少 7.16 亿，同比下降 22.1%。

三、酒店行业发展现状

1. 酒店数量

酒店收入下滑导致部分酒店特别是小规模单体酒店大量出清，2019—2021 年酒店数自 33.8 万家降至 25.2 万家，2022 年酒店数回升至 27.9 万家，但较 2020 年前仍有较大差距。2019—2022 年，全国经济型酒店数量占比从 85%降至 80.6%。中端酒店和高端酒店占比分别从 9.3%和 4.5%提升到 12.6%和 5.3%（见图 2－1）。此外，头部酒店集团这一趋势更为明显，锦江、华住和首旅在 2017—2022 年中高端酒店占比均实现或接近翻番。

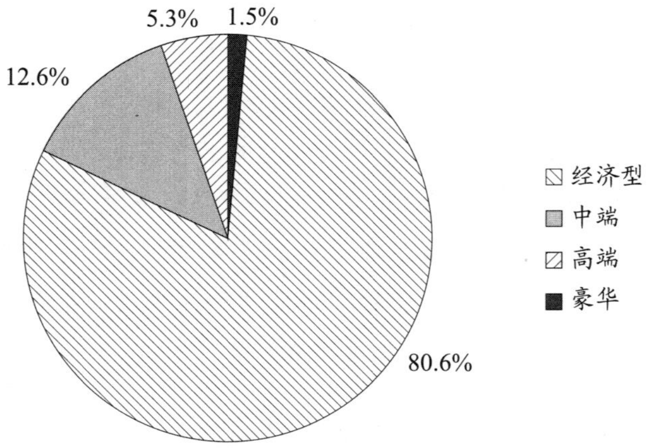

图 2-1　2022 年全国各档次酒店占比

2. 客房数量

据统计，截至 2022 年底全国存量酒店客房为 1 426 万间，虽然较 2021 年末小幅略有增长，但这主要是由于部分酒店由于政策优化，重新上线 OTA 对外营业，并非新建增加。

3. 连锁化率

连锁酒店本身就具备一定的品牌属性和溢价空间。从消费者角度来看，基于住宿安全和一定条件的舒适度保障，选择连锁酒店可靠性较高；同时连锁酒店提供的标准化服务会带来一定的客户忠诚度。2022 年底，中国酒店连锁化率达 38.79%（见图 2-2），但较发达国家 60%以上连锁化率仍有较大上升空间。

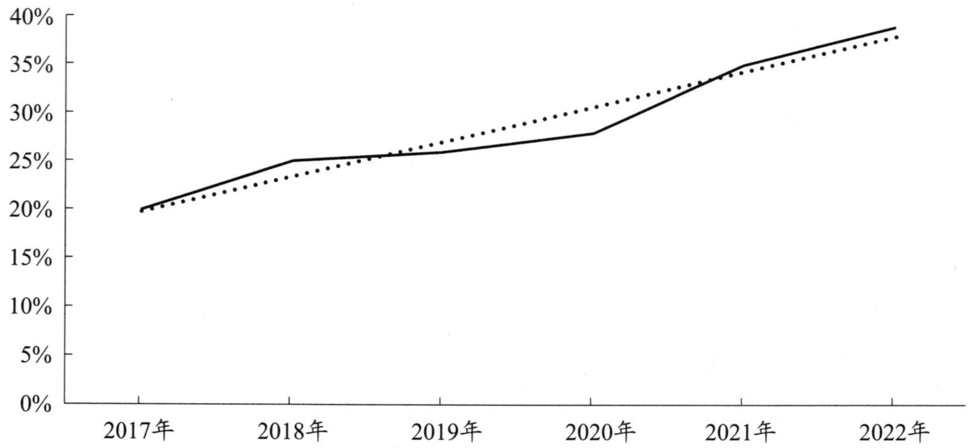

图 2-2　2017—2022 年中国酒店行业连锁化率走势

四、酒店行业产业链

酒店行业的上游主要是提供场地与原材料的物业租赁行业、酒店用品行业等。物业租赁行业为酒店提供场地，酒店用品行业为酒店提供经营所需的原材料，主要包括棉织品、清洁用品等酒店日常经营消耗品。下游客户主要为旅游出行与商务出行群体。根据渠道的不同，客户可分为直接消费端客户与间接消费端客户，下游直销客户主要包括散客与协议公司，分销客户主要包括酒店在线预订平台与旅行社。

近年来我国旅行社数量逐年攀升，截至2022年底全国旅行社总数为45 162家，同比增长6.43%。旅行社数量逐年增长，原因在于部分旅行社选择暂停营业但未进行破产清算，旅行社保持了原有的存量。同时，随着研学游、自驾游等需求增多，许多进行专项服务的旅行社注册成立。但旅行社企业数量整体增速放缓，部分中小旅企因抗风险能力较弱而倒闭，行业加速出清。

五、酒店行业竞争格局

2022年中国前十大酒店集团市占率约为70%，其中前五大酒店集团分别为锦江国际酒店集团、华住集团、首旅如家酒店集团、格林酒店集团、东呈酒店集团（见图2-3）。由于龙头酒店集团普遍采用多品牌战略，我国前十大酒店品牌市占率相对较低、相对分散。龙头酒店集团通过翻牌加盟维持较快开店速度，龙头集中度将进一步提高，客户忠诚度让连锁酒店房价和出租率恢复较为顺畅，酒店龙头有望迎来量价齐升。

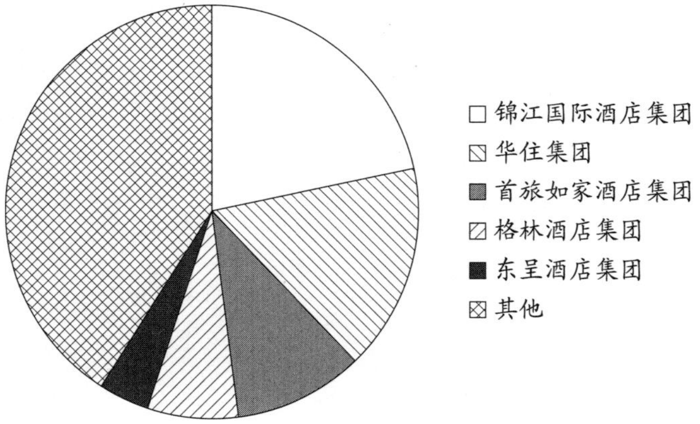

图2-3　2022年中国TOP10酒店集团占有率情况

六、酒店行业发展趋势

1. 技术驱动的创新与升级

随着科技的进步，尤其是人工智能、大数据和物联网的广泛应用，酒店行业将更加依赖技术来提供优质、个性化的服务。智能客房、无人前台、自助入住、智能语音助手等技术将逐渐普及，为客人带来更为便捷和舒适的住宿体验。

2. 绿色与可持续发展

环保和可持续性已经成为全球的共识。酒店行业也将更加注重绿色建筑、节能减排、废物回收和可持续供应链管理。未来的酒店不仅要为客人提供舒适的住宿环境，还要承担起对地球的责任，成为绿色和可持续发展的典范。

3. 多元化的业态融合

传统的酒店业务已经不能满足现代消费者的多样化需求。未来，酒店将更加注重与其他业态的融合，如文化、艺术、健康、娱乐等，打造综合性休闲度假胜地。此外，酒店也将与零售、餐饮、办公等业态深度融合，为客人提供一站式的服务体验。

4. 健康和安全成为核心

如今，健康和安全已经成为消费者最为关心的问题。未来，酒店将更加注重健康和安全，从餐饮、客房到公共区域，都要确保为客人提供一个安全、卫生的环境。此外，酒店还会加强与医疗机构的合作，为客人提供健康检查、健康咨询等服务。

资料来源：言九.2023年中国酒店行业发展现状与趋势分析，龙头集中度将进一步提高［EB/OL].(2023-12-05)[2024-11-12]. 华经情报网.

模块三 分析酒店市场营销环境

学习目标

- 认知酒店市场营销环境，掌握酒店市场营销环境要素
- 掌握酒店市场营销环境的分析方法
- 能够对酒店市场营销环境进行科学、合理的分析
- 具备资料搜集、数据分析与归纳能力
- 能够用 SWOT 分析法对项目进行科学的环境分析

导入案例

兴建杭州“绿色大酒店”是否可行

“上有天堂，下有苏杭。”杭州是浙江省省会、东部地区重要的中心城市，是浙江省的政治、经济、文化、科教中心，也是中国著名的旅游城市，特别是杭州西湖风景名胜区更是令人向往。杭州曾被意大利著名旅行家马可·波罗赞为“世界上最美丽的华贵之城”。杭州具有 2 200 多年的悠久历史，是华夏文明的重要发祥地。如今，有人准备投资上亿元建设一家杭州绿色大酒店，但不知是否可行。

项目一 分析酒店市场宏观环境

酒店企业的生存和发展必须依托一定的营销环境，而酒店企业的营销行为既受到自身条件的限制，又受到外部条件的制约。通过对现有环境的分析，酒店企业可以发现项目建设与发展的机会与威胁，明确自身的优势与不足，制定合适的开发战略，或调整下游营销策略，将劣势转化为优势、威胁转化为机会，充分利用外部机会，避开市场威胁，提高接待能力和服务水平，加强人才培养和管理，形成品牌营销效应，以开拓更大的市场，促进酒店企业的蓬勃发展。

任何一家企业都是在一定的宏观环境下开展经营活动，以求得自身的生存和发展的。因此，如同自然界的生物必须遵循“适者生存”的自然法则一样，酒店企业必须注意对宏观环境的研究，努力争取使外部市场环境与企业内部条件和营销策略之间互相适应，从而增强应变能力，实现营销目标。

活动 **市场宏观环境分析训练**

活动目的：了解学生对市场宏观环境的理解现状，引导学生正确地分析影响项目的间接环境。

活动内容与要求：针对拟建杭州绿色大酒店进行市场宏观环境分析。小组代表集中发言，其他同学做补充。

结果与检测：能够通过实际操作使学生掌握市场宏观环境分析方法。

提示：从人口环境、经济环境、自然环境、科技环境、法律环境以及社会文化环境六方面对酒店进行分析。

一、市场营销环境

市场营销环境是指能够决定或影响企业营销活动以及生存和发展的所有因素的总和。根据环境对企业营销活动影响的直接程度，可将市场营销环境分为微观环境和宏观环境。微观环境是在营销过程中与企业发生直接联系的对象。宏观环境，又称总体环境，是决定或影响企业市场营销活动的外在力量，对企业的市场营销活动产生间接影响。

二、酒店市场营销宏观环境

酒店市场营销宏观环境是指给酒店企业造成市场营销机会和形成环境威胁的外部因素。这些因素主要包括人口环境、经济环境、自然环境、科技环境、法律环境以及社会文化环境。

（一）人口环境

人口是市场的基础。人口决定市场的存在与否，人口的数量决定市场的容量，人口的结构决定市场产品供应的结构。人口环境通常包括以下几个方面：

（1）总人口。我国总人口已超过14亿，人的消费贯穿其整个生命过程。我国的消费市场庞大，可以为企业提供广阔的市场机会。

（2）人口分布。总体上讲，我国人口分布总体情况是东部地区人口稠密、西部地区相对稀疏。人口分布在我国现实地体现着收入、消费习惯及个性的差异，这些因素决定着企业营销的差异性。城市人口众多、经济发达、生活节奏快，公众的酒店需求较高。

（3）劳动力流向。我国劳动力流向的规律是由乡至城、由西至东、由落后地区至发达地区。

（4）人口结构。人口结构包括众多复杂因素，如职业、年龄、性别、文化、教育、民族等，这些因素都是企业开展市场营销时应该考虑的。世界总人口在增加，引起人口年龄结构的明显变化。特别是我国人口老龄化的问题，必须引起酒店企业的关注，酒店企业的产品及服务应满足老年顾客的特殊需求。

（二）经济环境

经济环境是影响酒店营销的重要因素，它直接关系到市场状况及其变动趋势。从企业营销的角度来看，经济环境可以从不同角度进行分析：世界经济格局、经济发展阶段、国内经济形势及行业结构、居民货币收支、消费者储蓄与信贷等。前两个因素是跨国公司必须考虑的。

营销人员只有了解有关经济因素的规模及其变化、世界经济格局，以及一国的国民生产总值（GNP）、国内生产总值（GDP）、收入分配、个人消费模式等有关购买力的变量，才能准确估计酒店市场的潜力。

不同国家的经济发展阶段不同，人们对酒店的消费接受程度、接受水平也存在很大差异。因此，酒店企业应分析不同国家的经济发展阶段，了解国民对酒店消费的需求特征，尽可能进行有针对性的营销。

知识链接

经济发展阶段研究：1978—2023

银科金融研究院高级宏观研究团队将1978—2023年划分为7个阶段，每个阶段分为两大部分：真实商业周期和货币因素。该研究团队通过梳理相关数据，详细讨论了中国如何在发展模式的引领下，通过汇率、利率、金融市场结构、产业结构改革来建设中国特色社会主义市场经济。该研究团队出版的著作清晰展示了1978—2023年中国经济发展阶段的波动过程，总结和归纳了预算软约束在其中的作用，讨论了中国下一步面对经济波动时需要注重的问题。

具体阶段划分及内容如下：

（1）改革开放拉开序幕：以GDP为目标的发展格局初步形成，银行体系初步建立，通胀与货币紧密联系，重拾信心。

（2）市场经济逐步展开：市场力量出现，消费与GDP同步，价格体系市场化改革的初步探索，外国直接投资（FDI）弥补投资缺口。

（3）价格闯关：经济经历过热—冷却—复苏的完整过程，从双轨制到价格闯关，改革开放持续扩大，外资加速入华。

（4）春天的故事：宏观经济“软着陆”，价格改革取得最终胜利，高回报率拉动投资。

（5）跨世纪大发展：大繁荣，战胜通缩，WTO 打开中国大市场。

（6）科学发展：逆境下换挡，通胀明显滞后于货币，投资者在衰退背景下继续加码。

（7）高质量发展：质量与速度的平衡，金融稳定与币值稳定，外资继续加码中国市场。

资料来源：罗维晗，张振．经济发展阶段研究：1978—2023［M］．北京：经济管理出版社，2024.

（三）自然环境

自然环境是指影响企业营销的自然资源、地形地貌和气候条件及其变化等自然因素。自然环境是最重要的营销环境之一，其他的一切环境都依自然环境而存在。企业开展营销活动时，要考虑三个方面，即资源问题、环境机会、生态环境问题。

（四）科技环境

科技即科学技术。酒店企业需要考虑以下三个方面：第一，运用新技术可以提升竞争优势；第二，新技术会对客户产生重要影响；第三，技术的发展会促使酒店设施现代化，为客户带来便利。

（五）法律环境

一个国家总是要运用自己的法律手段干预社会经济生活。广义上讲，法律环境是指一定社会形态的法制状况。狭义上讲，法律环境是指企业和外部发生经济关系时所应遵守的各种法律、法规和规章。酒店企业处在社会经济大环境中从事经营管理活动，必须遵守法律、行政法规和规章。

法律环境是企业开展营销活动的重要保障。企业只有依法进行各种营销活动，才能受到法律的有效保护。企业只有熟知有关的法律条款，才能保证企业经营的合法性，运用法律武器来保护企业与消费者的合法权益。例如，酒店企业应了解《中华人民共和国食品安全法》《中华人民共和国产品质量法》《中华人民共和国环境保护法》《中华人民共和国进出口商品检验法》《中华人民共和国消费者权益保护法》等法律。

（六）社会文化环境

社会文化环境是指一个国家或地区的民族特征、文化传统、价值观、宗教信仰、教育水平、社会结构、风俗习惯等。

文化影响造就和支配人们的生活方式、消费结构以及消费方式。影响消费者行为的社会因素主要包括相关群体、家庭、社会阶层等。所谓相关群体，就是能影响一个人的态度、行为和价值观的群体，是消费者行为的主要决定因素，会导致消费者购买行为的异同。家庭是基本的社会单位，家庭对消费者的购买行为的影响最为强烈。社会阶层直接决定着消费者的消费观念和消费层次。

项目二 分析酒店市场微观环境

酒店市场营销微观环境直接影响酒店企业为目标市场服务的能力。构成酒店企业营销微观环境的各种制约因素存在于企业周围，与企业形成了协作、竞争、服务、监督的关系。酒店企业营销的成功，不仅取决于能否适应宏观环境的变化，而且取决于能否适应微观环境的变化。酒店市场营销微观环境主要包括酒店资源的供应商、营销中介、顾客、竞争者、社会公众以及酒店企业内部各部门的协作（见图 3-1）。

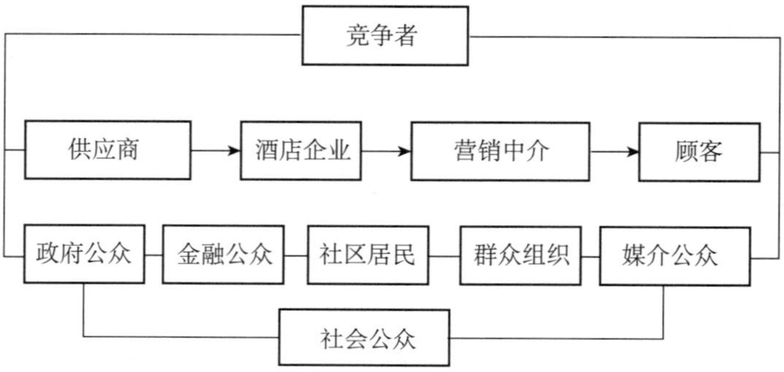

图 3-1 酒店市场营销微观环境关系

活动 **市场微观环境分析训练**

活动目的：了解学生对市场微观环境的理解现状，引导学生正确地分析影响项目的直接环境。

活动内容与要求：针对拟建杭州绿色大酒店进行市场微观环境分析。小组代表集中发言，其他同学做补充。

结果与检测：能够通过实际操作使学生掌握市场微观环境分析方法。

提示：从供应商、营销中介、顾客、竞争者、社会公众以及企业内部各部门的协作六方面对酒店进行分析。

一、供应商

供应商是向企业及其竞争者提供生产经营所需资源的企业或个人。它所提供的资源包括原材料、设备、零配件、能源、资金、劳务及其他用品等。

供应商对酒店企业的营销活动有重大的影响。供应品的数量是否充足影响酒店企业生产经营计划能否完成；供应品的质量影响酒店企业产品的质量；供应品的价格是否合理决定酒店企业产品的成本与价格的高低。

酒店企业应选择那些信誉良好、货源充足、价格合理、交货及时的供应商，与之建立和保持良好的合作关系。同时，酒店企业应从多家供应商处采购，避免对某一供应商的依赖。

二、营销中介

营销中介，又称营销中间商，是指协助企业促销、销售和经销产品给最终购买者的机构，是企业市场营销中不可缺少的中间环节。企业应在动态变化中与这些营销中介建立起相对稳定的协作关系，以提高企业的营销能力。例如，格力集团将其持有的格力电器的一部分股份转让给经销商，以拉近与经销商的距离，强化渠道的合力。宝洁公司营销战略成功的一个重要因素就是为经销商提供了全方位的服务，包括全面培训和精细化管理。

营销中介包括中间商、物流公司、营销服务机构和金融中介机构等。

（一）中间商

中间商是指帮助企业寻找顾客或直接与顾客进行交易的商业企业，包括商人中间商和代理中间商。商人中间商主要有批发商和零售商，它们直接从事商品购销活动，对所经营的商品拥有所有权；代理中间商包括经纪人、代理商等，它们专门介绍客户或协助买卖双方签订合同，但不取得商品所有权。酒店企业要选择合适的中间商并与之密切合作，采取激励措施推动业务活动的开展。另外，酒店企业还要与客源地、目的地旅游公司合作，与地方政府及各协作机构合作，使其成为酒店企业的营销中介。

（二）物流公司

物流公司是指负责储存货物并将货物从生产地运往目的地的仓储公司和运输公司。物流公司的主要职能包括包装、运输、仓储、装卸、搬运、库存控制和订单处理等。物流公司的主要作用是调节生产与消费之间的矛盾，弥补产销环节的脱离，提供商品的时间效用和空间效用，从而适时、适地和适量地将商品提供给消费者。

（三）营销服务机构

营销服务机构是指为企业提供营销服务的各种机构，包括广告公司、市场调研公司、咨询公司、传媒公司等。营销服务机构提供的专业服务（如协助企业进行市场定位、市场推广等）会对企业产生直接的影响。酒店企业应关注、分析这些营销服务机构，选择最能为本企业提供有效服务的机构进行合作。

（四）金融中介机构

金融中介机构是指协助企业融资或分担货物购销、储运风险的机构，包括银行、信托投资公司、保险公司、证券公司等。金融中介机构虽然不直接经营产品，但是对企业的生存和发展起着重要作用。在市场经济中，企业与金融中介机构关系密切，企业间的财务往来要通过银行结算，企业财产和货物要通过保险公司获得风险保障，而且贷款利率与保险费率的变动也会直接影响企业的成本，信贷受限会导致企业处于困境。因此，酒店企业应与金融中介机构保持良好的关系，保障融资信贷业务的稳定和渠道的通畅。

三、顾客

顾客既是企业的目标市场，即企业服务的对象，又是营销活动的出发点和归宿。顾客包括个体消费者与组织购买者。

（一）个体消费者

这类顾客是酒店产品和服务的直接消费者，其目的是满足个人或家庭的物质需求和精神需求。这类顾客一般属于散客，具有数量大、分布广的特点。

（二）组织购买者

组织购买者是指企业或机关团体组织为开展活动或招待业务而购买产品和服务的消费者。组织购买者虽然数量少，但购买数量较大，更为关注产品和服务的质量。

四、竞争者

企业的竞争者一般包括以下四类：

（一）品牌竞争者

品牌竞争者是指生产或提供满足相同需求的、规格和型号等相同的同类产品的不同品牌之间在质量、特色、服务等方面展开竞争的企业。这些产品的档次和价位基本相同，只是品牌不同。例如，消费者在选择高档服装时存在品牌偏好，这些品牌的生产者即为品牌竞争者。

（二）形式竞争者

形式竞争者是指为满足同一需求而提供同种类别、不同形式产品的企业。例如，酒店房间包括豪华套房、双床房、大床房等；酒店类型包括商务酒店、度假酒店、会议酒店、酒店公寓等。这些不同形式产品的提供者即为形式竞争者。

（三）属类竞争者

属类竞争者，又称平行竞争者，是指为满足同一需求而提供不同产品的企业。例如，为了满足顾客住宿的需求而提供房车或客房的企业就是属类竞争者。

（四）愿望竞争者

愿望竞争者是指为满足消费者当前的各种愿望而提供不同产品的企业，是最广义的竞争者。消费者当前可能有许多愿望，如酒店消费、外出旅游等，但因购买力有限，消费者不可能同时获得所需的各种产品或服务，而只能选择其中之一。在这种情况下，酒店和旅行社就成了愿望竞争者。

在明确了竞争者后，酒店企业应认真研究主要竞争者的战略和策略及双方的实力对比情况，这样才能知己知彼，扬长避短，在竞争中取胜。

五、社会公众

社会公众是指对在企业营销活动中与企业营销活动发生关系的各种群体的总称。社会公众对企业实现营销目标有实际或潜在的影响力。酒店企业必须采取积极措施，树立良好的企业形象，力求建立和保持与社会公众之间的良好关系。社会公众主要包括以下几种：

（一）金融公众

金融公众是指影响酒店企业融资能力的各种金融机构，如银行、投资公司、证券公司、保险公司等。酒店企业可以通过发布乐观的年度报告，回答关于财务问题的询问，稳健地运用资金，从而在金融公众中树立信誉。

（二）媒介公众

媒介公众是指报纸、杂志、广播、电视等有广泛影响的大众传媒。酒店企业应与媒介公众建立友善关系，争取更多有利于企业的新闻、特写乃至社论等内容在公众中传播。

（三）政府公众

政府公众是指负责管理酒店企业业务经营活动的有关政府机构。酒店企业的发展战略与营销计划必须与当地政府的发展规划、产业政策、法律法规等保持一致。酒店企业应注意遵循相关的产品安全、广告、不正当竞争等方面的法律法规，向有关管理部门真实反映企业情况、行业情况，争取相关法律规定的出台，从而有利于产业发展。

（四）群众组织

群众组织，又称群众团体，是指一国公民为自己的某种共同利益和特殊需要而自愿组成的各种社会团体，如消费者权益保护组织、环保组织等。酒店企业需要密切关注来自群众组织的意见与建议。

（五）社区居民

社区居民是指酒店企业所在地附近的居民和社区组织。酒店企业应与当地公众建立良好关系，积极支持社区重大活动，为社区发展贡献力量，争取社区对企业发展的理解与支持。

六、酒店企业内部各部门的协作

酒店企业只有处理好内部关系，才能使各项营销计划得到全体员工的充分理解、支持和具体执行，发挥员工的积极性与创造力，保证各项活动的有效开展。酒店企业的营销工作涉及很多职能部门，各个部门必须加强联系、沟通和协调。

项目三 酒店市场营销环境分析法

市场营销环境分析是指通过对影响企业营销的各种内外部因素予以确定、评价，使企业的管理人员能够审时度势，适时地采取对策措施，趋利避害，作出适应环境的决策。企业营销成功的关键在于正确地预测和把握市场营销环境的变化趋势，并结合企业的特点，通过对市场营销环境的调查分析，认识和掌握环境因素的变化规律，按照企业营销活动的目标，因势利导地制定适应环境变化，有利于自己发展和生存的营销战略。因此，市场营销环境分析的意义具体表现在：市场营销环境分析是企业营销活动的基础、企业经营决策的科学依据、企业制定市场营销战略的前提条件。

酒店企业在市场营销过程中，要制定正确的营销战略，必须建立在对市场环境了解的基础之上。只有做到知己知彼，酒店企业才能在市场竞争中充分利用机会，规避风险和威胁，取得最后的成功。

活动　酒店市场环境分析训练

活动目的：了解学生对市场环境的理解现状，引导学生正确地进行项目的 SWOT 分析。

活动内容与要求：针对拟建杭州绿色大酒店进行 SWOT 分析。小组代表集中发言，其他同学做补充。

结果与检测：能够通过实际操作使学生掌握 SWOT 分析法。

提示：优势与劣势是针对企业内部环境而言的，机会与威胁是针对企业外部环境而言的。

一、环境机会与环境威胁分析

企业环境的变化对企业营销活动的影响主要有两个方面：一方面，环境的变化可能会形成新的市场机会；另一方面，这种变化亦会对企业造成新的环境威胁。

（一）酒店企业的环境机会

酒店企业的环境机会（opportunities）是指营销环境中有利于酒店企业实现经营目标的各种机遇。凡是市场上未满足的需求均有可能成为市场营销机会，但不一定能成为企业的营销机会。

（二）酒店企业的环境威胁

酒店企业的环境威胁（threats）是指营销环境中不利于或限制酒店企业发展的各种趋势。对于环境威胁，酒店企业如果不能及时发现并采取有针对性的营销策略，就会影响自身的生存与发展。酒店企业需要对威胁进行风险的衡量与控制。

风险的衡量就是度量、评估有关风险对实现既定目标的不利影响及程度。酒店企业在衡量风险时需要注意以下问题：（1）风险损失的相对性；（2）风险损失的综合性；（3）风险损失的时间性。

风险控制主要有以下几种方法：（1）损失回避；（2）损失控制；（3）风险隔离；（4）风险结合；（5）风险转移。

知识链接

化危为机

在20世纪30年代美国经济大萧条时期，旅游业遭受重创，酒店行业更是面临着前所未有的困境，大量酒店倒闭，入住率较低。然而，希尔顿先生却通过一系列举措成功化危为机。他首先对酒店进行了重新定位，强调酒店不仅是提供住宿的地方，更是人们在艰难时期的避风港和心灵慰藉之所，突出酒店的服务和舒适体验，让客人感受到家的温暖。他还积极拓展客源，针对当时经济形势下商务旅客减少的情况，将目光投向了普通消费者和家庭旅行者，推出了更具性价比的住宿套餐和餐饮服务，吸引了更多的本地居民和周边地区的游客。正是通过对环境威胁的深入分析，希尔顿先生将这些威胁转化为环境机遇，并通过资本运作使酒店不断发展壮大。在其他酒店纷纷削减开支、降低服务质量时，希尔顿酒店却凭借优质的服务赢得了客人的信任和好评，不仅保持了较高的入住率，还在经济大萧条时期实现了逆势扩张，为日后成为全球知名的酒店集团奠定了基础。

资料来源：瑞鹏．希尔顿家族：永恒的酒店帝王［M］．北京：新世界出版社，2016．

（三）企业机会与威胁矩阵分析

任何企业都面临着若干营销机会和环境威胁，然而并不是所有的营销机会对企业都具有同样的吸引力，也不是所有的环境威胁对企业都构成同样的压力。因此，企业营销人员必须采用适当的方法，认真分析和评价环境因素给企业带来的机会和威胁，以便采取有针对性的营销对策。对于企业的营销环境，一般采用机会-威胁矩阵分析图来加以分析和评价。具体步骤包括以下几个：

步骤一：根据企业的自身特点归纳整理出若干影响企业营销的环境因素。

步骤二：评价各类影响因素给企业营销带来的机会和威胁程度。企业营销环境分析组织者可以通过调查的方法，首先选择若干名具有一定经验和判断能力的人员填写机会-威胁因素程度表，然后通过计算，综合各调查人员的结果，评定各因素给企业营销带来的机会和可能造成的威胁程度。

步骤三：绘制机会-威胁矩阵分析图（见图 3－2）。机会-威胁矩阵分析图的横轴代表威胁水平的高低，纵轴代表机会水平的高低。机会-威胁矩阵分析图将企业分成四种不同类型，即理想企业、成熟企业、冒险企业和困难企业。

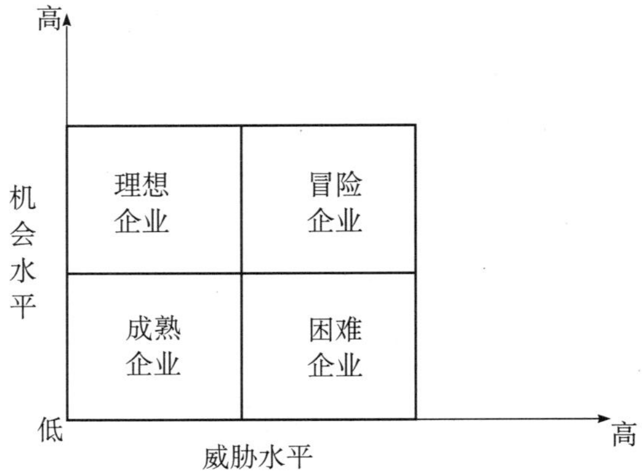

图 3－2　机会-威胁矩阵分析图

步骤四：根据企业所在的位置采取相应的营销对策。

对于企业所面临的市场机会和环境威胁，市场营销管理人员需根据企业所在机会-威胁矩阵分析图中的位置采取不同的对策。

（1）理想企业。这类企业的市场营销环境处于高机会水平、低威胁水平的状况。企业应当抓住机会，充分发挥优势，密切注意威胁因素的变动情况。

（2）成熟企业。这类企业的市场营销环境处于低机会水平、低威胁水平的状态。成熟并不表明企业经营环境处于良好状态，低机会限制了企业的发展，企业应当居安思危，努力发掘对自身有利的市场营销环境因素，以增加营销机会。

（3）冒险企业。这类企业的市场营销环境处于高机会水平、高威胁水平的状态。高机会水平表明企业市场营销环境对企业营销活动具有极强的吸引力，但高威胁水平又表明企业环境因素对企业营销活动构成了强大的威胁。因此，企业必须在调查研究的基础上，限制、减轻或者转移威胁因素，使企业向理想企业转化。

（4）困难企业。这类企业的市场营销环境处于低机会水平、高威胁水平的状态。此时企业营销活动出现危机，企业应当因势利导，发挥主观能动性，反抗和扭转对自身不利的环境因素，或者实行撤退和转移等措施，调整目标市场，经营对自身有利、威胁水平低的产品。

二、企业优势与劣势分析

企业优势与劣势分析是指企业对内部影响市场营销活动的各种因素进行分析，找出自身所拥有的优势和劣势的过程。

企业优势（strengths）是企业自身在生产经营过程中所形成的，对企业生产经营活动具有促进作用的因素。

企业劣势（weaknesses）是企业自身在生产经营过程中所形成的，对企业生产经营活动具有制约作用的因素。

企业的优势、劣势可以表现在研发能力、资金实力、生产设备、工艺水平、产品性能和质量、抗风险能力、销售网络、管理能力、企业形象、竞争力、市场份额等各个方面。酒店企业可以从地理位置选择、整体规模定位、建筑设计与装修、大堂布局与设计、客房陈设、餐厅特色、服务水平等多方面综合分析。通过优势和劣势分析，酒店企业可以在营销活动中充分发挥优势，克服或避开劣势，获得竞争优势。酒店企业可以采用企业内部因素评价矩阵，通过加权计算，对优势和劣势进行定量分析。

三、SWOT分析法

企业只进行机会分析、威胁分析或优势分析、劣势分析，是无法全面了解企业营销环境，并做到知己知彼的。因此，企业应该应用SWOT分析法对内外部环境进行全面的分析。

（一）SWOT分析法的定义

SWOT分析法，又称态势分析法，是指通过对企业内外部条件的综合和概括来分析企业机会和威胁、优势和劣势的一种方法。通过分析，企业既能找出优势、劣势，使自身在营销活动中扬长避短，又能发现面临的机会、威胁，使自身在营销活动中趋利避害。

SW是指酒店企业内部的优势和劣势，OT是指酒店企业外部的机会和威胁。SWOT分析就是酒店企业在选择战略时，对该企业内部的优势、劣势和外部环境的机会、威胁进行综合分析，据此对备选战略方案作出系统评价，最终制定适宜的战略。

（二）SWOT分析法的步骤

针对某一酒店企业，依据企业经营目标列出对该企业发展有重要影响的内部与外部环境因素，继而确定标准，对这些因素进行评价，判定是优势还是劣势，是机会还是威胁。SWOT分析法的具体步骤有以下几个：

1. 确定优势和劣势

通过市场调研，找出企业所面临的各种机会和威胁、企业本身存在的各种优势和劣势。

2. 建立 SWOT 分析矩阵

将各种机会、威胁、优势、劣势，按重要程度依次排列在 SWOT 分析矩阵（见图 3－3)中，从而确定企业在市场中的位置。

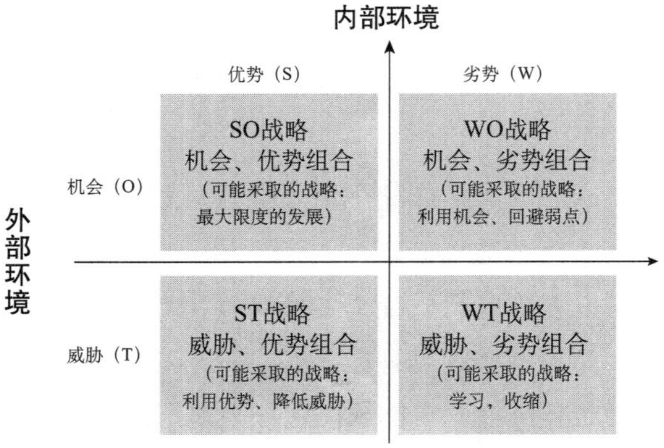

图 3－3　SWOT 分析矩阵

3. 制定营销战略

酒店企业应本着发挥优势、趋利避害的原则，对矩阵进行系统的分析，制定适宜的营销战略。酒店企业的营销战略包括以下几种：

（1）扩张战略。当遇到较好的市场机会并具备较强的内部优势时，酒店企业应抓住良机，集中人力、财力、物力扩大生产和经营规模，推动企业快速发展。

（2）防卫战略。当面临外部市场机会，但自身缺乏利用机会的条件时，酒店企业应想办法创造条件，努力克服自身的弱点，将劣势转化为优势。

（3）退出战略。当面临外部威胁、自身条件也较差时，酒店企业应果断退出。

（4）分散战略。当面临严重的威胁而自身条件较好时，酒店企业应利用自身优势，实施多元化经营战略，分散风险。

操作训练

1. 案例分析

分析本模块导入案例“兴建杭州‘绿色大酒店’是否可行”并讨论：酒店企业市场营销的机会与威胁分别是什么？酒店企业如何规避威胁、抓住机会？

要点提示：

（1）可行性：杭州作为知名旅游城市，拥有丰富的旅游资源、良好的地理位置、政策支持以及庞大的市场需求，特别是绿色、环保的住宿方式越来越受到消费者青睐。因此，兴建“绿色大酒店”具有可行性。

（2）酒店企业市场营销的机会与威胁。

● 机会

市场需求增长：随着旅游业的蓬勃发展和消费者对绿色住宿方式的追求，“绿色大酒店”的市场需求将持续增长。

品牌形象塑造：酒店企业通过打造绿色、环保、健康的品牌形象，可以吸引更多注重生活品质的消费者。

政策支持：政府对绿色产业的扶持政策和税收优惠有助于降低运营成本，提高竞争力。

● 威胁

市场竞争：杭州酒店市场竞争激烈，特别是高端酒店市场，经营者面临来自国内外知名酒店的竞争压力。

消费者认知：部分消费者对绿色酒店的认知度不足，酒店企业需要加强宣传和推广。

运营成本：绿色酒店的建设和运营需要投入大量资金和资源，包括节能设备、环保材料等，可能导致运营成本较高。

（3）规避威胁、抓住机会的策略：

酒店企业可从加强市场调研、改善服务质量、提升口碑效应、强化品牌宣传、优化成本控制、注重可持续发展等方面展开。

2. 团队操作

实训内容：分析当地某家酒店企业的市场营销环境。

实训目标：让学生初步了解酒店市场营销环境，利用 SWOT 分析法进行酒店市场营销环境分析。

实训组织：以小组为单位，利用周末时间来完成实训任务。

实训提示：小组既可以实际走访某家酒店企业，也可以通过二手资料了解有关信息。

实训成果：制作 PPT，课堂汇报。

3. 情景模拟

实训内容：学生扮演不同角色，模拟酒店环境分析活动。

实训目标：让学生体会酒店工作人员环境分析的情景与氛围。

实训组织：要求 2～3 人为一组，学生分别扮演酒店营销岗位的不同角色，现场模拟环境分析与讨论的情景。

模块小结

完成本模块，你应该清楚：

1. 市场营销环境对酒店企业的营销活动的影响是强制性的，是企业不可控制的因素。如何制定和不断调整营销策略以适应市场营销环境，变不利为有利，关系到酒店企业的生存和发展。

2. 酒店企业的市场营销环境分为宏观环境和微观环境。宏观环境包括人口环境、经济环境、自然环境、科技环境、法律环境以及社会文化环境。微观环境就是酒店市场环境，包括酒店资源的供应商、营销中介、顾客、竞争者、社会公众以及企业内部各部门的协作。酒店内部环境主要指地理位置、整体规模、建筑的外观以及内部大堂、客房、餐厅设施和服务水平。

3. 由于酒店企业所处的市场营销环境随时都在变化，因此酒店营销活动是动态的，酒店企业必须对变化及时作出反应。这些因素在不同时期、不同形势下的重要性也不同，酒店企业不仅应具备鉴别重点的能力，还应注意到市场营销环境具有机会与威胁并存的特点。酒店企业必须对市场营销环境进行认真的调查研究、分析评价，以便采取相应的营销策略。

素养园地

素养目标：解读《“十四五”旅游业发展规划》，增强从事旅游住宿业的大学生对国家的认同感、社会责任感和历史使命感，促使大学生将自身发展与国家发展紧密结合起来。为响应《“十四五”旅游业发展规划》中强调的创新驱动发展战略，大学生应具备创新意识和创新能力，勇于探索未知领域，敢于挑战传统观念，为推动旅游业的高质量发展贡献智慧和力量。

国务院印发《“十四五”旅游业发展规划》

2022 年 1 月 20 日，国务院印发《“十四五”旅游业发展规划》（以下简称《规划》）。《规划》指出，“十四五”时期要以习近平新时代中国特色社会主义思想为指导，坚持稳中求进工作总基调，以推动旅游业高质量发展为主题，以深化旅游业供给侧结构性改革为主线，注重需求侧管理，以改革创新为根本动力，以满足人民日益增长的美好生活需要为根本目的，坚持系统观念，统筹发展和安全、统筹保护和利用，立足构建新发展格局，创新提升国内旅游吸引力，分步有序促进入境旅游、稳步发展出境旅游，着力推动文化和旅游深度融合，着力完善现代旅游业体系，加快旅游强国建设，努力实现旅游业更高质量、更有效率、更加公平、更可持续、更为安全的发展。

《规划》明确“以文塑旅、以旅彰文，系统观念、筑牢防线，旅游为民、旅游带动，创新驱动、优质发展，生态优先、科学利用”的原则。到 2025 年，旅游业发展水平不断提升，现代旅游业体系更加健全，旅游有效供给、优质供给、弹性供给更为丰富，大众旅游消费需求得到更好满足。国内旅游蓬勃发展，出入境旅游有序推进，旅游业国际影响力、竞争力明显增强，旅游强国建设取得重大进展。文化和旅游深度融合，建设一批富有文化底蕴的世界级旅游景区和度假区，打造一批文化特色鲜明的国家级旅游休闲城市和街区，红色旅游、乡村旅游等加快发展。

《规划》提出七项重点任务。一是坚持创新驱动发展，深化“互联网+旅游”，推进智慧旅游发展；二是优化旅游空间布局，促进城乡、区域协调发展，建设一批旅游城市和特色旅游目的地；三是构建科学保护利用体系，保护传承好人文资源，保护利用好自然资源；四是完善旅游产品供给体系，激发各类旅游市场主体活力，推动“旅游+”和“+旅游”，形成多产业融合发展新局面；五是拓展大众旅游消费体系，提升旅游消费服务，更好满足人民群众多层次、多样化需求；六是建立现代旅游治理体系，加强旅游信用体系建设，推进文明旅游；七是完善旅游开放合作体系，加强政策储备，持续推进旅游交流合作。

《规划》从加强组织领导、强化政策支撑、加强旅游理论和人才支撑等方面保障实施，要求各地区结合本地区实际制定旅游业发展规划或具体实施方案，明确工作分工，落实工作责任。各部门要按照职责分工，加强协调配合，明确具体举措和工作进度，抓紧推进。

资料来源：朱豫．国务院印发《“十四五”旅游业发展规划》．新华社，2022-01-20.

问题： 如何理解2022年1月国务院印发《“十四五”旅游业发展规划》?

分析提示： 疫情在加剧了住宿行业运营压力的同时，也给行业设置了运营的难关。国家对于旅游业的支持，更加坚定了旅游业复苏的信心。自古以来，勤劳勇敢、脚踏实地就贯穿于中华民族社会生活的各个领域，无论是酒店业还是其他行业，都鲜明体现了中华民族传统美德。近年来，酒店同行们用足够的定力，以行业一直提倡的工匠精神着力解决好诸如努力提升客人体验、主动拥抱最新科技、建立更加科学有效的人力资源开发和管理体系等一系列影响企业竞争力和行业素质的老、大、难问题，酒店行业欣欣向荣。

思考练习

1. 掌握酒店企业市场营销的宏观环境与微观环境因素。
2. 什么是SWOT分析法?
3. 结合我国实际情况，谈谈人口老龄化对酒店企业的机会与威胁，并提出对策。
4. 分析以下案例，并回答问题。

亚朵酒店发展案例

一、案例背景

（一）企业发展概况

亚朵酒店创立于2013年，其品牌起源于创始人在西藏旅行时萌发的灵感——打造一个融合人文体验的“在路上”住宿空间。作为中国中高端生活方式酒店的标杆品牌，亚朵以“始于酒店，不止于酒店”为核心理念，构建了涵盖住宿、电商、旅行、金融等多元业务的生态体系，形成“住宿+X”的创新商业模式。目前，亚朵旗下拥有亚朵酒店、亚朵S酒店、亚朵X酒店等六大住宿品牌以及两大零售品牌，业务覆盖全国31个省、自治区、直辖市，成为中高端酒店市场的重要组成部分。

（二）战略会议召开背景

2024年第一季度运营数据显示，亚朵每间可售房收入（RevPAR）同比下降3.2%，中端市场份额受到全季、桔子水晶等竞品的持续挤压。在此行业竞争加剧、市场格局变化的背景下，亚朵集团于2024年4月21日召开年度战略研讨会。集团董事长、首席执行官及各区域运营负责人齐聚，围绕三大核心议题展开深度研讨：一是突破中高端酒店市场同质化竞争的有效路径，二是直营与加盟扩张模式的平衡策略，三是针对Z世代核心客群的深度运营方案。此次会议旨在通过系统性战略梳理，巩固亚朵的市场地位并提升核心竞争力。

二、市场环境分析

（一）全球酒店行业发展现状

1. 连锁化趋势与区域发展差异

全球酒店行业呈现显著的集中化发展特征，根据HVS 2024年行业报告，全球前20大酒店集团掌控68%的客房资源，万豪、希尔顿、华住集团分列行业前三名。从区域发展来看，北美市场连锁化率已达78%，欧洲市场为65%，而亚洲新兴市场连锁化率仅为42%，存在较大的品牌整合与市场拓展空间。值得关注的是，全球中高端酒店RevPAR恢复至2020年前水平的112%，显示出该细分市场较强的抗风险能力和需求韧性。

2. 消费趋势的结构性变迁

千禧一代与Z世代逐步成为酒店消费的主力客群，其消费偏好呈现体验化、个性化特征。Booking.com 2024年全球调研数据显示，62%的年轻旅客愿意为特色文化体验支付溢价，45%的商务旅客将酒店办公空间的便利性列为住宿选择的首要考量因素。体验式消费需求的崛起，推动酒店行业从单纯的住宿功能向多元场景体验升级。

（二）中国酒店行业发展现状

1. 市场发展阶段与规模特征

中国酒店业历经三个发展阶段：1990—2010年的规模扩张期（年均新增酒店约3 000家）、2011—2020年的品牌分化期（中高端品牌市场占比从15%提升至32%），当前已进入存量竞争与价值升级并行的新阶段。截至2023年底，全国住宿设施总量超42万家，其中中高端酒店5.8万家，客房数632万间，占全国住宿市场的15%，标志着中高端消费需求已成为行业增长的核心驱动力。

2. 竞争格局的多维特征

头部品牌集中化竞争：锦江、华住、首旅三大酒店集团占据中高端市场45%的份额，通过多品牌矩阵覆盖不同价格带与客群。以华住集团为例，旗下全季、桔子水晶、漫心等品牌形成价格与调性的梯度布局，2023年中高端业务营收占比达68%。

区域市场割据化特征：区域龙头品牌在本地市场具备显著优势，如岭南集团在华南地区、君亭酒店在长三角地区的区域市场占有率均超过20%，形成地域品牌壁垒。

跨界融合创新趋势：以亚朵为代表的创新型品牌积极探索跨界合作，通过与网易严选、吴晓波频道等品牌联动，打造“酒店+零售”“酒店+文化”等复合业态，突破传统酒店的单一住宿功能定位。

（三）中高端酒店细分市场深度分析

中高端酒店市场规模从2018年的2 100亿元增至2023年的3 800亿元，年复合增长率达12.8%，主要得益于三大驱动因素：

1. 消费升级驱动

2023 年，城镇居民人均可支配收入突破 5 万元，住宿预算中 300～500 元价格带消费占比提升至 45%，品质化住宿需求持续释放。

2. 商旅需求迭代

60%的企业差旅标准覆盖 300～500 元价格区间，推动中端商务酒店需求增长，商务客群成为中高端酒店的稳定客源。

3. 下沉市场崛起

三线及以下城市中高端酒店增速达 18%，显著高于一线城市 8%的增速，昆山、佛山等县级市的亚朵门店出租率长期维持在 90%以上，展现了下沉市场的发展潜力。

三、亚朵消费者需求画像与竞争者分析

（一）亚朵消费者需求画像与分层特征

亚朵集团 2023 年会员调研（样本量 120 万）显示以下特征：

1. 功能性需求

床品舒适度（89%）、卫浴设施品质（85%）、网络稳定性（82%）构成住宿体验的核心刚性需求。

2. 情感价值需求

35%的客群重视酒店文化氛围营造（如属地特色装饰、主题体验活动），28%关注社交互动空间（如共享办公区、住客交流活动）。

3. 技术应用偏好

55%的 Z 世代用户偏好自助入住机、智能客控系统等数字化设施，而 40 岁以上客群对人工服务的依赖度更高，呈现显著的代际差异。

（二）亚朵市场定位与竞争者对标分析

比较项目	竞争者			
	亚朵	全季（华住）	和颐（如家）	桔子水晶（华住）
品牌调性	人文生活方式	商务简约风格	精致舒适体验	年轻潮流设计
核心客群	中产旅行者/新商务客	城市白领/差旅人士	家庭客群/商务客	年轻白领/休闲客
产品差异点	属地文化体验/阅读空间	标准化商务配置	智能化设施升级	设计感主题客房
会员体系	亚朵星球生态	华住会积分体系	如家会员俱乐部	华住会子品牌体系
扩张模式	轻重资产结合（直营 22%）	加盟主导（占比 85%）	加盟主导	加盟主导

（三）核心竞争优势

1. 场景化体验构建

全国门店统一配置“竹居”图书馆（藏书超 50 万册）、“相招”属地特色餐厅、“汗出”健身空间，形成“住宿+社交+文化”的立体体验生态圈。

2. 会员生态高黏性

7 600 万注册会员中，35%为年入住 12 晚以上的高频用户，会员贡献 72%的营收，复购率达38%，显著高于行业25%的平均水平。

3. 轻资产运营能力

输出“管理+品牌+技术”三位一体的加盟模式，加盟酒店RevPAR较同档次竞品高15%～20%，展现出强大的品牌赋能与运营管理能力。

四、公司现状与核心挑战

（一）经营数据全景分析

1. 规模布局

截至2024年第二季度末，开业门店1 412家（直营310家，加盟1 102家），覆盖全国302个城市，客房总量达161 686间，其中一线/新一线城市门店占比45%，二线及以下城市占比55%，形成全国化网络布局。

2. 运营表现

2023年平均出租率为82.3%，RevPAR为328元（高于中端市场均值285元），客户满意度净推荐值（NPS）为78分（行业标杆值为70分），保持较高服务水准。

3. 财务表现

2023年营收达46.66亿元；非房收入（零售、会议、会员服务等）占比22%，高于传统酒店15%的平均水平，多元化收入结构优势显现。

（二）市场竞争态势分析

1. 头部品牌竞争策略

华住集团：2024年推出“全季2.0”升级方案，聚焦智能客控系统与三线城市布局，计划三年内在三线及以下城市新增800家中端酒店，通过“品牌下沉+性价比定位”（均价300～350元）抢占市场份额。

锦江酒店：采用“双品牌协同”策略，通过丽枫（自然主义调性）与维也纳（高性价比商务）覆盖中端市场，2023年中端业务增速达25%，形成规模扩张与品牌差异化的双重优势。

区域强势品牌：君亭酒店在长三角推出“君澜度假”系列，主打周末短途游市场，客单价较亚朵高10%～15%，通过地域文化体验构建竞争壁垒。

2. 新兴品牌差异化冲击

朵丽米（DORMY）：引入日式温泉酒店模式，在广东、福建区域快速复制，以“住宿+疗愈”特色场景吸引家庭及休闲客群，形成细分市场突破。

美朋（MIPON）：聚焦下沉市场，采用“小而美”产品模型（单店有80～120间房），加盟成本较亚朵低，以高性价比策略抢占县域市场。

（三）核心挑战与问题剖析

1. 扩张过程中的品质管控难题

随着加盟业务占比提升至78%，标准化执行面临挑战：2023年客户投诉中，“设施维护不达标”“服务流程简化”等问题占比达45%。典型案例：某三线城市加盟店因未按标准配置“竹居”图书馆，导致会员用户差评，区域 NPS 值下降 12 个百分点。此外，人才储备速度滞后于扩张节奏，2024 年新开门店中，30％存在店长岗位空缺或储备干部经验不足问题，影响门店运营质量。

2. 品牌差异化优势的渐进式稀释

随着竞品纷纷效仿“人文酒店”概念（如全季“城市书房”、桔子水晶“艺术主题房”），亚朵的差异化认知度从 2020 年的 65％降至 2023 年的 48％。消费者调研显示，仅 23％的用户能清晰识别亚朵与竞品的核心差异，而 2019 年这一比例为 45％，反映出品牌独特性面临被同质化的风险。

3. 会员体系的边际效益递减问题

尽管会员基数庞大，但高频用户（年入住≥12 晚）占比从 2021 年的 42％降至 2023 年的 35％。主要原因包括：积分兑换权益与 OTA 平台趋同，缺乏独家稀缺性（如亚朵村农产品兑换仅占兑换总量的 8％）；银卡/金卡会员权益差异不显著，用户等级晋升动力不足，2023 年会员等级晋升率较 2020 年下降 15％，影响会员体系活跃度。

4. 下沉市场的适应性挑战

在三线及以下城市，亚朵面临“价格-需求”错配问题：门店均价较本地中端酒店高 30％～40％（如某县级市亚朵均价为 380 元，本地竞品为 250～300 元），导致淡季出租率波动（旺季 95％，淡季 65％）。同时，属地文化体验在下沉市场落地效果不佳，部分门店“竹居”空间使用率不足 20％，未能有效转化为消费场景，影响用户体验与品牌认同。

资料来源：HVS《2024 全球酒店行业发展报告》、STR《全球中高端酒店市场趋势分析》、中国饭店协会《2023 中国酒店业发展报告》以及亚朵集团 2023 年年报、2024 年 Q1 经营分析报告。

问题：

亚朵酒店的发展机会与威胁、优势与劣势、问题各是什么？

模块四 分析酒店消费者的购买行为

学习目标

- 认知酒店消费者购买行为模式
- 理解顾客价值、顾客购买动机
- 掌握酒店消费者购买决策过程
- 具备策划与提升顾客价值的能力
- 具备对消费者购买动机与购买行为的洞察与分析能力
- 能够根据酒店消费者的购买行为分析、调整营销策略

导入案例

电话叫醒服务的启示

在繁忙的旅行计划中，客人一旦错过关键的会议或者航班起飞时间，无疑会给旅途带来极大的不便和烦恼。为此，许多酒店提供了贴心的叫醒服务，以帮助客人避免这种尴尬的局面。这些叫醒服务通常由酒店的工作人员通过电话直接联系客人，确保他们能在设定的时间醒来，准备一天的活动或及时赶到机场。对于那些需要额外保障以确保能按时起床的客人，酒店还提供“二次叫醒”服务。这通常意味着如果电话叫醒没有成功唤醒客人，工作人员会采取进一步的措施——亲自前往客房敲房门，直到确认客人已经醒来。随着科技的进步，一些中高端酒店开始采用更为先进的技术来提供叫醒服务。在这些酒店中，叫醒任务可能完全由客房内的智能系统自动完成。这样的系统可以精确地在设定的时间发出叫醒信号，不仅保证了叫醒服务的准时性，而且避免了因人工操作可能产生的误差，且不会打扰其他正在休息的住客。

资料来源：艾瑞克．酒店被忽视的“特殊服务”你知道哪些？［EB/OL］．（2024－07－07）［2024－12－10］．微信公众平台．

项目一　提升酒店顾客价值

活动　**顾客价值理解训练**

活动目的：了解学生对顾客价值的理解现状，引导学生正确理解顾客价值。

活动内容与要求：分组讨论“如何提升酒店的顾客价值”。小组代表集中发言，其

他同学做补充。

结果与检测：能够对各时期顾客价值进行比较正确的理解。

提示：注意立足于酒店，教师及时引导。

一、顾客价值

菲利普·科特勒指出，顾客能够判断哪些商品将提供最高价值。在一定的搜寻成本和有限的知识和收入等因素的制约下，顾客是价值最大化的追求者。他们产生了一种价值期望，并基于这些期望展开行动。他们会了解产品是否符合自身的期望价值，这将影响他们的满意度和再购买的可能性。菲利普·科特勒认为，顾客研究的前提是：顾客将从那些他们认为能提供最高顾客让渡价值的公司购买产品。

〖思考与讨论〗

为什么说提高顾客价值是提升企业竞争力的必要手段？

分析提示：提高顾客价值是提升企业竞争力的必要手段，因为它直接关系到顾客满意度和忠诚度。当顾客感知到更高的价值时，他们更可能成为回头客，并通过口碑推荐带来新客户。此外，高顾客价值有助于企业在激烈的市场竞争中脱颖而出，吸引和保留更多的顾客，从而实现持续的业务增长和利润提升。

顾客让渡价值是指顾客总价值与顾客总成本之差。顾客总价值是指顾客从某一特定产品或服务中获得的一系列利益，包括产品价值、服务价值、人员价值和形象价值等。顾客总成本是指顾客为了购买一件产品或服务所耗费的时间、精神、体力以及所支付的货币资金等，包括时间成本、精神成本、体力成本、货币成本。由于顾客在购买产品时，总希望将时间、精神、体力和货币等成本降到最低，而同时又希望从中获得更多的实际利益，以使自己的需求得到最大限度的满足，因此顾客在选购产品时，往往从价值与成本两个方面进行比较分析，从众多产品中选择价值最高、成本最低的产品，即将顾客让渡价值最大的产品作为优先选购的对象。顾客让渡价值的计算公式为：

顾客让渡价值＝顾客总价值－顾客总成本

菲利普·科特勒将顾客总价值与顾客总成本进行了具体的划分。企业为了在竞争中战胜竞争者，吸引更多的潜在顾客，就必须以满足顾客的需求为出发点，增加顾客所期望的利益或者减少顾客的消费成本，从而向顾客提供比竞争者更多顾客让渡价值的产品，这样企业才能使自己的产品引起顾客的注意，进而促使顾客产生实际购买行为。

〖思考与讨论〗

在酒店产品定价不变的前提下，如何提升顾客价值？

分析提示：（1）提升服务质量：通过提供更加专业和个性化的服务提升顾客满意度；（2）增加附加服务：提供免费的附加服务，如机场接送、免费升级房间、免费早餐等；（3）优化客户体验：改善酒店的硬件设施，提供更加舒适和便捷的住宿环境；（4）提供个性化体验：根据顾客的喜好和需求提供定制化的服务，如特别的生日庆祝或纪念日服务；（5）提高效率：通过技术手段提高顾客办理入住和退房的效率，减少顾客等待时间；（6）建立忠诚度计划：通过积分、会员优惠等方式鼓励顾客重复消费，增加顾客黏性。

二、顾客满意理论（CS 理论）

CS（顾客满意）是英文 customer satisfaction 的缩写形式。在其前面加上一个英文单词 total，即成为 total customer satisfaction，其缩写为 TCS，称为全面顾客满意。TCS 是涉及产品设计、制造、销售、服务、企业组织体系的科学、规范和可操作的企业经营管理理论，被企业界广泛采用。TCS 有时被简称为 CS。

从传统意义上来讲，消费者选购产品的标准是实用性及耐久性。随着市场经济的发展，市场竞争越来越激烈，消费者在选购产品时，不仅要求质量符合要求，而且会综合考虑包装、服务、广告、咨询、送货、保管、售后服务等因素。企业提供的产品已经不再是单位产品，而变成了产品体系。与传统观念相比，现代社会服务系统正占据越来越重要的地位，营销环境与营销方式的变化，要求企业实施全方位、立体的服务营销战略——CS 营销战略。

顾客满意系统将企业的顾客分为外部顾客及内部顾客。外部顾客是企业产品的消费群体，内部顾客即企业的员工。CS 营销战略在满足内外部顾客需求、提升销售业绩、促进企业发展壮大方面起着决定作用。

（一）顾客满意使企业获得长期的盈利能力

1. 顾客满意有助于保持顾客忠诚，增加重复购买数量

顾客是与企业的前途有直接联系的外部公众，市场是顾客的总和。顾客通过广告媒体、企业宣传品及他人介绍等各种渠道获取信息，对企业产品产生一种抽象的心理预期，通过心目中的产品与企业实际产品进行比较，作出自己的购买决策。这就要求企业从顾客的角度考虑，满足顾客的需求，努力打造企业的品牌，使顾客的抽象心理预期得到满足，从而形成顾客忠诚。顾客忠诚集中表现为顾客重复购买的程度。顾客忠诚不仅可以

稳定企业现有的顾客，而且可以为企业带来潜在顾客，从而使企业保持并发展庞大的消费群体。

2. 顾客满意可以减少价格波动和不可预知风险，节约销售成本

在当今感性消费的时代，企业维持原有的消费群体比开发新的消费群体容易得多。据估算，企业开发一个新的消费群体的费用是保持现有顾客群体费用的 4～6 倍。CS 营销战略维系了原有顾客，创造了口碑效应，节约了销售成本。同时，消费者对自身喜爱的产品的价格变动敏感度低、承受力强、信任度高，对质量事故等不可预知风险多抱有宽容态度，更注重产品的内在价值。

（二）顾客满意使企业在竞争中得到更好的保障

1. 内部顾客对树立名牌效应起到决定作用

酒店员工在经营中的参与程度和积极性很大程度上影响顾客满意度。联邦快递公司发现，当内部员工的满意率提高到 85%时，企业的外部顾客满意率高达 95%。

2. 员工满意有助于企业节约内部支出，保持稳定、高效的员工队伍

内部员工对企业各方面的满意度高，有助于企业保持稳定、高效的员工队伍，减少因培养新的替代雇员而增加的成本，保证实施外部顾客满意营销战略的连续性，避免企业为重新建立被打破或割裂的顾客关系而付出高昂的代价。

企业应保持员工的忠诚，增强员工的向心力。CS 营销战略必须转化为企业内部全体员工的行为准则。这种准则在企业内部的强化，可以激活员工的主观能动性，使他们对企业高度忠诚，形成独特的文化氛围，增强企业的凝聚力，构建企业强大的无形资产，为企业进一步的发展壮大提供精神动力。

（三）顾客满意使企业从容应对顾客需求变化

顾客满意创造顾客的忠诚。当顾客需求发生变化时，忠诚的顾客仍然与企业共存，最终实现顾客利益和企业效益的统一。

〖思考与讨论〗

顾客满意对企业的意义是什么？酒店如何提高顾客满意度？

分析提示：(1)意义：顾客满意使企业获得长期的盈利能力；顾客满意使企业在竞争中得到更好的保障；顾客满意使企业从容应对顾客需求变化。

(2) 酒店如何提高顾客满意度：确保清洁、舒适的住宿环境；提供专业、友好的服务；保证餐饮质量；及时响应客户需求；提供个性化服务；维护良好的设施设备；合理定价；积极处理投诉与反馈。这些措施有助于提升顾客体验，提高顾客满意度。

项目二 洞察酒店消费者购买动机与购买行为

活动 酒店消费者购买行为洞察训练

活动目的：了解学生对酒店消费者购买行为的分析能力，引导学生正确观察与分析。

活动内容与要求：观察酒店消费者的购买行为，并将其进行分类，分组讨论“针对不同类型的消费者，提供什么样的服务以满足其需求”。小组代表集中发言，其他同学做补充。

结果与检测：能够对酒店消费者的购买行为进行比较正确的分析。

提示：注意立足于酒店，教师及时引导。

一、酒店消费者市场的特点和影响消费者购买行为的主要因素

（一）消费者市场的特点

消费者市场，又称最终消费者市场、消费品市场，是指个人或家庭为满足生活需求而购买产品的市场。

在消费者市场中，消费者购买产品的目的是满足自身的最终消费需求，而不是将之作为生产资料谋取利润。消费者市场的特点主要表现为以下几个方面：

1. 购买者的广泛性

个人和家庭是消费者市场的基本购买单位，人们要生存和发展，就需要消费。凡是有人群的地方，都有消费品交易存在。消费者市场的购买者分布在社会的各个地方、各个层面，因而具有广泛性。

2. 需求的差异性

这种差异的体现是多方面的。由于消费者在年龄、性别、职业、收入、受教育程度、价值观念、兴趣爱好等方面存在不同程度的差异，因此他们对消费品的需求及购买行为表现出相当大的差别。酒店企业只有同时提供多种多样的产品，才能满足不同消费者的差异化需求。

3. 购买行为的经常性和重复性

由于受家庭环境、经济条件以及消费品本身特点的制约，消费者每次购买日常生活

消费品的数量以能满足一定时间内个人及家庭的需求为限。由于消费者每次购买的数量相对较少，而消费具有日常性的特点，因此消费者就需要经常购买，反复购买，购买频率较高。为此，酒店企业必须学会把握机遇，服务老顾客、赢得回头客。

4. 购买者的非专业性

大多数消费者缺乏专门的产品知识，对消费品的性能、特点、使用、保养和维修等缺乏专门研究，对消费品的购买表现出很强的情感性和可诱导性。消费者在购物时，很容易受广告、包装、品牌、服务、产品的新奇特点，以及降价、商店的营业氛围、营业员的推荐等外在因素的影响，导致冲动性购买。

5. 需求的伸缩性

受经济、社会、心理因素和企业促销力度的影响，消费者的消费需求和购买力投向在某一时期会放大或缩小，这便是消费需求的伸缩性，也称弹性。对于不同类型的产品，消费者需求的伸缩性不同。

（二）影响消费者购买行为的主要因素

1. 社会文化因素

社会文化因素包括文化、社会阶层对消费者行为的影响，是对消费者的作用最深远的因素之一。

相关群体是指影响和制约消费者观念和行为的个人或人群。根据消费者与相关群体关系程度的不同，可以将相关群体分为四个层次：一是接受群体，如家庭、单位、朋友、同事、同学等，消费者与该群体之间具有成员关系，并且认同这一群体的观念或行为准则；二是拒绝群体，与接受群体相反，消费者属于某个群体，但不认同该群体的观念或行为准则，往往反其道而行之；三是向往群体，如社会阶层、文化群体及各种戏迷、球迷俱乐部等，消费者渴望加入其中；四是逃避群体，这是与向往群体相反的群体。

家庭是最重要的相关群体之一。它对消费者的个人价值观念、审美意识、生活方式及消费观念的形成影响较大。家庭对购买行为的影响主要体现在三个方面：家庭权威中心、家庭成员在购买过程中的角色、家庭所处生命周期的阶段。

社会阶层是社会成员按照一定的等级标准划分成许多相互区别的同质性和持久性的群体。其中的每一个群体就是一个阶层。每个阶层的成员在态度、消费行为模式和价值观念、兴趣爱好等方面都具有相似性。

人们的消费行为会受到核心文化的制约。核心文化是决定人们思维和行为的内在因素，体现为人们的价值观念和生活准则。

2. 经济因素

影响消费行为的经济因素主要有产品价格、消费者收入和产品效用以及经济环境因素等。

3. 心理因素

影响消费者购买行为的心理因素主要包括学习、态度、信念等。感知过程是一个有选择性的心理过程，它有三种机制：选择性注意、选择性曲解和选择性记忆。人们对所了解的信息不可能都记住，只能记住支持自己看法和信念的信息。

学习是指结合人脑发展进程，通过接受外部信息及经验的积累而产生的思想观念、行为或行为潜能的变化。酒店企业要尽可能使自己的产品信息进入消费者学习的范围，促使消费者形成产品观念，改变消费行为。

态度是指个体从自身出发，主观上对某一事物所持有的正向或反向的评价、感受或倾向。消费者一般对于自己熟悉的或有过切身体会的事物的态度较坚定，不易改变。消费者态度的改变包括两层含义：一是态度强度的改变，二是态度方向的改变。

信念是指人们对事物所持有的自己认为可以确信的看法。这个看法的根源是消费者对某事物带给自己或自己所代表的群体的利益。一个客观存在的事实是：人们对企业及其产品或服务所持有的信念，往往构成了该企业及其产品或服务的形象，并成为人们行为的依据。

4. 个人因素

购买者的决策也会受到个体外在特征的影响，特别是受个体所处的生命周期阶段、生活方式、个性以及自我概念的影响。

二、消费者购买动机与购买行为的类型

（一）消费者购买动机的类型

动机是由需求引起的，推动人们实施购买行为的驱动力。动机的产生必须具备两个条件：一是具有一定强度的需求，二是具有满足需求的目标和诱因。消费者的动机一般分为以下三种类型：

1. 感情动机

消费者对于企业及其产品、需求能否得到满足会有正向或反向的态度，从而产生肯定或否定的感情体验。不同消费者会产生不同的购买动机。感情动机具有突发性、冲动性和易变性的特点。感情动机可以细分为两种情况：一种是情绪动机，另一种是情感动机。

2. 理智动机

理智动机是消费者对产品有了客观清醒的认识，经过理性的分析比较后产生的购买动机。它具有客观性、周密性和可控性的特点。

3. 惠顾动机

惠顾动机是消费者由于对特定的产品或生产销售者特殊的信任和偏好而形成的购买

动机。它具有排他性和不可替代性的特点。

（二）消费者购买行为的类型

根据欲购买的产品和消费者在购物时参与程度的不同，消费者购买行为可以分为以下四种类型。

1. 复杂的购买行为

复杂的购买行为是指消费者在购买价格高昂、购买频率低、不熟悉的产品时，会投入很多的时间和精力。一般来说，如果消费者既不了解产品类型、产品性能、各品牌之间的差异，又缺少购买、鉴别和使用这类产品的经验和知识，就需要花费大量的时间收集信息，学习相关知识，做出认真的比较、鉴别和挑选等购买努力。例如，顾客在预订酒店之前，会事先通过咨询、网络查询等方式获取相关酒店信息，之后选择中意的酒店。

2. 习惯性的购买行为

习惯性的购买行为是指消费者在购买价格低廉、品牌间差异性较小的产品时介入程度较低，并且消费者会形成购买习惯。例如，一些消费者到经常出差的城市会习惯入住某酒店或习惯到某家餐馆就餐等。对于类似的低介入度的产品，消费者既不会对品牌信息进行广泛研究，也不会对品牌特点进行评价。他们可能是在看电视、浏览 App 或阅读印刷品广告时被动地接收信息。消费者不会真正形成对某一品牌的态度，他之所以选择这一品牌，很大程度上是因为习惯。消费者在购买产品之后，也很少进行购后评价。

3. 减少不协调感的购买行为

减少不协调感的购买行为是指消费者在购买产品时的介入程度并不高，但在购买后容易后悔、遗憾，并会设法消除这种不协调感。例如，有些产品价格高但是各品牌之间并不存在显著差异。消费者在购买这类产品时既不会广泛收集产品信息，也不会投入很大精力挑选品牌，购买过程迅速、简单，但是在购买以后会认为自己所购买的产品具有某些缺陷或觉得其他同类产品有更多的优点而产生失调感，怀疑原先购买决策的正确性。

4. 寻求多样性的购买行为

寻求多样性的购买行为是指消费者在购买某些价格不高但品牌间差异显著的产品时，容易有很大的随意性，频繁更换品牌。例如，对于甜点这样的产品，由于品种繁多、各品牌间差异大、价格便宜，消费者在购买前并不会做充分的购前评价，就会作出购买决策，待到入口时再作评价，但是在下次购买时又会转换其他品牌。转换的原因是厌倦原口味或想试试新口味。消费者是在寻求产品的多样性，而并不一定是该产品有令人不满意之处。

不同购买动机下的购买行为有很大差异，因此，酒店企业应了解、熟悉消费者的购买行为，设计相应产品及服务，满足消费者的不同需求。

知识链接

酒店消费人群画像

酒店消费人群画像是酒店经营管理者关注的焦点。掌握核心消费人群，不仅能够帮助酒店增加客户黏性、促进客房销量，而且可助力品牌完成趋势预测、制定长期营销策略及发展方针。以下是 2016 年底迈点研究院联合 Talking Data 发布的 2016 年中国经济连锁酒店市场大数据分析报告的部分内容。

一、以男性为主的消费人群有哪些偏好？

从消费人群十大线下消费类型偏好来看，对比酒店平均消费习惯，家用电器（13%的提升度）、数码产品（12%的提升度）、家居厨具（8%的提升度）、服饰鞋帽（8%的提升度）是经济连锁酒店消费人群最为偏爱的四大线下消费类型（见图 4－1）。从经济连锁酒店消费人群的年龄分布不难看出，经济连锁酒店的消费主力军——80 后男性大多为当前社会中流砥柱，拥有自己的家庭与较高的消费能力。

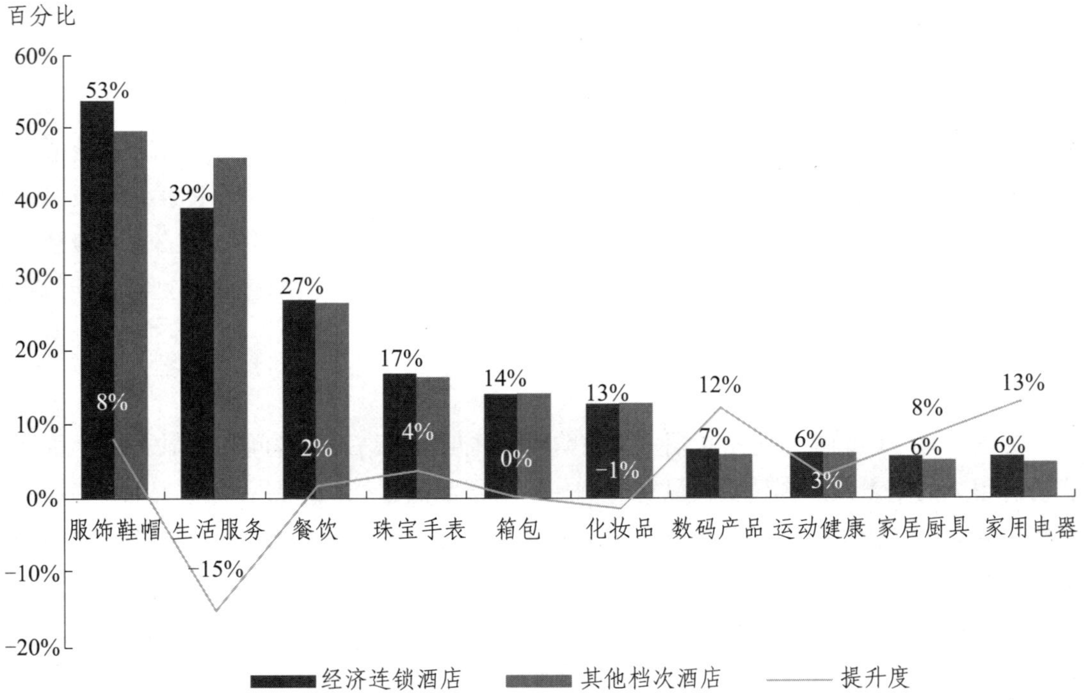

图 4－1　消费人群十大线下消费类型偏好

占据酒店营收重要部分的餐饮，是酒店经营者抓牢顾客的关键。我们在分析了经济连锁酒店消费人群的餐饮消费偏好后发现，快餐简餐是这类人群最为偏爱的餐饮类型(48.42%)，其次是咖啡水吧（30.91%）。而这两种类型也是目前经济连锁酒店中最常见的。此外，这类消费人群对面包甜点与中西餐也有一定需求（见图4-2)。

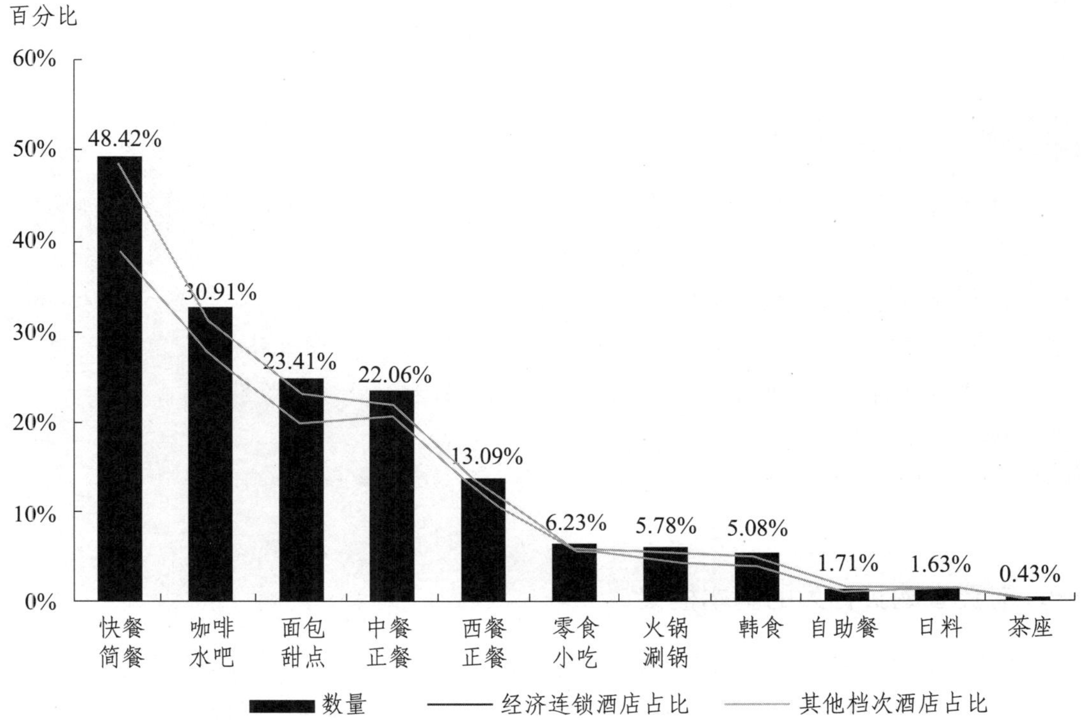

图4-2 消费人群餐饮消费偏好

随着移动互联网与消费金融的不断发展，未来势必将产生越来越多的线上消费行为。通过对经济连锁酒店消费人群手机应用的整体使用偏好进行统计分析我们发现，目前经济连锁酒店消费人群的线上消费集中在商旅出行、影音，以及通信、生活等方面。对比当前其他档次酒店整体消费人群的手机应用偏好可以看出，消费人群在前几类的手机应用偏好重合度较高。而高端酒店消费人群对网购与金融理财等应用的偏好明显低于中档与经济型连锁酒店两类消费人群。同时我们预测，未来经济连锁酒店消费人群的线上消费将在教育、工作及资讯等方面实现更大突破。

二、消费来源城市与其市场成熟度并不匹配

除北京、上海、广州、深圳外，目前经济连锁酒店主要分布在华中、西南等区域的经济发达城市（交通配套设施完善、人口密度大且流动频繁），但主要的消费来源多分散于东部和南部沿海地区，这也在一定程度上反映出消费人群往返于经济发达城市的频率较高，对经济连锁酒店的需求量较大。

项目三 体会酒店消费者购买决策过程

活动 酒店消费者购买决策过程洞察训练

活动目的： 了解学生对酒店消费者购买决策过程的洞察能力，引导学生正确观察与分析。

活动内容与要求： 观察酒店消费者购买决策过程，分组讨论“购后感受为什么要放在购买决策过程中加以分析”。小组代表集中发言，其他同学做补充。

结果与检测： 能够根据酒店消费者的购买决策过程设计相应服务项目。

提示： 注意立足于酒店，教师及时引导。

一、消费者购买行为的基本框架

人的行为受心理活动的支配。从心理到行为，心理学中有一个“刺激—行为”模式，即“刺激—需求—动机—行为”。刺激产生需求，需求强烈到一定程度时，就会诱发动机，动机强烈到一定程度就会导致行为。营销人员的任务是了解介于外在刺激与采购决策间的购买者“黑箱”。消费者购买行为的基本框架（经典模型）见图 4－3。

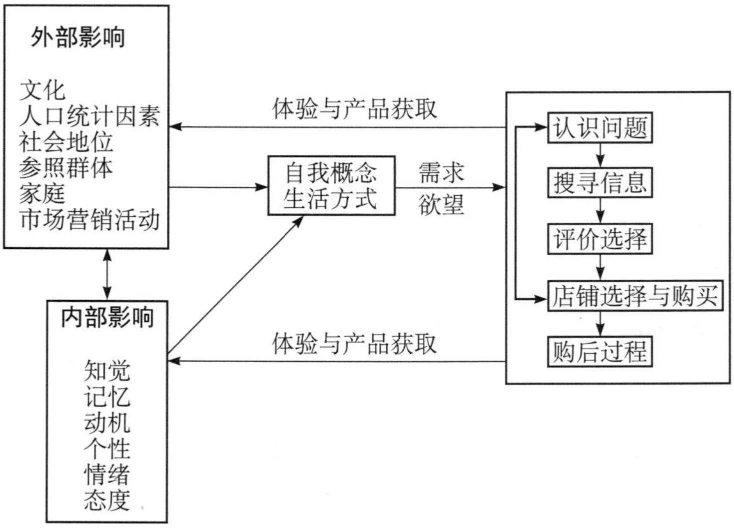

图 4－3 消费者购买行为的基本框架（经典模型）

二、消费者购买行为决策过程

消费者的购买行为有时复杂、有时简单。决定购买行为复杂程度的因素有两个：一是产品价值的大小，二是消费者对所购买产品的熟悉程度。

消费者购买行为决策过程包括五个步骤：确认需求、收集信息、评估可行方案、作出购买决策、购后行为（见图 4－4）。这五个步骤代表了消费者从产生购买需求到完成购买的全过程。很明显，购买过程在实际购买行为发生之前就已经开始了，并且购买之后还会有持续影响。

确认需求 → 收集信息 → 评估可行方案 → 作出购买决策 → 购后行为

图 4－4　消费者购买行为决策过程

（一）确认需求

人的需求是由两种刺激引起的：一种是内部刺激，如饥渴等生理方面刺激产生的需求；另一种是外部刺激，如人感知到外界刺激物而引起的需求。企业市场营销活动中的创新和开发等实际上就是发现和满足消费者的潜在需求的行为。

消费者对某种产品的需求强度会随着时间的推移而变化，企业要尽可能地强化消费者需求，激发消费者的购买欲望。

（二）收集信息

如果消费者的需求没有被强化，就会维持在第一阶段，当条件发生变化时，就会被弱化，进而需求会消失；如果被强化，消费者就会主动收集有关信息。消费者收集信息的渠道一般有四个：社会来源（周围人群正面的评价会带动广泛的购买行为）、商业来源（通知、劝说）、经验来源（正面评价会促进重复购买）、公众来源。

对于企业来说，只有商业来源和公众来源是可以利用的，对于其他两个来源，企业可以通过“满意的顾客”的“最好的推销”来实现。

（三）评估可行方案

消费者收集了相关产品的信息后，不一定会购买所选的产品，这就产生了一个比较和评价的筛选过程。对于想要购买的产品，消费者会列出一系列自己认为重要的属性，以各种属性的重要程度作为选择的标准。

〖思考与讨论〗

为什么说满意的顾客是最好的广告？

分析提示：满意的顾客是最好的广告，因为他们会通过口碑传播进行正面评价，吸引更多人选择该产品或服务。这种真实、可信的推荐具有较强的说服力，并且成本较低。满意的顾客数量增加，就会形成忠诚用户群，对企业发展给予长期支持，故被视为最有效的营销手段之一。

（四）作出购买决策

购买决策是消费者购买行为的关键阶段，是顾客最重视的阶段，也是企业一切营销努力的希望所在。如果购买行为发生时，消费者的介入度很高，消费者在将购买意图转化为购买行为时还会有一段时间，有三个因素会影响最终的购买：他人的态度、购买风险和意外情况。

（五）购后行为

消费者购后行为包括决策确认、经历评估、满意与否和未来反应。

1. 决策确认

消费者购买产品后会确认购买决策是否明智。消费者会寻求更多支持自己购买决策的正面信息，避免负面信息。

2. 经历评估

购买产品后，消费者在使用过程中逐渐认识和熟悉了这款产品，并且将该款产品视为家庭或自己的一部分。

3. 满意与否

如果购买产品达到购买前的预期，消费者就会满意，否则就会不满意。如果超过预期，消费者就会非常满意。

4. 未来反应

它直接取决于消费者的满意程度。消费者有三种可能的反应：退出、表达意见和忠诚。

〖思考与讨论〗

为什么说购后行为是消费者购买行为决策过程中必不可少的环节？

分析提示：购后行为是消费者购买行为决策过程中必不可少的环节，因为它直接关系到消费者的满意度和忠诚度。通过决策确认，消费者可评估购买决策是否正确、后续购买意愿是否强烈。通过经历评估，消费者可以更深入地了解产品，形成个人认知。满意与否直接决定了消费者是否会成为回头客或进行口碑传播。这些购后行为不仅影响单个消费者的再次购买，还通过社交网络影响更多的潜在消费者。因此，对购后行为的分析有助于企业优化产品和服务，提升市场竞争力。

操作训练

1. 案例分析

分析本模块导入案例“电话叫醒服务的启示”并讨论：什么是顾客价值？为什么要

重视消费者的购后行为？

要点提示：案例中酒店针对客人避免错过会议或航班的关键需求，为客人提供了极大的便利与安心。这种价值体现在服务的准时性、可靠性以及个性化程度上，如“二次叫醒”服务就增强了客人的信任感。重视消费者的购后行为至关重要，因为它直接影响客人的满意度与忠诚度。案例中，客人在享受叫醒服务后，若能顺利赶上航班或会议，将极大地提升满意度，进而形成正面口碑，为酒店带来长期效益。此外，随着科技的进步，酒店不断创新叫醒服务方式，不仅提升了服务效率，而且体现了对顾客价值的持续关注与优化。

2. 团队操作

实训内容：跟踪并分析了解当地某家酒店企业客户的购买行为过程。

实训目标：让学生了解酒店消费者的购买过程，培养学生对酒店消费者购买行为的分析能力。

实训组织：成立实训小组，要求 3～6 人为一组。以小组为单位，在两周内利用周末时间来完成。

实训提示：实训小组既可以实际走访某家酒店企业，也可以通过二手资料了解有关信息。

实训成果：制作 PPT，课堂汇报。

3. 情景模拟

实训内容：学生扮演不同角色，模拟酒店消费者的购买行为，设计酒店营销活动。

实训目标：让学生体会酒店营销观念指导下的营销策略。

实训组织：成立实训小组，要求 2～3 人为一组，学生分别扮演酒店营销人员与客户角色，现场模拟消费与服务过程。其他学生观察，发现问题并讨论。

模块小结

完成本模块，你应该清楚：

1. 顾客让渡价值是指顾客总价值与顾客总成本之差。顾客总价值是指顾客从某一特定产品或服务中获得的一系列利益，包括产品价值、服务价值、人员价值和形象价值等。顾客总成本是指顾客为了购买一件产品或服务所耗费的时间、精神、体力以及所支付的货币资金等，包括时间成本、精神成本、体力成本、货币成本。

TCS 是涉及产品设计、制造、销售、服务、企业组织体系的科学、规范和可操作的企业经营管理理论。

2. 消费者市场，又称最终消费者市场、消费品市场，是指个人或家庭为满足生活需求而购买产品的市场。影响消费者购买行为的主要因素有：社会文化因素、经济因素、心理因素、个人因素。

3. 动机是由需求引起的，推动人们实施购买行为的驱动力。动机的产生必须具备两个条件：一是具有一定强度的需求，二是具有满足需求的目标和诱因。消费者的动机一般分为三种类型，即感情动机、理智动机和惠顾动机。

4. 消费者购买行为决策过程一般包括五个步骤：（1）确认需求；（2）收集信息；（3）评估可行方案；（4）作出购买决策；（5）购后行为。这五个步骤代表了消费者从产生购买需求到完成购买的全过程。购买过程在实际购买行为发生之前就已经开始了，并且购买之后还会有持续影响。

素养园地

素养目标：通过了解酒店如何利用默认选项来影响顾客行为，学生能够认识到酒店绿色消费的重要性。绿色消费不仅有助于酒店合理利用资源，还对酒店业的可持续发展发挥了重要作用。大学生应增强环保意识，理解节能减排对环境和社会的积极影响。

以小拨大：酒店默认选项助推顾客绿色消费意愿

近年来，随着旅游住宿业的快速发展及单位面积能源消耗的居高不下，节能减排成为全球旅游住宿业共同面临的严峻问题，而通过干预顾客实施绿色消费可成为提升酒店节能减排效率的重要突破口。因此，了解、懂得和掌握顾客酒店绿色消费干预策略尤为重要。学术界对如何干预顾客酒店绿色消费的理论探讨和实践探索，大致可分为政策规制和补偿激励两大类。前者旨在通过政策规制手段从源头抑制顾客非绿色消费。例如，上海市所有酒店从 2019 年 7 月 1 日起不再主动提供牙刷、梳子等“六小件”。补偿激励的目的是激发顾客绿色消费。例如，喜达屋（Starwood）国际酒店集团采用的免费洗衣、食物券等补偿激励手段。虽然这些干预策略在激发顾客绿色消费方面取得了一些成效，但是面临着强制性和高成本风险，而非强制性且低成本的助推策略在个体行为干预中展现出多重优势。助推是指通过设计巧妙、“隐性”策略来引导个体行为朝预期方向发展，在个体行为干预中发挥以“小”拨“大”作用。

在现实中，为了更好地激励顾客参与绿色消费项目，一些酒店尝试将行为经济学默认选项引入酒店绿色消费情境。例如，一些酒店将“每 3 天更换一次床单”替代“每天更换一次床单”作为默认选项，这一改变能够有效地提高顾客床单的重复使用率，新疆东方王朝酒店便是很好的实践范例。

酒店管理者在绿色营销过程中要提高对默认选项的重视。酒店默认选项是助推顾客绿色消费的重要路径，对于驱动顾客绿色消费具有积极的作用。实际上，作为一种简单易操作的助推策略，酒店默认选项能够巧妙地、隐蔽地引导顾客绿色消费行为发生改变。因而，酒店应重视对默认选项的应用，可尝试借鉴行为经济学中默认选项成功经验。例如，酒店可以默认不提供牙刷、梳子等“六小件”，若顾客主动要求便可提供。这一措施既不干涉顾客选择自由，又不借助强制手段，以极小的成本带来顾客绿色消费行为的较大改变。此外，选择退出默认选项比加入默认选项对顾客绿色消费意愿的助推力更强，因而酒店在默认选项设置中，应尽可能多地采用“每 3 天更换一次毛巾或床上用品，若您需要每天更换毛巾或床上用品，请主动声明”的退出默认选项，从而有效助推顾客绿色消费意愿的形成。

资料来源：郭养红，胥兴安. 以小拨大：酒店默认选项助推顾客绿色消费意愿［J］. 旅游学刊，2023（2）.

问题：酒店在实施绿色消费策略时，应如何平衡顾客的选择自由和环保目标？

分析提示：酒店在实施绿色消费策略时，可以通过提供退出默认选项来平衡顾客的选择自由和环保目标。例如，酒店可以设置默认选项为“每 3 天更换一次毛巾或床上用品”，但同时明确告知顾客如果他们需要每天更换，可以主动声明。这样既尊重了顾客的选择自由，又通过默认选项鼓励了环保行为。此外，酒店还应加强与顾客的沟通和互动，了解他们对绿色消费策略的反馈和意见。通过收集和分析这些信息，酒店可以不断优化产品和服务，更好地满足顾客的环保需求。通过这种方式，酒店可以在不牺牲顾客满意度的前提下，有效推动绿色消费。

思考练习

1. 根据自己或家庭的一次重要的住宿经历，描述酒店消费者的购买决策过程。
2. 对某熟悉的酒店的消费者行为进行分析，并撰写分析报告。

模块五 酒店 STP 战略

学习目标

- 学会市场细分的基本方法，能够进行完全市场细分
- 学会目标市场营销、市场定位的方法和步骤
- 具备独立进行酒店消费者市场细分的能力
- 能够理解并应用目标市场营销策略解决实际问题
- 能够根据酒店实际情况进行准确定位

导入案例

万豪国际酒店集团围绕市场细分求发展

众所周知的万豪国际酒店集团（以下简称万豪集团）是与希尔顿、香格里拉齐名的酒店巨头，总部设在美国，现有业务遍及世界各地。万豪集团能够在激烈的市场竞争中站稳脚跟，赢得客户的高度信任，得益于通过市场细分发现市场空白，创建新产品，打造新品牌。

万豪集团一直致力于寻找不同品牌间的空白地带。如果调查显示某细分市场上有足够的目标顾客需要一些新的产品或服务，那么万豪集团就会将产品或服务进行提升以满足顾客新的需求；如果调查表明在某一细分目标顾客群中，许多顾客对一系列不同的特性有需求，那么万豪集团就会将这些顾客作为一个新的顾客群并开发出一个新的品牌。万豪集团通过市场细分成功开拓了 Fairfield（万枫酒店）、Courtyard（万怡酒店）、Marriott（万豪酒店）、JW 万豪等一系列品牌，这些品牌酒店在分别满足诸如销售人员、销售经理、业务经理和高级经理等需求的细分市场上取得了巨大成功。

万豪集团为品牌开发提供了有益的思路。对于一种现有的产品或服务来说，新的特性增加到什么程度才需要进行提升？到了什么程度才可以创造一个新的品牌？答案是：当新增加的特性能创造一种新的东西并能吸引不同的目标顾客时，就会有产品或服务的提升或新品牌的诞生。

万枫酒店创立初始，媒体这样评论它：宽敞但缺乏装饰，厕所没有门等，顾客愿意为“装饰得好一点”的房间多付费。于是，万豪集团通过增加熨衣板和其他便捷的设施等来改变陈设，并通过铺设地毯、加装壁炉等来改善客厅条件。通过这些方面的改进，万豪酒店吸引到了一批新的目标顾客——注重价值的顾客。

后来，万豪集团发现对万枫酒店所做的提升并不总是有效的，因为价格敏感型顾客并不想要这些提升项目，而注重价值的顾客则对其

不屑一顾。于是，万豪集团考虑将一些万枫酒店升级为斯普林希尔套房酒店（Springhill Suites），并重新细分了顾客市场。万豪集团通过创造出斯普林希尔套房酒店这一产品，成功地将一种“价格敏感型顾客不满”的模式转换成为一种“注重价值的顾客”的模式。

资料来源：营销与创意．万豪酒店的市场细分［EB/OL］．（2023－09－09）［2024－12－10］．微信公众平台．

项目一 细分酒店市场

活动　细分客房市场

活动目的：能够使学生在市场调研的基础上，学会正确地细分市场。

活动内容与要求：利用课余时间分组调研；对酒店顾客群体进行市场细分；小组代表汇报发言，其他同学做补充。

结果与检测：能够在市场调研的基础上科学地对酒店客房市场进行细分。

提示：注意调研的科学性、调研对象的代表性、细分标准的正确性、细分市场的完全性。

一、酒店市场细分的含义

某种产品的市场就是指它的全部消费者，因而每种产品的消费者都是数量非常庞大的。但一般来说，顾客对某种产品的具体需求并不完全相同，甚至差异很大。例如，从现有顾客对酒店客房的需求来看，有的顾客想要宽敞的客房，有的顾客认为小些的就行；有的顾客对豪华型客房有需求，有的顾客认为经济型客房即可；有的顾客希望有会客厅，有的顾客觉得卧室面积应大一些。总之，顾客的具体需求是有差异的。所以，即使是旗下品牌众多的酒店集团，也不可能满足全部消费者的需求，只能针对部分消费者的需求予以满足。要做到这一点，酒店企业就必须进行市场细分。

酒店市场细分是指酒店营销人员通过市场调研，依据消费者的需求与欲望、购买行为和购买习惯等方面存在的明显差异性，将某一产品的市场整体划分为若干个消费者群体的过程。在这里，每一个消费者群体就是一个细分市场，亦称子市场；

每一个细分市场都是由具有类似需求倾向的消费者群构成的。因此，分属不同细分市场的消费者对同一产品的需求与欲望存在明显差别，而属于同一细分市场的消费者的需求与欲望则具有相似性。例如，有的消费者希望酒店干净且价格低廉；有的消费者要求酒店卫生、价格适中；还有的消费者要求酒店环境幽雅、服务上乘，将酒店星级看成是财富与社会地位的象征。可见，市场细分不是对产品本身进行分类，而是对同种产品需求有一定差异的消费者进行分类，从而识别具有不同需求或欲望的消费者群体的活动。

市场细分的客观基础是同一产品的消费需求的多样性。从需求角度来看，各种产品的市场可以分为同质市场和异质市场两类。凡消费者对某一产品的需求、欲望、购买行为以及对企业营销策略的反应等方面具有基本相似性，这种产品的市场就是同质市场。显然，同质市场无须细分。但是，绝大多数产品的市场都是异质市场，即消费者对这种市场中的产品的品质、特性、规格、档次、价格等方面的需求与欲望是不相同的，或者在购买行为、购买习惯以及对企业营销策略的反应等方面存在差异性。正是这些差异，使市场细分成为可能。市场细分是将一个异质市场划分为若干个相对来说是同质的子市场的过程。

当然，同质市场和异质市场是可以相互转化的。以前是相对同质的市场，随着消费者生活水平的提高，这个市场就逐渐成为异质市场。这样原来没有必要进行细分的市场，此时却需要进行细分了。

市场细分并不总是意味着将一个整体市场加以分解。实际上，市场细分常常是一个聚集的过程，即企业依据一种或多种变量将对某种产品的某些特点敏感的消费者集合成群，以使企业规模能够达到实现企业目标的水平。

二、酒店市场细分的作用

酒店市场细分既是酒店企业为顾客提供更好的服务、更高质量产品的一种良好措施，也是酒店企业自身节约资源的有效途径。当然，酒店企业要想在未来激烈的市场竞争中不被淘汰，必须发挥自身优势，做好、做大、做强自己的优势项目，摒弃自己的劣势项目，只有这样才能在激烈的市场竞争中集中优势资源占领市场。

为什么酒店企业要进行市场细分？难道不能像五星级酒店一样提供全方位的服务吗？一是为了给顾客提供更好的服务；二是为了节约酒店资源，降低成本；三是为了让酒店在将来激烈的市场竞争中赢得市场。将来的市场是一个个性化的市场，是一个充满不同需求的市场。例如，商务客人对酒店的需求是：房间内能高速上网，酒店能提供打印、复印、发送传真等服务，酒店的服务必须快捷、高效；游客的个性化需求是：酒店价格适中，最好靠近景点或者市中心；年轻一族的特殊需求是：价格便宜，能够和其他年轻人在一块交流，能够上网打游戏。一家酒店不可能满足所有人群的所有需求，即使勉强能提供全部服务，服务质量也根本无法达到顾客的要求。所以，酒店企业只有根据自身优势选择一个细分市场做大做好，才能在激烈的市场竞争中不被淘汰。

市场细分是目标市场营销的基础，它对于企业经营的成功具有很大的作用，具体体现在以下几个方面：

（一）有利于企业发掘最佳的营销机会

通过市场细分，企业可发掘市场上竞争者现有产品中尚无法满足消费者需求之处，从而找到对自己最有利的营销机会。一个未被竞争者注意的较小的子市场，可能比竞争激烈的大市场更能给企业带来效益。特别是对知名度不高或实力不强的小企业来说，市场细分可以使其找到适合的营销机会，在大企业的空隙中求得生存和发展。例如，万豪国际酒店集团不断通过发现消费者新的需求，推出新品牌来填补市场空白。

（二）有利于企业及时调整营销策略

市场需求是不断变化的，而在整体市场中，各个细分市场的变化情况又是不同的。例如，在服装市场中，年轻人对于服装的需求变化较快。通过市场细分，企业能发现每个细分市场的变化特点，然后根据各个细分市场的变化情况及时地调整企业的营销策略，使企业有较强的应变能力。

（三）有利于企业将有限的资源集中于目标市场上

正如在战场上全面出击不如集中优势兵力打歼灭战一样，在整体市场上到处开花，还不如集中力量拓展特定市场，发展特色产品，更能提高企业的知名度和市场占有率。例如，很多城市假日经济型酒店专门针对细分市场的需求，强调客房的舒适性和服务的标准化，从而满足了目标消费者群体的需求。

（四）有利于企业增加利润或更好地实现目标

由于进行了市场细分，企业就没有必要大量生产、大量分销或大量促销，可借助专门化经营，以有限的资源和能力而获得较大的成功。企业实施市场细分策略，可以有效地控制成本，吸引一个细分市场中的大部分顾客，获得较大的市场份额。另外，实施市场细分策略有助于企业在竞争中趋利避害，有较大的回旋余地。因为在当今国内外市场中，虽然总体上竞争非常激烈，但也存在很大的不平衡性，企业通过市场细分，就可找出总体市场中这些竞争较小的领域，或自己可以发挥竞争优势的领域。

〖思考与讨论〗

以酒店实例说明市场细分的含义。

分析提示：酒店市场细分是酒店营销人员通过市场调研，依据消费者的需求与欲望、购买行为和购买习惯等方面存在的明显差异性，将某一产品的市场整体划分为若干个消费者群体的过程。

知识链接

替代还是互补？共享住宿对不同星级酒店的影响

新时代更加注重经济发展的质量以及对资源利用的充分性和有效性，在此背景下，共享经济应运而生并得到了快速发展。共享住宿作为共享经济的重要组成部分也得到了快速的成长和扩张。以 Airbnb、途家、小猪短租等为代表的共享住宿企业快速崛起，在迅速扩张占领市场的同时，已经深入影响游客的出行选择，使酒店管理者面临行业内部的结构调整带来的竞争。从《2021 年中国酒店业发展报告》中可以看出，目前中国酒店业呈现低端、中端、高端的分布层次。高端酒店面临成本控制压力大、供给大于需求、经营业绩承压、员工收入水平降低、服务水平下降等问题；中端酒店面临供大于求和地域差异问题；低端酒店面临快速扩张后陷入衰落以及消费群体需求转变的问题。共享住宿作为大住宿业中顺应当下消费升级趋势、技术创新和运营模式创新相结合的新型住宿业态，能够更好地适应消费者交互性、多样性、灵活性的消费需求。共享住宿平台的经营模式基于用户大数据的画像和网络平台的供需匹配，对用户需求更加敏锐，与传统酒店相比更加多样化和灵活化。结合传统酒店面临的问题以及共享住宿业的发展特点，共享住宿很有可能会对传统酒店产生一定的影响。

目前，中国共享住宿的市场规模大，企业数量增长迅速。2017—2020 年，共享住宿市场累计交易规模超 660 亿元，年均增长超 20%。截至 2021 年 12 月，在政府市场监督管理部门登记注册的共享住宿企业数量达 6.7 万余家。另外，共享住宿企业的企业类型以个体工商户为主，占全部注册企业的 90%以上，可见目前共享住宿企业的平均规模较小，企业单体的所有权结构比较多样。与酒店相比，共享住宿企业的注册类型比较灵活、门槛较低。2020 年前三个月，中国共享住宿市场业绩受到较大影响，交易额同比下降，订单量和每晚预订价格均面临降低的困境。但是从 2020 年 4 月起，共享住宿市场交易额、订单量和接待人数开始逐渐恢复，交易额、订单量和接待人次均开始增长。可见，共享住宿虽然受到了一定的冲击，但是恢复能力强、速度快，说明共享住宿并不是昙花一现，已经拥有了较强的应对风险的能力，发展趋于成熟。

传统酒店方面，总体而言产业规模巨大、市场趋于饱和，除了存在区域分布不均衡、产品结构同质性等问题外，共享住宿的出现也给酒店业带来新的冲击。从酒店业设施供给总量来看，酒店业依然占据我国住宿业的主导地位。从城市的角度来看，我国 62%的酒店都分布在除一线城市和副省级城市及省会城市之外的其他城市区域，表明酒店的发展已经下沉到了四五线城市，酒店业的发展区域较广；从省份区域分布的角度来看，根据省一级行政区域酒店业设施的客房数，排名前十位的省份分别是广东、山东、浙江、江苏、四川、河南、云南、湖北、河北和湖南，说明酒店业在东部发展最好、中部次之。这也表明中国酒店业发展存在区域不均衡的现象。从共享住宿区域分布的角度来看，数量排名前三的省份分别为浙江、广东、安徽。通过酒店业和共享住宿的数量区域分布对比，不难发现，在酒店业发达的地区，共享住宿也会比较发达。

资料来源：贾志浩．替代还是互补？共享住宿对不同星级酒店的影响研究［D］．上海：东华大学，2022.

三、酒店市场细分的要求

企业实施市场细分策略，必须注意市场细分的实用性和有效性。事实上，无论是消费者市场，还是组织市场，并非所有的市场细分都有效或有用。成功、有效的市场细分，应当考虑四个方面的要求，或者说，应当遵循四条基本准则。

（一）可衡量性

细分的市场必须是可以识别的和可以衡量的，即细分出来的市场范围比较明晰，企业能大致判断大小。因此，据以细分市场的各种特征应该是可以识别和衡量的。例如，不同性别的人数、各个年龄组的人数、各个收入组的家庭数等，都是可以测算的。然而，也有一些因素是不易测算的。例如，要测算消费者中“爱好家庭生活的人”的数量是相当困难的。凡是企业难以识别、难以测量的因素或特征，都不能据以细分市场，否则，细分的市场将会因无法界定和度量而难以描述，市场细分也就失去了意义。

（二）效益性

细分出来的市场规模必须大到足以使企业实现它的利润目标。在进行市场细分时，企业必须考虑细分市场上顾客的数量、顾客的购买能力和产品的使用频率。有效益的细分市场应是那些拥有足够的潜在购买者的市场，并且购买者有充足的货币支付能力，使企业能够补偿生产与营销成本，并获得利润。因此，企业不能在销售潜力有限的市场实施市场细分策略。

（三）可进入性

细分的市场应是企业的营销活动能够渗透的市场，即细分出来的市场应是企业能够对顾客产生影响，产品能够展现在顾客面前的市场。这主要表现在两个方面：一是企业能够通过一定的传播媒介将产品信息传递给该市场的众多消费者；二是产品能够通过一定的销售渠道进入该市场。考虑细分市场的可进入性，实际上就是考虑企业营销活动的可行性。很明显，对不能进入或难以进入的市场进行细分是没有意义的。

（四）反应差异性

细分出来的各个子市场应对企业营销组合中任何要素的变动都能作出差异性的反

应。如果几个子市场对于一种营销组合的变化按相似的方式作出反应，企业就不需要为每个子市场确定一个单独的营销组合。例如，如果所有子市场按同一方式对价格变动作出反应，企业就无须为每个子市场制定不同的价格。这样，企业也就没有必要进行市场细分了。

四、酒店市场细分的程序

酒店企业进行市场细分没有统一的模式，下面的程序可供参考。

（一）确定潜在顾客范围

任何企业都应有自己的使命和目标，并以此作为制定发展战略的依据。当企业决定了进入哪一个行业时，就应考虑选定可能的顾客范围。

潜在顾客范围应以市场的需求而不是产品特性来确定。例如，对于酒店内销售的杂粮食品，如果酒店企业从产品特性来确定潜在顾客范围的话，可能会认为只有中低收入者才会购买这种食品，但是从市场需求的角度分析，便可看到许多高收入者也是潜在顾客，因为购买这类食品是一种健康消费行为。

（二）列举潜在顾客的基本需求

选定潜在顾客范围后，酒店企业的营销部门可基于地理变量、行为变量和心理变量等确定潜在的顾客有哪些需求。例如，特色酒店只有明确潜在的顾客有哪些需求、需求层次如何等，才能更好地进行产品定位。

（三）分析潜在顾客的不同需求

在上面初步分析的基础上，酒店企业可按人口变量做进一步调查，向不同的潜在顾客了解上述需求中哪些更重要。

（四）删除潜在顾客的共同需求

酒店企业需要删除各细分市场或各消费者群体的共同需求。这些共同需求虽然很重要，但是只能作为设计营销组合的参考，不能作为市场细分的基础。例如，每一个潜在顾客都希望客房干净卫生、服务周到等。酒店企业可以将潜在顾客的共同需求作为产品设计的重要依据，但在细分市场时则要删除。

（五）进一步认识各细分市场的特点

企业应该深入地考察各细分市场的特点，以便进一步明确上述各细分市场有没有必要再作细分或者重新合并，这也是为以后采取营销措施做准备。例如，同样的房型设计能同时满足某两类顾客的需求，酒店企业可以对这一房型采取不同的广告宣传和人员推销方式。企业要善于发现这些差异。

（六）估算各细分市场大小

前五个步骤基本决定了各细分市场的类型。接下来，企业就应着手估算每个细分市场潜在顾客的数量。企业进行市场细分是为了寻找获利的机会，这就取决于各细分市场的销售潜力。如果某一细分市场潜在顾客很少，那么这一细分市场对企业的意义就不大。

五、酒店市场细分的标准

由于居住地区、气候、年龄、性别、收入、家庭状况、生活习惯等因素的影响，不同的消费者群体会有不同的需求与动机。而这些不同的需求与动机，即“细分变数”正是细分消费者市场的标准。具体而言，细分消费者市场所依据的标准可分为地理因素、人口统计因素、心理因素和行为因素四大类（见表5-1）。

表5-1 酒店市场细分的标准

细分标准	举　例
1. 地理因素	
气候区别	热带季风气候、亚热带季风气候、温带季风气候等
地形区别	山区、平原等
国家区别	发达国家、发展中国家
城乡状况区别	大城市、中小城市、乡镇、农村
2. 人口统计因素	
年龄	老年、中年、青年、少年、儿童、婴幼儿
性别	男性、女性
职业	工人、农民、公务员、教师等
收入水平	高收入、中等收入、低收入
教育程度	大学以上、大专、中专、高中、初中、小学
家庭规模	5人及以上、4人、3人、2人、1人
家庭所处生命周期阶段	单身、成家、满巢、空巢
民族	汉族、回族、蒙古族、壮族等
3. 心理因素	
性格	外向型、内向型、理智型、冲动型、冒险型、守旧型
生活方式	奢侈、豪华、实用、节俭
购买动机	求实、求安、求新、求美、怀旧、慕名、从众
4. 行为因素	
使用动机	日常购买、应急购买、冲动购买、慎重购买
消费利益	主要利益、次要利益
使用者状况	非使用者、曾使用者、潜在使用者、初次使用者、经常使用者
使用程度	大量使用、正常使用、少量使用

（一）按地理因素细分

地理因素主要包括消费者所居住的地区，如东北、华北、西南、华南或山区、平原、内陆、沿海，以及这些地区的特征，如人口密度、气候、城市规模等。由于消费者的需求和欲望常常受到这些地理因素的影响，因此企业可以利用各个地理因素或其组合来细分自己的市场。

1. 按地理位置细分

消费者所处的地理位置不同，消费者的文化和社会价值观就会产生差异。企业可以针对不同地区的消费者制定不同的营销组合。例如，四川人喜麻喜辣、上海人喜欢甜食、北方人中意咸味食物。

2. 按人口数量和密度细分

人口数量和密度意味着该地区是否有足够的消费者以产生可观的销售额，以及实施一项营销措施的代价有多大。尤其对于按人口密度不同细分出的城市、郊区、乡村市场，现实意义更大。人口密度直接决定着酒店的规模与层次。

3. 按气候细分

地区气候不同会影响一系列商品的消费，如东北人喜食炖菜、南方人喜欢清淡的饮食，都源于气候的差异。

上述这些按地理因素细分市场的方法有不少优点。例如，企业可在潜在顾客居住区域精准开展市场营销活动，提供满足潜在顾客需求的产品，有效地利用当地的广告媒体，合理地设置销售机构和储运设施等。但这一细分方法也存在缺点，例如消费者的偏好往往与其居住地没有明显的联系，而经济与人口统计方面的因素对消费的影响更直接，而且按地理因素细分的市场都较大，不符合市场工作要越做越细的原则。所以，近年来，一种将地理细分与人口统计细分结合起来的新方法，即地理人口细分技术得到了广泛的推广。酒店企业可根据地理因素有效地开展推销和促销活动。

（二）按人口统计因素细分

按人口统计因素进行的市场细分是根据描述人口一般性特征的人口统计变数，如年龄、性别、收入、民族、职业、受教育程度等，将市场划分为不同群体。由于人口统计因素比其他因素更容易衡量，且适应范围比较广泛，因此许多消费者市场都可按这一方法进行细分。

1. 按年龄细分

消费者在不同的年龄阶段，由于生理、性格、爱好的不同，对消费品的需求往往有很大的差别。因此，可按年龄范围细分出许多各具特色的消费者市场，如儿童市场、青年市场、中年市场、老年市场等。

2. 按性别细分

很多产品会在用途上呈现出明显的性别特征。不同性别的消费者在购买行为、购买动机、购买角色等方面也表现出很大差别。但是基于性别的营销往往会强化社会对性别的刻板印象，可能会引起市场的负面反馈。

3. 按收入细分

消费者收入水平的不同，不仅决定了消费者所购买产品的品牌和规格，而且影响消费者的购买行为和购买习惯。越来越多的消费者开始注重酒店的性价比，经济型酒店成为很多消费者的首选。

4. 按民族细分

我国是一个统一的多民族国家。不同民族有自己的传统习俗、生活方式，呈现出各种不同的商品需求。只有按民族这一细分因素将市场进一步细分，才能充分满足各族人民的不同需求，并进一步扩大企业的产品市场。

5. 按职业及受教育程度细分

从事不同职业的消费者的消费需求具有很大区别，主要原因是从事不同职业的消费者所获得的收入不同。另外，不同职业的特点也会导致消费者需求上的差异。

受教育程度不同，消费者的需求也不尽相同，这也是显而易见的。因为受教育程度不同的消费者在志趣、生活方式、文化素养、价值观念等方面都会有所不同，所以他们的购买种类、购买行为和购买习惯呈现不同的特点。

(三) 按心理因素细分

按心理因素进行的市场细分是将消费者按生活方式、态度、利益追求而细分成不同的群体。

1. 按生活方式细分

生活方式是个人及其家庭的日常生活的活动方式，包括衣、食、住、行以及闲暇时间的利用等。企业可根据消费者的不同生活方式划分出各种明显的细分市场。例如，深居简出者大都在家里度过闲暇时间，是以家庭为中心的人；时尚达人大都热衷于社交活动；事业心重的人则将大部分精力投入工作中。这样，企业就可根据消费者所花时间、从事的活动进行市场细分。

2. 按态度细分

按态度细分是指根据消费者对企业及其产品的态度进行分类并采取相应的营销措施。例如，对持中间态度的消费者（“我曾听说过某品牌，但我并不真正了解它”），企业应开展宣传力度大、有说服力的促销活动；对持积极态度的消费者（“某品牌是市场上最好的产品”），企业应利用广告、小礼品、会员专享等方式与消费者建立良好的关系，以巩固市场；对持消极态度的消费者（“某品牌与其他品牌相比质量低劣”），企业要改变消费者的态度是比较困难的，而应改进产品质量，提升形象。一般来说，企业应放弃这一细分市场。

3. 按利益追求细分

按利益追求细分是指根据消费者对所购产品追求的不同利益来分类。企业应首先判断消费者对特定产品所追求的主要利益是什么，追求某种利益的消费者是什么类型，该类品牌的产品能为消费者提供什么利益，然后根据这些信息来采取相应的市场营销策略。

（四）按行为因素细分

企业可根据消费者购买或使用某种产品的时间、数量、频率或对品牌的忠诚度等行为因素来细分，具体来说包括以下几种：

1. 按购买频率细分

购买频率是指消费者在一定时期内购买产品或服务的次数，据此可细分出产品的轻度、中度和重度使用者。重度使用者一般在市场上所占比重不大，但他们的消费量占比较大。一般来说，某个产品的重度使用者通常具有共同的人口统计特征、心理特征和习惯接触的媒体。企业可根据这种形象特征制定价格、信息、广告媒体等方面的策略。但是企业在致力于为重度使用者细分市场提供服务时，切忌犯忽视轻度使用者的错误，因为有时轻度使用者会转变为重度使用者，也有可能从未使用者中出现新的使用者。

2. 按使用情况细分

使用情况是指消费者从前是否有使用过某种产品或服务的经历。按使用情况，可将消费者细分为未使用者、曾使用者、潜在使用者、初次使用者和经常使用者。市场占有率高的企业特别重视将潜在使用者转变为实际使用者，而市场占有率低的企业则努力使购买竞争者品牌的顾客转向购买本企业的品牌。对于潜在使用者和经常使用者，企业应分别采取不同的营销策略。

3. 按品牌忠诚度细分

品牌忠诚度是指消费者在购买决策中，多次表现出来的对某个品牌有偏向性（而非随意的）的行为反应。人们可能对某些实体产品，如某品牌的饮料、水饺、海鲜有固定的购买习惯；可能对某些服务，如假日酒店忠诚；也可能对某个机构，如消费者协会、工商联合会忠诚。因此，企业必须辨别忠诚顾客，以便更好地为他们提供服务。企业首先必须了解忠诚顾客在人口统计方面的各种特点，但有时这是难以做到的，因为许多顾客不愿意提供个人信息。还有一种办法可帮助企业辨别使用者的忠诚度，即给忠诚度高的顾客某种形式的回报或折扣。

以上介绍的四大类细分因素各有侧重、各有优劣，而现实中企业多采取多种因素综合分析的方式，企业在进行产品细分时，可以循序渐进。企业可以根据消费者对产品的潜在需求，选取几个对消费者需求影响可能较大的因素作为细分标准。一个理想的细分市场往往是由一连串的因素组合起来的。

〖思考与讨论〗

你认为下列产品主要应以哪些因素（只举出一两个最主要的因素）作为市场细分的根据？

（1）饮品；（2）客房；（3）火锅；（4）甜点；（5）烧烤。

分析提示：

饮品：口味偏好和消费场合。不同消费者对饮品的口味和成分有不同的偏好，如甜味、酸味或无糖等。同时，饮品消费也与特定场合相关，如运动后、餐饮时或休闲时。

客房：价格水平和设施需求。根据价格敏感度来划分客房，如经济型、中档或豪华型；根据设施需求细分，如商务设施、家庭友好型设施或特定服务，如 SPA、健身中心等。

火锅：食材偏好和消费模式。根据消费者对食材的偏好来细分火锅消费群体，如肉类爱好者、素食者或海鲜爱好者；根据消费模式划分为家庭聚餐、朋友聚会或商务宴请等。

甜点：口味和消费场合。根据消费者对甜味的偏好来细分，如巧克力爱好者、水果口味爱好者等；根据消费场合细分，如节日庆祝、日常零食或特殊场合等。

烧烤：烹饪方式和食材类型。根据烹饪方式细分，如炭烤、电烤或气烤等；根据食材类型细分，如肉类烧烤、海鲜烧烤或蔬菜烧烤等。

项目二 选择酒店目标市场

市场细分的目的是进行目标市场营销。要进行目标市场营销，企业首先必须选择准备为之服务的市场，即目标市场。目标市场的选择是建立在对各细分市场的评估之上的。

活动 为酒店选择客房目标市场

活动目的：能够在市场细分的基础上，学会正确地选择目标市场。

活动内容与要求：分组选择当地某家酒店，在对酒店顾客群体进行市场细分的基础上，正确地选择目标市场。

结果与检测：小组代表汇报发言，其他同学做补充。要求图文并茂。

提示：注意调研的目标市场选择应符合酒店资源状况、社会竞争状况，调研者应遵循目标市场选择的原则。

一、酒店目标市场的概念

酒店目标市场是指通过市场细分，被酒店企业所选定的，并以相应的产品或服务满足现实或潜在的消费者需求的某一个或几个细分市场。

二、目标市场的选择要求

目标市场选择是企业从有利可图、有较大发展潜力的几个目标市场中，根据一定的要求和标准，选择其中某个或几个作为可行的经营目标的决策过程。企业市场细分的目的是选择目标市场。目标市场选择必须具备四个条件，即具有足够的市场需求、市场上有一定的购买力、企业有能力满足目标市场的需求、企业在目标市场上具有竞争优势。

市场目标化是指企业决定进入哪个市场，即企业决定为哪个消费者群体服务。企业的一切营销活动都是围绕目标市场进行的。中小企业应避开大的细分市场，因为大的市场通常需要投入的资源较多。一般来说，企业在选择目标市场时，应主要考虑以下几个因素：

（一）细分市场的规模

细分市场应该具有适度的规模。适度的规模是指与企业实力相适应的规模。大型酒店应重点关注企事业单位客户及高消费人群的细分市场，而中小型酒店应着力开发特定的细分市场。这里的规模不仅包括现实规模，还包括未来可能的规模。如果细分市场具备理想的规模和发展特征，酒店企业提升销售量和盈利的可能性就会增大。但是，这类细分市场也可能吸引其他竞争者，从而使酒店企业的利润率下降。

（二）细分市场的利润潜力

一个具有适度规模（现实规模和未来规模）的细分市场，可能缺少利润潜力，缺少吸引力。哈佛大学商学院教授迈克尔·波特曾指出：一个市场的长期盈利性取决于五个因素，即行业竞争者、潜在进入者、替代者、购买者和供应者。如果一个细分市场上已有很多竞争企业，并且颇具实力，那么该细分市场的吸引力就不大，尤其是当该细分市场已趋向饱和或萎缩、市场产量大幅上升、固定成本过高、竞争者投资较大、退出市场的障碍较多时，进入该细分市场对酒店企业而言并不是明智之举。如果该细分市场的进入壁垒较少，也就是说，新加入者比较容易进入该市场，甚至比较容易扩大自己的市场份额，则该细分市场的吸引力也不大。如果该细分市场已经有了或即将出现在使用价值上可以替代的产品，则该市场的吸引力不大。因为替代品是一个细分市场产品价格的上限，限制了该细分市场的潜在收益。替代品的价格越有吸引力，该细分市场增加盈利的可能性就越小，该细分市场的吸引力就越小。购买者和供应者对细分市场的影响表现在他们的议价能力上。如果在某细分市场中，购买者的压价能力很强，或者供应者有能力提高价格或降低所供产品的质量或服务的价格，那么该细分市场的吸引力就不大。

（三）酒店企业的经营目标

即使某个细分市场具有较大的规模、利润潜力也较大，酒店企业仍有可能不选择它作为目标市场，因为酒店企业此时还需考虑经营目标。如果企业进入一个低收入人群的细分市场，就会与酒店企业期望树立的高端形象的目标不相符合。不符合酒店企业长远目标的细分市场是不能作为目标市场的。

（四）酒店企业的资源

如果某个细分市场符合经营目标，酒店企业还必须考虑自身是否具备在该细分市场上获胜所必需的各种资源。酒店企业若既缺乏这些必要条件，又无法创造这些条件，就应放弃这个细分市场。即使酒店企业具备在该细分市场经营的基本能力，如果没有自己的独特优势以打败竞争者，就应避免贸然进入该细分市场。

知识链接

朗豪酒店的目标市场选择

朗豪酒店地处香港旺角中心地带。为了经营好这家酒店，经营者首先进行市场细分，对市场需求与地理位置进行了分析，决定选择游客作为目标顾客群，并针对目标顾客群进行营销策划。朗豪酒店将所处地理位置巧妙地转换为吸引游客的有力卖点。酒店房间内旧街区的地标、造型奇特的香皂架、创意地图、安全手册、酒店艺术品说明手册都吸引了游客。酒店推出了“旺角游”服务，由专人带领住客参观酒店附近的旺角老房子、老街市。每日傍晚出团，导游会为住客讲解旺角哪幢旧楼曾有哪部电影取景、花墟开市时间等。朗豪酒店不只是提供休息的地方，它更是一个小型现代艺术博物馆。朗豪酒店成了不少旅客到旺角的首选，他们能在该酒店了解香港最草根的市民生活。

三、目标市场营销策略

（一）目标市场营销策略的类型

酒店企业选择目标市场营销策略时，应当保持相对稳定，但当企业外部环境或内部状况发生重大变化时，也要相应地作出改变。一般来说，可供企业选择的目标市场营销策略有三种，即无差异市场营销策略、差异性市场营销策略和集中性市场营销策略。

1. 无差异市场营销策略

无差异市场营销策略是一种针对市场共性的、求同存异的营销策略，即以整个市场中的共性部分为目标，不管细分部分的差异性，只求满足最大多数顾客的共同性需要。因此，企业所设计的产品和营销方案都是针对大多数顾客需求的。例如，拉面馆、烧烤店都是力图以一种产品吸引所有的购买者。无差异市场营销策略的出发点是获取规模经济效益。由于品种少、批量大，企业可节省费用，降低成本，提高利润率。

无差异市场营销策略的缺点是：如果许多企业同时在一个市场上实行该策略，竞争必然很激烈，某个企业获利的机会就会减少，而小的细分市场的需求却得不到满足。试图以一种产品和一种营销方案获得不同层次、不同类型的所有顾客的满意，这对企业来说是很难的。对于实力不强、资源有限的小企业来说，如果一味追求规模效益，必然会失败。因此，企业不应忽视小的细分市场的潜在机会。

但是，美国营销学家西奥多·莱维特于1983年提出了“全球营销”的概念，呼吁跨国企业向全世界提供统一的产品，并采用统一的促销手段。这一创新性的观点很快引起了学术界和实业界的极大兴趣，随之也引发了一场关于“标准化还是差异化”的争论。争论的最终结论是：标准化和差异化将会共存下去，全球营销和当地营销都是正确的选择。

2. 差异性市场营销策略

差异性市场营销策略是在市场细分的基础上，选择多个子市场作为企业目标，企业针对每个目标市场的特点，分别设计不同的产品和营销方案。由于这种营销策略有的放矢、对症下药，因此企业能通过同时满足多种需求而扩大销售，提高市场占有率。例如，万豪酒店针对不同层次的消费者，推出不同的品牌，分别满足不同的需求，取得了良好的经济效益。

与无差异市场营销策略相比，差异性市场营销策略可为企业带来更高的销售额，但同时也会使营销成本增加，因为差异性营销势必增加设计、制造、管理、仓储和促销等方面的成本，这就有可能得不偿失。因此，企业要根据其在竞争中的地位、企业实力等来权衡究竟差异化到什么程度最有利。为了解决这个矛盾，许多企业只经营少数品种，尽量使每个品种都能满足更多消费者的需求。

3. 集中性市场营销策略

集中性市场营销策略是指企业选择一个或很少几个子市场作为目标市场，制定一套营销方案，集中力量争取在这些子市场上占有大量份额，而不是在整个大市场上占有小量份额。这种策略的优点是：企业可深入了解特定目标市场的需求，实行专业化经营，从而节省费用，增加盈利，并强化企业及其产品的形象。

集中性市场营销策略特别适用于资源有限、实力不强的小企业，或者试图在某个方面、某种产品上独树一帜的企业。例如，假日酒店便是这种策略成功实践的代表。

集中性市场营销策略也有其局限性。这就是“鸡蛋都放在一个篮子里”，风险非常大。如果企业所选定的目标市场发生突然变化，如消费者偏好的突然变化，或者强大竞争者的进入，很可能就会导致企业全盘皆输。因此，企业实行集中性市场营销策略时必须制定应急措施。

（二）选择目标市场营销策略时要考虑的因素

上述三种目标市场营销策略各有利弊，各自适用于不同的情况。一般来说，企业在选择目标市场营销策略时，要考虑以下几个方面的因素：

1. 企业资源

大型酒店企业可实行无差异或差异性市场营销策略；而资源有限、实力不强的酒店企业由于不能覆盖更多的市场，最好实行集中性市场营销策略。

2. 产品性质

有些产品属于同质产品，企业可实行无差异市场营销策略；而有些产品如保健食品等，它们的差异性很大，属于异质产品，企业则应实行差异性或集中性市场营销策略。

3. 市场性质

如果市场上所有顾客在同一时期偏好相同、购买的数量相同，并且对营销刺激的反应相同，则为同质市场，企业可实行无差异市场营销策略；反之，企业应实行差异性市场营销策略。

4. 产品生命周期

处于导入期和成长期前期的新产品，竞争者较少、品种比较单一，在此阶段企业的营销重点是激发顾客的购买欲望，所以最好实行无差异市场营销策略，或针对某一特定子市场实行集中性市场营销策略。当产品处于成长期后期或达到成熟期时，市场竞争加剧，企业可实行差异性市场营销策略，以维持或扩大销路；或者实行集中性市场营销策略，以设法保持原有市场，延长产品生命周期。

5. 竞争者策略

一般来说，处于同一级别的市场竞争者的策略应有所区别。如果竞争者实力强大，实行的是无差异市场营销策略，则本企业实行差异性市场营销策略往往能取得良好的效果；如果对手已经实行差异性市场营销策略，本企业仍实行无差异市场营销策略，则势必失利。在此情况下，企业可考虑实行更有效的差异性或集中性市场营销策略。如果竞争者实力较弱，企业也可考虑实行无差异市场营销策略。

6. 市场供求状况

如果一种产品在未来一段时期内供不应求，消费者的选择性大为弱化，企业就可以实行无差异市场营销策略；相反，企业应实行差异性或集中性市场营销策略。应当注意，在某些具体品种供不应求、另一些具体品种供过于求的情况下，企业仍应实行差异性或集中性市场营销策略。

企业在选择目标市场策略时应综合考虑以上因素，权衡利弊后进行抉择。

〖思考与讨论〗

请举出两则酒店目标市场选择失败的案例，并说明酒店的失败原因。

分析提示：

（1）富力万达酒店服务失败案例。

失败原因：该酒店在顾客预订并预付全款后，未能提供预订的房间，反而要求顾客更换其他类型的房间，且管理层未能有效解决问题，导致服务失误。这种服务上的失败严重影响了顾客满意度和酒店声誉。

（2）某全季酒店在县级市的投资失败案例。

失败原因：该酒店选址在某省一个普通的县级市，但投资规模却达到了中高端酒店水平。然而，该县级市的市场需求和消费能力并不足以支撑中高端酒店的发展，导致酒店入住率较低、经营效益不佳。

项目三 酒店市场定位

活动 为酒店进行市场定位

活动目的：能够在确定目标市场的基础上，对酒店进行准确的定位。

活动内容与要求：小组选择当地某一具体酒店，讨论酒店的差异性，找到独特价值；对酒店进行准确定位；小组代表汇报发言，其他同学做补充。

结果与检测：酒店个性明显、定位准确。

提示：注意先找到所选酒店的鲜明个性，设计酒店卖点，再定位。

一、酒店市场定位的含义和意义

（一）酒店市场定位的含义

20 世纪 70 年代初，美国营销学家发表系列论文，认为现代市场已经进入定位时代。从此，“市场定位”这一新概念及其战略思想，很快被世界各地的营销学者和管理者接受，成为企业营销战略中的一个重要环节。

市场定位是指根据竞争者现有产品在市场上所处的位置和企业自身条件，为企业及其产品在市场上塑造一个区别于竞争者产品的、与众不同的、符合消费者需求的个性或形象，从而使企业在市场上确立适当的位置。

定位是以产品为出发点，但定位的对象不是产品，而是针对潜在顾客的思想。也就是说，定位是为产品在潜在顾客的大脑中确定一个合适的位置。通常情况下，无论酒店企业是否意识到企业自身及产品的定位问题，在顾客的心目中，不同酒店的产品都会占据不同的位置。例如，希尔顿酒店在顾客心目中意味着“高效率的服务、奢华的享受”，假日酒店则给人“卫生、舒适、整洁”的印象。

由上述关于定位的概念可以看出，定位始于产品，然后扩展到一系列的产品、服务、某个企业、某个机构甚至某位员工。对酒店企业而言，产品定位并不是指企业要为产品做些什么，而是指酒店的产品要给顾客留下些什么，即给顾客留下该酒店的产品有别于竞争者的印象和位置。实际上，企业或产品定位就是要设法建立一种竞争优势，以使酒店企业在目标市场上吸引更多的顾客。

从另一个角度来看，酒店产品定位是要突出酒店产品的个性，并借此塑造独特的市场形象。一种产品是多个因素的综合反映，包括性能、构成、形状、包装、质量等，产品定位就是要强化或放大某些产品因素，从而形成与众不同的特定形象。产品差异化是达成酒店产品定位的重要手段。在这里必须强调的是，此处所谓的产品差异化并非单纯地追求已有产品变异，而是在市场细分的基础上，寻求建立某种产品特色，是市场营销观念的具体体现。

（二）酒店产品定位的意义

酒店产品定位对酒店的经营具有重要且现实的意义，主要体现在以下两个方面：

1. 有利于建立酒店和产品的市场特色

在现代酒店市场中，普遍存在供大于求的现象。同类型酒店往往使出浑身解数来争夺有限的客源，潜在竞争者跃跃欲试，随时准备出击，市场竞争较激烈，酒店企业的竞争压力巨大。为了使自己的产品获得稳定的销路，避免竞争乏力而被其他酒店取代，酒店企业应从各方面为产品打造一定的特色，树立鲜明的市场形象，以期在顾客心目中形成一种特殊的偏爱。正如同前文中提及的希尔顿酒店和假日酒店各自强调的产品特色一样，国内酒店中亦有个性鲜明的例子。例如，南京市酒店业中长期以来流传着“住‘金陵’、食‘丁山’、玩‘玄武’”的口号，正是对这三家酒店及其产品特色的高度概括，这三家酒店也正是通过强化各自的产品特征，形成了各自的产品优势，从而依靠这些特色产品在市场中取得竞争的主动权。

2. 为酒店制定市场营销组合策略奠定基础

酒店企业通过产品与市场进行交换，从中获取利益，这是酒店经营的基本出发点。换言之，酒店企业经营的基础是产品，没有产品，一切经营活动都将无从谈起。由此可以看出，酒店企业的市场营销组合受到酒店产品定位的限制。例如，某酒店决定在市场上销售豪华、优质、高价的组合产品，如此定位就决定了该酒店必须提供高水准、有稳定质量保证的、能体现顾客身份的产品。

由此，酒店企业在宣传上就必须以这些特质为重点，使得目标市场的潜在顾客接受这样的产品特质；同时，酒店企业内部应协调一致，通过严格执行操作程序和规范、强化技能培训等管理手段，保证产品的高品质。也就是说，酒店产品定位决定了酒店企业必须设计和发展与之相适应的市场营销组合。

二、酒店市场定位的依据

一种新产品或新品牌在目标市场上如何定位，即依据什么来定位，是市场定位工作中首先遇到的问题。产品市场定位的依据很多，大致可概括为以下几种：

（一）以属性和利益定位

酒店产品本身的属性以及由此获得的利益能够使顾客体会到它的定位。例如，酒店企业的“豪华气派”“卫生和舒适”等往往强调产品的一种属性，而某种属性通常是竞争者尚未触及的。

（二）以产品质量、价格或服务定位

产品质量与价格的变化可以创造出产品的不同定位。在通常情况下，质量取决于产品的原材料、生产工艺、技术或服务水平，而价格往往反映其定位。人们常说的“优质优价”“劣质低价”正反映了这样的一种产品定位思路。

（三）以产品用途定位

发现同一个产品项目的各种用途并分析各种用途所适用的市场，是这种定位方式的基本出发点。同样是一个大厅，它既可以作为大型宴会、自助餐的场地，也可以被当作会议大厅，还可以成为各种展示、展览的场所。对于这样一个酒店产品，酒店企业可以根据不同的用途，在挑选出来的目标市场中，分别树立不同的产品个性和形象。

（四）以使用者类型定位

这是酒店企业常用的一种产品定位方式，即酒店企业将某些产品推荐给特定的目标市场，以便根据这些使用者或目标市场的特点建立起这些产品恰当的形象。许多酒店针对当地居民“方便、经济、口味丰富”的用餐要求，开设集各地风味为一体的大排档，便是根据目标市场对产品的需求而进行的定位。

（五）以产品档次定位

这种定位方式是将某一种产品定位为与其相类似的另一种类型产品的档次，以便使两者产生对比。例如，一些酒店将客房产品的档次确定为与某一家公众认可的酒店的客房相同的档次，以使顾客更易于接受该产品。这种做法的另一个出发点是为某一种产品寻找一个参照物，在同等档次的条件下通过比较，以便突出该产品的某种特性。又如，一些酒店推出的公寓客房，突出了在与标准间同等档次的前提下具备的厨房设施，更加

适合家庭旅游者使用，从而达到吸引家庭旅游者购买的目的。

（六）以竞争属性定位

酒店产品可定位于与竞争直接有关的不同属性或利益。例如，酒店开设无烟餐厅，无烟意味着餐厅空气更加清新，这实际上等于间接地暗示顾客在普通餐厅中用餐，其他人吸烟会影响身体健康。

（七）以混合因素定位

酒店产品定位并不是绝对地突出产品的某一种属性或特征，顾客购买产品时不只是为了获得产品的某一项利益，因此，酒店企业可以综合采用上述多种方式来塑造产品形象。这样做有利于发掘产品多方面的竞争优势，满足更为广泛的顾客需求。

三、酒店市场定位策略

酒店企业在行业中所处的地位不同，定位策略也不相同。

（一）第一位定位（首位定位）策略

随着竞争的长时间持续，某些产品会出现由若干个大企业占有绝大部分市场份额的现象。市场上总有一个领导者，或称领头羊。这类企业由于实力雄厚，因此在市场竞争中具有明显的相对优势和主动权，如在价格变动、新产品开发、经销范围以及促销的密集度等方面具有主动权。这种地位是非常有利的。对于消费者来说，第一位的企业是非常容易记住的。

处于第一位的企业倘若有片刻松懈，就有可能丧失主导地位。处于第一位的企业应该采取第一位定位策略，努力保持领先地位。

这里所说的“第一位”，不一定是规模上的，也可以是其他一些有价值的属性上的，也就是在顾客认为比较重要的属性上处于领先位置。例如，当消费者需要一种不含咖啡因的饮料时，就会首先想到某品牌。

（二）固定会员俱乐部定位（挑战者定位）策略

如果企业在一些有意义的属性方面不能排在首要位置，就可采用固定会员俱乐部定位（挑战者定位）策略。例如，某酒店宣称自己是八大经济型酒店之一等。排在市场第一位的企业是不会使用类似概念进行宣传的，只有处于挑战者地位的企业才有可能对自己某种属性或某种优势进行宣传，从而扩大市场份额。

（三）迎头定位（针锋相对式定位）策略

这也是处于挑战者地位的企业采取的策略，即处于挑战者地位的企业对在市场上居支配地位的，即最强的竞争对手正面发动进攻，集中优势力量攻击竞争者的弱点。

迎头定位有时会是一种危险的战术，但不少企业认为这是一种更能激励企业的定位尝试，一旦成功就会取得巨大的市场优势。企业采取迎头定位策略，必须知己知彼，认真估计自身和竞争者的实力，以积极的态度提高市场占有率。

（四）拾遗补阙定位策略

这是避开竞争者的定位策略，是指企业将自己的产品定位于目标市场上与竞争者不同的市场位置，使自己的产品特征与竞争者有比较明显的区别。这种定位策略能够使企业迅速在市场上站稳脚跟，并能在消费者心目中迅速树立起良好的形象。这种定位策略由于市场风险较小、成功率较高，常常为大多数企业所采用。

四、酒店市场定位策略的实施步骤

（一）找出可行的竞争优势

企业发挥可行的竞争优势的方法有两种：一是提供比竞争者低的价格；二是提供较多的利益使消费者认为较高的价格是合理的。这就是竞争优势的来源。稳固的定位是不可能建立在空口承诺上的，如果企业将产品定位为品质高且服务好，就一定要实现对品质及服务的承诺。因此，真正的定位开始于企业真正将营销方式差异化，以便在消费者心目中产生更为信服的印象。

企业可通过产品、服务、人员及形象的差异化，使企业提供的价值与竞争者所提供的价值形成差异。

1. 产品差异

酒店企业应提供高度差异化的产品，如汽车接送服务、个性化装饰等。酒店企业还可强调其他产品属性，如优越的地理位置、长期性服务等差异。

2. 服务差异

除了实体产品的差异外，酒店企业还可提供附带的服务差异，如有些酒店以快速、准确、谨慎、到位的服务而获得竞争优势。

3. 人员差异

在获得竞争优势的方法中，雇用并培训比竞争者素质更佳的员工也是其中之一。例如，酒店服务人员的文化素养、服务质量等的差异。酒店企业在选择与消费者接触的人员时必须谨慎，同时应为服务人员提供严格的培训，以加强服务人员必备的技术及知识，如此才能使其胜任。除此以外，服务人员须礼貌、友善、敬业和细心，并且能持续、正确地提供这些服务；须尽力了解消费者，对于消费者的要求和问题迅速处理。

4. 形象差异

即使是相同的产品及附带服务，消费者仍能察觉出品牌的形象差异，因此企业必须建立与竞争者不同的品牌形象。所谓品牌形象，是指企业或某个品牌在市场上、在社会公众心中所表现出的个性特征，它能传达与众不同的信息，体现消费者对品牌的评价与认知。要传达这样的信息，企业必须依靠创意和过硬的产品及服务质量，仅靠广告无法将品牌形象深植于大众心中。

（二）选择正确的竞争优势

假设企业能幸运地发现许多潜在的竞争优势，下一步就要选出一两个优势用以制定定位策略，并决定要以多少和哪些差异性来作为营销重点。

1. 明确营销重点

在信息过于泛滥的社会，消费者比较容易记住品牌的头号属性，涉及品质、服务、价格、价值和技术等方面。如今，市场被分割成多个细分市场，因此酒店所推出的单一定位策略要能吸引更多的细分市场。

2. 明确营销项目差异

并非所有品牌差异都具有意义和价值，而且不同点不一定就是差异。由于每项差异都有为企业带来价值、为消费者创造利益的潜力，因此企业须谨慎选择不同于竞争者的差异。某种不同点若可满足下列标准就值得建立差异：

（1）重要性：该不同点会给目标顾客带来高价值的利益。

（2）独特性：竞争者并没有发现该不同点，或者企业能以更独特的方法来提供给消费者。

（3）优越性：该不同点能以更优越的方式为消费者提供类似的利益。

（4）可传达性：该不同点易于传达并为消费者所看到。

（5）独占性：竞争者无法轻易模仿该不同点。

（6）可负担性：购买者买得起具备该不同点的产品。

（7）营利性：该不同点有利可图。

〖思考与讨论〗

以你熟悉的酒店为例，说明如何为其找到竞争优势。

分析提示：以全季酒店为例，其竞争优势在于精准的市场定位与优质的服务体验。全季酒店定位于中端市场，提供舒适的住宿环境与贴心的服务，如免费Wi-Fi、24小时热水等，满足商务客户与休闲客户的需求。同时，全季酒店注重文化氛围的营造，将传统与现代元素融合，为客户带来独特的住宿体验。此外，全季酒店还通过会员制度与促销活动，增强客户黏性，提升市场竞争力。

（三）沟通及传达选好的定位

一旦选好定位，企业就需采取有力的措施将理想定位传达给目标顾客。此外，企业营销组合的努力需能完全支持定位策略。定位要的是具体行动，而不是纸上谈兵。如果企业决定选择较占优势的品质和服务作为定位，首先要做的就是传达定位，然后设计由产品、价格、渠道、促销所组成的营销组合，重要的是要包括定位策略的战术细节。以高品质作为定位的企业，需生产高品质产品，制定较高的价格，让一流的代理商来经销并通过受众最多的传播媒介来投放广告。除此之外，企业仍需雇用并培训更多的服务人员，寻求信誉良好的代理商以服务顾客。以上这些是建立持久和值得信赖的高品质服务定位的有效方法。

企业制定良好的定位策略相对容易，而要付诸实施就会有困难，建立或改变一种定位也会花费时间。同时，花费数年时间建立的定位可能很快就崩溃，一旦建立理想的定位，企业必须通过一致的表现与沟通来维持此定位。企业必须对定位经常监测以随时适应消费者需求和竞争者策略的改变，并应避免突然改变定位。在快速变化的营销环境中，企业应不断调整产品定位。

【小训练】请列举一些你身边的酒店市场定位成功与失败的案例。

操作训练

1. 案例分析

分析本模块导入案例“万豪国际酒店集团围绕市场细分求发展”并讨论：万豪集团成功的秘诀在哪里？万豪集团是怎样进行市场细分并选择目标市场的？

要点提示：

（1）针对不同细分市场推出品牌：万豪集团针对不同的市场细分成功推出了一系列品牌，如Fairfield（万枫酒店）、Courtyard（万怡酒店）、Marriott（万豪酒店）和JW万豪等，这些品牌分别满足销售人员、销售经理、业务经理和高级经理等不同细分市场的需求。

（2）发现市场空白并创新：万豪集团一直致力于寻找不同品牌间的空白地带，一旦发现市场上有足够的目标顾客需要新的产品或服务，就会推出相应的新产品或服务，或者开发出新的品牌来满足这些需求。

（3）对现有产品进行提升或创造新品牌：万豪集团通过对现有产品进行提升或创造新品牌来满足顾客的新需求。例如，万豪集团将万枫酒店升级为斯普林希尔套房酒店（Springhill Suites），以吸引注重价值的顾客。

（4）基于顾客需求的动态调整：万豪集团根据顾客需求的变化，对产品进行调整。例如，万枫酒店的顾客可能不喜欢油毡地板，愿意为更好的装饰多花钱，万豪集团便通过增加熨衣板、铺设地毯、加装壁炉等改进措施来提升酒店的吸引力。

（5）精细化品牌+目的地适配性：万豪集团追求品牌与目的地的适配性，根据不同市场情况，主动科学布局，旨在为顾客呈献更适配的出行体验。

2. 团队操作

实训内容：为酒店进行市场细分并选择目标市场。

实训目标：培养学生进行市场细分、目标市场选择的能力。

实训组织：成立实训小组，要求4～6人为一组。经过讨论、调研，对选定的产品进行市场细分，并确定目标市场。

实训提示：要求学生选择某一消费品或生产资料作为研究对象，有针对性地进行专项调研，在此基础上进行市场细分和恰当的目标市场选择。

实训成果：教师根据下列标准对学生进行评定。（1）能够按时完成；（2）资料来源真实；（3）发挥团队作用；（4）分析透彻、方案可行；（5）制作PPT与同学分享。

3. 情景模拟

实训内容：学生扮演不同角色，模拟员工向经理汇报酒店的市场定位。

实训目标：培养学生的角色意识与综合素质，锻炼市场定位的能力。

实训组织：成立实训小组，要求4～6人为一组，学生分别扮演经理、员工、同事等不同角色；模拟经理下达任务、员工汇报酒店市场定位过程。其他学生观察，发现问题并讨论。团队成员间进行点评。

模块小结

完成本模块，你应该清楚：

1. 酒店市场细分是指酒店营销人员通过市场调研，依据消费者的需求与欲望、购买行为和购买习惯等方面存在的明显差异性，将某一产品的市场整体划分为若干个消费者群体的过程。

2. 酒店目标市场是指通过市场细分，被酒店企业所选定的，并以相应的产品或服务满足现实或潜在的消费者需求的某一个或几个细分市场。

3. 市场定位是指根据竞争者现有产品在市场上所处的位置和企业自身条件，为企业及其产品在市场上塑造一个区别于竞争者产品的、与众不同的、符合消费者需求的个性或形象，从而使企业在市场上确立适当的位置。

素养园地

素养目标：培养酒店专业学生具备高度的服务意识和社会责任感，以冬奥酒店为榜样，积极投入社会服务和国家重大活动保障中，展现酒店人的专业素养和爱国情怀；鼓励学生紧跟时代步伐，了解国家政策导向和市场动态，勇于在酒店产品和服务上进行创新，满足市场和消费者的多元化需求，理解并践行“因事而化，因时而进，因势而新”。

冬奥酒店，为爱奔跑

距离北京2022冬奥会开幕仅剩下不到两周的时间，冬奥会和各签约接待酒店一同进入最后的冲刺阶段。2021年底，北京冬奥组委召开抵离、交通、住宿、餐饮主题新闻发布会。会上，北京冬奥组委运动会服务部部长于德斌介绍，根据相关政策措施，及时调整利益相关方和工作人员住宿工作方案；优化调整签约饭店，由原来的103家优化为82家，其中72家需要闭环管理。三个赛区拟定工作人员和志愿者驻地36家，其中闭环驻地27家。在住宿方面，北京冬奥组委总结了测试赛的住宿需求，进一步规范提升了签约饭店服务项目，增加了便利店、洗衣烘干、特色商品展卖、24小时客房送餐、金融等服务项目。

有数据显示，为了迎接东京奥运会，2020年以来，东京新开了36家酒店，增加了3.2万间客房。此次冬奥也不例外，特别是延庆赛区和张家口赛区，围绕新建场馆周边，各酒店集团纷纷借助奥运赛事布局该城市市场。2022年冬季奥运会，延庆作为主要赛区之一，主要承担高山滑雪、雪车、雪橇等几个比赛项目。作为在延庆区为冬奥会保障提供服务的酒店，北京延庆万豪酒店及北京延庆源宿酒店在2021年8月底如期开业，两家酒店将承接来自约30个国家的来宾的接待服务。“我们将提供为期35天左右的冬奥服务，酒店已开始就来宾的需求提前制定相应方案。”北京延庆万豪酒店及北京延庆源宿酒店总经理刘岗介绍，“冬奥会接待期间我们将严格遵守防疫要求，准备充足的防疫物资。根据冬奥会来宾的实际需求，在保证酒店服务标准的基础上，积极丰富冬奥会期间菜单及产品的准备。此外，接待期间恰逢中国传统节日，酒店团队将为来宾准备中式文化活动，使更多的外宾能够深入了解中国传统文化。”

同在延庆赛区的北京世园凯悦酒店曾担任过如世界园艺博览会等级别的重大接待任务，积累了丰富的运营和安全生产管理经验。同在一个园区的北京世园凯悦嘉轩酒店于2021年开业，开业初期便承接了冬奥测试赛的接待服务工作，在近一个月的时间里，北京世园凯悦嘉轩酒店的员工配合驻店工作小组认真做好防护知识培训，紧密配合工作小组设置人员动线，做好防护防疫工作，守护人员的安全健康。多家酒店为即将到来的宾客提供安全、舒适、便捷的住宿体验和高水平、国际化、专业化的优质服务。

本次冬奥会三大赛区中，张家口赛区规模最大、赛次最密、赛时参与人员最多，赛区场馆配套主要为新建。在张家口冬奥村，中旅酒店派出约1 200人的团队，为张家口赛区提供住宿及餐饮保障。在冬奥村9个院落27栋公寓，为各国运动员和随队官员提供酒店式公寓服务；在集健身、娱乐、生活服务体验于一体的居民服务中心提供尊享宾客体验；在被誉为“亚洲最大的中央厨房”中，为运动员和工作人员提供餐食保障。中国旅游集团酒店控股有限公司副总经理告诉记者：“我们从2021年7月便开始与河北、吉林等地旅游院校开展合作，举办千人培训班，严格考核，遴选实习生参与服务，保驾护航集结出征。制定冬奥服务保障相关应急预案达27套，以应对各类突发问题。”

把目光转向崇礼赛区，洲际酒店集团旗下的崇礼翠云山智选假日酒店及崇礼翠云山皇冠假日酒店于12月开业。这并不是洲际酒店集团在崇礼的首次亮相，早在2018年，集团旗下的富龙假日度假酒店就作为冬奥会住宿保障酒店正式开业，全方位打造宾客的冰雪假期，为这座冰雪小城吸引了大批国内外滑雪爱好者。洲际酒店集团首席企业事务及战略关系官告诉记者：“洲际酒店集团积极响应国家大力发展冰雪运动的政策，并牢牢把握市场和消费者趋势，我们早已看好冰雪产业并积极布局，在崇礼、长白山、吉林北大湖开设有多家滑雪及温泉酒店，目前是拥有最多滑雪酒店的酒店集团之一。”

资料来源：佚名．冬奥酒店，为爱奔跑［EB/OL］．环球旅游，2022-01-23.

问题：冬奥酒店是如何“因事而化，因时而进，因势而新”的？

分析提示：迎来政策利好，谋划跨越式发展。文化和旅游部持续发力，以政策“组合拳”推动冰雪旅游跨越式发展，如联合相关部门公布“筑梦冰雪·相伴冬奥”全国冰雪旅游精品线路，发布“2022年春节假期体育旅游精品线路”，公布国家级滑雪旅游度假地名单，发布《京张体育文化旅游带建设规划》等。各地文化和旅游部门乘着冬奥东风，不断加大对冰雪旅游发展支持力度、带动当地经济社会发展。冰雪旅游相关企业等紧盯市场需求，通过融合创新，将冰雪旅游资源转化为契合市场需求的旅游产品；注重产品转化，更加契合需求；广大旅游企业也紧抓机遇，加大产品设计、转化力度，契合、引领大众需求。在冬奥带动下，冰雪旅游目的地周边地区也迎来发展机遇，形成了冰雪引客、共享发展的良好局面。

思考练习

1. 实行目标市场策略一般包括哪几个重要步骤？
2. 市场细分有何作用？
3. 酒店市场细分的标准有哪些？
4. 酒店企业在探索定位策略时，可选择哪几种策略？
5. 下列说法是否正确？请略加剖析。

针对其他业态经营定位的特点，酒店企业应定位于面向最大的消费者群体——广大工薪阶层和中等收入阶层。

6. 分析以下案例，并回答问题。

丽兹酒店与希尔顿酒店的定位差异

丽兹酒店

● 品牌介绍

法国巴黎丽兹酒店位于巴黎的旺多姆广场北侧，是一座5层高的巴洛克宫殿式建筑。墙上画框里的画作是欧洲著名画家的真迹。如果将丽兹酒店所有客房的画作集中起来，相当于一个小型艺术博物馆的收藏量。客房的地毯来自土耳其。壁炉是拿破仑时代的样式，红木材质的椅子、床、衣柜是路易十六时代的风格；茶几和化妆台上摆放的花瓶堪称珍品。

丽兹酒店会根据客人的爱好专门配制不同的香水。大厅、走廊等公共空间选用上好香料。香水设计师曾感言：“丽兹是一座宫殿，它拥有你所需要的一切，但并不是一个缺乏个性的炫耀场所。在这里，你有回家的感觉，服务生对客人直呼其名，甚至对你的喜好了如指掌。”

从开业之初，丽兹酒店就设立了自己的面包店、点心店、巧克力店、肉店，丽兹酒店的客人只要凭客房的钥匙牌就可进入厨师学校进修，并在名师的指导下亲手制作各种美食。

客人入住酒店后，首先会收到服务员送来的两份礼物：一张精美的贺卡和一瓶香槟酒。在豪华卧室饮酒小憩之后，客人还可以到走廊尽头的休闲吧继续享用美酒。另外，酒店还有 3 间对外开放的酒吧：旺多姆吧、丽兹吧和海明威吧。这三间酒吧各有特色：旺多姆吧更像一家西餐厅，客人可点餐、点酒、点曲子；丽兹吧注重娱乐性，有豪华的舞池，是情侣们的好去处；海明威吧则是间灯光幽暗、充满乡愁的酒吧。

早在酒店创立之初，恺撒·丽兹就建了足够多的酒窖，并储备了大量法国白兰地和波尔多葡萄酒。在百年后的今天，当年的储酒仍有留存。

客人每天洗浴后，穿上绣有“丽兹”字样的浴袍，舒适之余更会有一种回家般的温馨和体贴感。其实早在酒店创办之初，创始人丽兹先生就定下一个规矩：酒店不接待单身男女客人。他希望丽兹酒店就是家庭酒店，入住者是一对夫妻或者是父母和孩子，甚至一个大家族。虽然创建 70 年后，酒店废除了这项规定，但是流传下来的以“家”为本的思想成为酒店很重要的组成部分。

如今，“丽兹”已成为奢华浪漫酒店的代名词，象征全世界的最好的住宿、餐饮、服务。丽兹酒店曾荣获美国波多里奇国家质量奖。

● 品牌特点

以无与伦比的个性化服务享誉全球，丽兹酒店拥有丰富的历史与优质服务的传统，具有典雅的风范及独树一帜的格调。其中包括为要求顶级服务的房客所提供的专属套房楼层与特殊客房。

● 丽兹信条

丽兹酒店是一个以真正照顾和安慰客人为最高使命的地方，保证提供最好的个人服务与设施，客人将享受温暖、轻松、完美的氛围。

● 员工承诺

丽兹酒店将运用原则、信任、诚实、尊重、正直和承诺来培养人才，最大限度地造福于每一个人。丽兹酒店不断促进工作环境、价值多样性与生活质量的提高，使个人的愿望得到满足和丽兹的魅力得以增加。

● 服务方针

在丽兹酒店，殷勤关照和客人的舒适是最高使命。保证提供最佳的个人服务及一切设备，让客人充分感受温馨、高雅的休憩环境。

● 市场细分（目标客户）

丽兹酒店的客户是商务人士，这些客人最在意服务。丽兹酒店不依靠优惠卡、会员卡来吸引客户，丽兹酒店提供的是“隐形的会员卡”，因为客人所有的喜好，丽兹酒店都有档案记录。

希尔顿酒店

● 品牌介绍

希尔顿酒店集团旗下品牌康莱德（Conrad）酒店是全球屡获大奖的超豪华型酒店，位于欧洲、美洲、亚洲等地区国家的首府和充满异国情调的度假胜地。康莱德酒店通过建立并保持最高级别的服务水平，本着著名的“康莱德服务文化”理念，为商务和休闲客人创造价值。酒店客房舒适精美、餐厅高贵典雅、健身俱乐部设备完善、会议配套设施高档齐全。所有康莱德酒店的客人都能享受到希尔顿全球预订中心及其知名客户忠诚项目——“希尔顿荣誉客会”的服务。

● 品牌特点

2004 年，希尔顿开创休闲之先风，增设了希尔顿休息间。这种新型房间营造了独特的环境，客人可以在其中恢复体力和精神，可调光的照明设备或明或暗，空气中散发着新鲜的水果味道和花香，有助于客人放松和休息。现在，酒店工作人员的服装要求也大为宽松，员工甚至可以穿着自己喜欢的衣服为客人服务。

● 服务方针

希尔顿酒店要求工作人员面带微笑为客人提供优质的综合服务。该酒店创办人认为：旅馆是一个服务和款待的行业。为了满足顾客的要求，在组织结构上，希尔顿酒店尽力创造一个尽可能完整的系统，成为一个综合性的服务机构。因此，希尔顿酒店除了提供完善的食宿外，还设有咖啡室、会议室、宴会厅、游泳池、购物中心、银行、花店、服装店、航空公司代理处、旅行社、汽车租赁等一套完整的服务机构和设施。客房分为单人房、双人房、套房和豪华套房。餐厅也设有高级餐厅和方便的快餐厅。所有的房间都有空调设备以及诸如酒柜、电话、彩色电视机、电冰箱等室内设备，使到希尔顿酒店下榻的客人真正有一种“宾至如归”的感受。

问题：

请分析丽兹酒店与希尔顿酒店的定位差异及定位依据。

模块六 酒店产品及新产品开发

学习目标

- 理解酒店产品的整体概念，并指导新产品开发与市场开拓决策
- 掌握酒店产品生命周期各阶段的特点，并制定相应的营销策略
- 掌握酒店产品开发过程
- 学会制定酒店产品的品牌与包装策略
- 学会制定酒店产品生命周期各阶段的营销策略
- 学会制定酒店产品的品牌与包装策略

导入案例

一把剪刀

大约凌晨一点，前台对讲机呼：9020 房间的客人需要一把剪刀。客服人员艳霞到达 9020 房间后发现，客人的衣物拉链不慎被布料紧紧咬住，动弹不得。剪开吧，衣服特别贵重，舍不得；不脱睡觉吧，客人硌得没办法入睡。看到这个情况，艳霞对客人说："我用针把线给您挑开，先把衣服脱下来，然后我给您缝好。"得到客人的同意后，艳霞开始小心翼翼地用针挑断拉链周围的细微线头。

终于，在不懈的努力下，拉链与布料完全分开，艳霞轻轻拉动拉链，它恢复了往日的顺滑。客人见状，脸上露出了惊喜与感激的笑容并连声道谢。

资料来源：济源东方建国饭店．【爱敬存心，微笑服务】东方建国饭店 7 月优质服务案例［EB/OL］．(2024－08－16)［2024－12－22］．济源东方建国饭店官号．

项目一 理解酒店产品整体概念

产品决策是现代营销组合决策中的重要内容。企业能否生产或提供适销对路的产品，直接关系到消费者的需求能否实现。产品是现代营销组合中的核心，是定价、分销、促销、公共关系的基础。企业只有在产品上不断创新，使之富有特点和个性，才能在激烈的市场竞争中立于不败之地。没有符合顾客需求和具有竞争力的产品，企业的营销组合策略就无从谈起。产品决策主要包括：产品组合决策、产品生命周期决策、新产品开发决策、品牌决策、包装决策等。

活动	酒店产品设计训练

活动目的： 了解学生对产品整体概念的理解现状，引导学生正确理解产品整体概念。

活动内容与要求： 分组对酒店“客房产品”进行设计。小组代表集中发言，其他同学做补充。

结果与检测： 能够对产品整体概念进行比较正确的理解。

提示： 注意立足“客房产品”，教师及时引导。

一、产品概念

产品是交换活动的基础，企业与市场的关系是通过产品来连接的。企业确定市场营销组合，首先要回答的问题是提供什么样的产品和服务来满足市场需求，也就是说企业首先要解决产品的问题。

（一）传统的产品概念

按照惯常的理解，产品就是劳动生产物，具有某种特定物质形态和用途。从这个范畴来说，产品是指在一定的生产关系下，劳动者和生产资料相结合，根据二者的社会需求和个体消费而设计、生产出来的物质资料，是社会物质财富的实体本身，而不包括其他内容。传统意义上对产品的理解是狭义的，因而也是不完整的。

（二）产品整体概念

研究产品策略，必须明确产品的概念。对产品的理解不能局限于具体的物质实体，市场营销学中对产品的界定要宽泛得多，已经远远超出传统的有形实物的范围，而将非物质形态的服务等都包括在内。产品是指能够提供给市场，用于满足人们某种现实与潜在欲望和需求的任何事物，包括实物、场所、服务、设施、组织和观念等。由此可见，产品的概念已经超出传统的有形实体的范围。

现代营销学对产品概念的理解是广义的，产品概念构成已突破了核心产品、有形产品、附加产品三个层次，具体可由以下五个层次所构成，即核心产品、形式产品、附加产品、期望产品、潜在产品（见图 6－1）。

1. 核心产品

核心产品是指企业向顾客提供的基本效用或利益。这是顾客真正要买的东西，是产品整体概念中最基本、最主要的部分。顾客购买某种产品，并不是为了获得产品本身，而是为了满足某种特定的需求。例如，人们购买洗衣机，并不是为了买到装有电动机、开关按钮的大铁箱，而是为了借助洗衣机的洗涤功能代替人工洗衣，减轻家务劳动负担，方便日常生活。同样，购买糕点的人也并非需要一个面粉加白糖的混合面团，而是需要一种“赏心悦目、填饱肚子”的食品。因此，一种产品能否具有市场生命力，关键在于

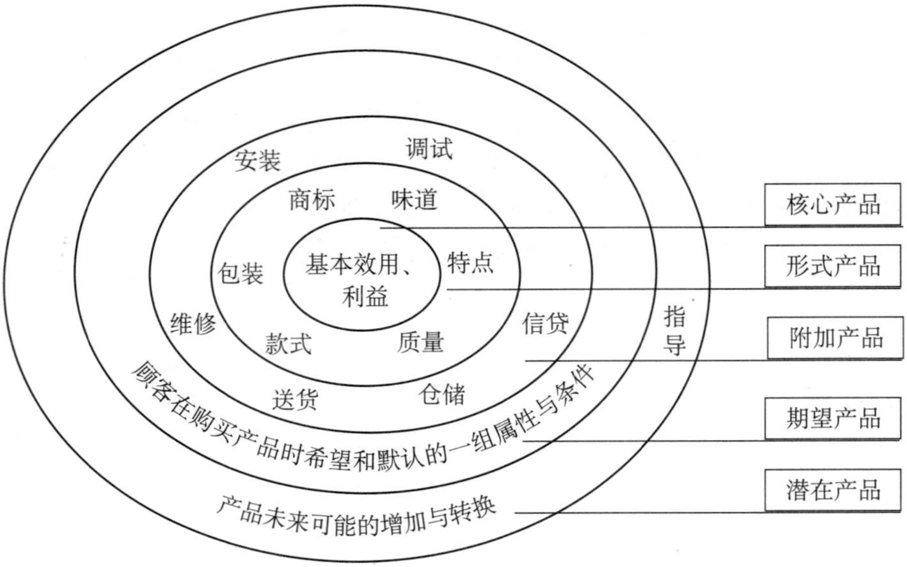

图 6-1　产品的整体概念

能否实现顾客所追求的核心利益。营销人员应该善于发现顾客购买某一种产品所追求的核心利益。

2. 形式产品

形式产品是产品的核心利益的具体化，是实现产品核心利益的基本形式，是实质产品所展示的全部外部特征，即向市场提供的实体和服务的形象。形式产品主要包括产品质量、特点、款式、包装、商标、味道等。具有相同效用的产品，其存在形态可能有较大的差别，有的造型美观，有的外形粗糙。顾客购买某种产品时，除了要求该产品具备某些基本功能，能提供某种核心利益外，还会考虑产品的品质、款式、颜色以及品牌声誉等多种因素。产品的基本效用必须通过某些具体的形式才能实现。因此，企业进行产品设计时，不仅应着眼于顾客所追求的核心利益，而且要重视如何以独特形式将这种利益呈现给顾客。

3. 附加产品

附加产品是指顾客在购买有形产品的同时所得到的附加利益的总和，包括信贷服务、送货、仓储、设备安装与调试、维修以及其他各种保障等。对附加产品的理解，来自对顾客需求的深入认识。顾客之所以购买某种产品，正是为了满足某种需求，但这种需求是一个多层次、多方面的整体消费系统。也就是说，顾客希望通过一次性实际购买行为而获得所需要的一切事物。因此，企业营销人员必须充分利用附加产品，保证企业在市场竞争中处于较有利的位置。

4. 期望产品

期望产品是指顾客在购买产品时希望和默认的一组属性与条件。例如，顾客在旅馆住宿时，一般期望有干净的床单、床头柜、台灯及相对宁静的环境等。由于产品同质化时代已经到来，大多数同一类型产品都能满足顾客的最低期望，因此顾客在产品这一层次上的偏好程度相差不大。

5. 潜在产品

潜在产品是指现有产品包括的所有可能实现的附加部分和可能发展成为未来最终产品的潜在状态产品。随着市场竞争的进一步加剧，一成不变的附加利益是没有竞争力的。如果说附加产品代表产品的今天，那么潜在产品代表产品的演变。例如，全套家庭服务式旅馆反映出消费者对旅馆服务需求的新变化。

〖思考与讨论〗

什么是酒店产品整体概念？如何提高酒店产品质量？

分析提示： 酒店产品整体概念是指酒店提供给客人的包括实物、场所、服务、设施等在内的综合性产品。它不仅包括有形的物质产品，也包括无形的服务体验。提高酒店产品质量的方法包括以下几个。

（1）提升服务质量：通过员工培训和职业发展，提高员工的服务技能，改善员工的服务态度，确保服务的一致性和高标准。

（2）优化设施设备：定期维护和更新酒店的物理设施，确保客房、餐厅等区域的舒适度和安全性。

（3）个性化服务：提供定制化服务，满足不同客人的特殊需求，提升客人的满意度和忠诚度。

（4）质量管理：制定并执行严格的质量标准，通过持续的质量监控和改进，提高和稳定酒店服务质量。

（5）客人反馈：积极收集和响应客人反馈，及时调整服务和产品，以更好地满足客人需求。

产品整体概念的提出，对企业的营销活动具有多方面的意义。

首先，企业必须明确顾客所追求的核心利益。顾客购买某菜品是为了使眼、鼻、口、心等感官得到满足，因此，菜品讲究色、形、味俱全，就餐环境要求幽雅、服务周到等。企业如果不明白这一点，就不可能真正满足顾客需求，也就不可能获得成功。

其次，企业必须特别重视产品的无形方面，包括产品形象、服务等。顾客对产品利益的追求包括功能性和非功能性两个方面。前者更多地体现了顾客在物质方面的需求，后者则更多地体现了顾客在精神、情感等方面的需求。随着社会经济的发展和公众收入水平的提高，顾客对产品的非功能性利益越来越重视，在很多情况下甚至超越了对功能性利益的关注。因此，企业要摆脱传统的产品概念，重视产品非功能性利益的开发，以更好地满足顾客的需求。

最后，企业之间的产品竞争可以在多个层面开展。对于处于成熟期的产品，其在功能、品质上极为接近，难以产生大的差异，不同企业应避免打价格战。产品整体概念的提出，给企业带来了新的竞争思路，即企业可以通过在款式、包装、品牌、售后服务等各个方面创造差异来确立市场地位和赢得竞争优势。现代竞争不仅取决于各个企业生产什么，更取决于企业赋予产品哪些内容。

二、产品分类

在市场营销中，企业要针对不同的产品科学地制定不同的营销策略，这就要求企业对产品进行科学的分类。产品分类的方法有很多，基于不同的方法可以划分出不同的产品类别。

（一）按产品的用途分类

按产品的用途分类，可将产品分为消费品和产业用品（工业品）两大类。消费品直接用于最终消费；产业用品则由企业购买后，用于生产其他产品。消费品和产业用品两者在购买目的、购买方式及购买数量等方面均有较大的差异。酒店企业提供的产品主要是消费品。

（二）按产品的使用时间分类

按产品的使用时间的长短，可将产品（此处指消费品）分为日用品、选购品和特殊品三类。

1. 日用品

日用品，又称非耐用品，包括食品、肥皂、牙膏等。这类产品有的是一次性消耗，有的使用时间很短，因此顾客需要经常购买，且顾客希望能方便、及时地购买。如果这类产品的生产企业想扩大产品的销售量，就应在居民比较集中或过往人流密集的区域设置零售网点。

2. 选购品

选购品，又称半耐用品，包括大部分纺织品、服装、鞋帽等。这类产品的最大特点在于可以使用一段时间，所以顾客不需要经常购买和立即购买，但在购买时，顾客会对产品的适用性、质量、价格等基本方面进行有针对性的比较、挑选。这类产品的生产企业，一应提供更多的花色品种，以供顾客选择；二应选择比较繁华的商业区来销售产品。

3. 特殊品

特殊品，又称耐用品，包括电视机、电冰箱、空调、洗衣机等。这类产品的最大特点在于可以使用很长一段时间，且价格比较昂贵。所以，顾客在购买时十分慎重，重视产品的质量、品牌和生产企业，对产品的附加利益要求较高。这类产品的生产企业应在产品的质量和服务上下功夫，选择比较有名的大型零售店进行产品的销售。

（三）按产品之间的销售关系分类

按产品之间的销售关系分类，可将产品分为独立品、互补品、替代品三类。

1. 独立品

独立品是指其销售不受其他产品销售变化影响的产品。例如，火腿肠与日光灯互为独立品。

2. 互补品

互补品是指销售互为补充的两种产品，即一种产品销售量的增加，必然引起另外一种产品销售量的增加，反之亦然。例如，汽车与汽车轮胎、自动铅笔与铅芯均互为互补品。互补品的互补程度一般可以通过两种产品间的交叉价格弹性系数来衡量。

3. 替代品

替代品是指存在相互竞争销售关系的两种产品，即一种产品销售量的增加会导致另外一种产品的潜在销售量的减少，反之亦然。例如，牛肉与猪肉、机械表与石英表、白炽灯与日光灯均互为替代品。

替代品与互补品是相互对立的概念，也可以用两种产品间的交叉价格弹性系数来衡量。替代品的交叉价格弹性系数为正，互补品的交叉价格弹性系数为负。

三、产品组合

（一）产品组合的概念

一家企业提供给目标市场的不是单一的产品，而是产品组合，即由多条产品线组成，每条产品线包含若干产品项目，而每一项产品又包含若干品牌、包装和服务。因此，企业不仅要在品牌、包装和服务等方面作出决策，而且要在产品组合、产品线和产品项目上作出决策。

产品组合（product mix），又称产品搭配，是指一个企业提供给市场的全部产品线和产品项目的组合或搭配，即经营范围和结构。

产品线（product line），是指互相关联或相似的一组产品，即通常所说的产品大类。产品线的划分可依据：产品功能上相似，消费上具有连带性，供给相同的顾客群，有相同的分销渠道，或者属于同一价格范围。例如，饮食类、客房类、商务类等都可形成一条产品线。企业对每条产品线都会设专人管理，这些人称为产品线经理。每条产品线内又包含若干产品项目。

产品项目，是指产品大类中各种不同品种、档次、质量和价格的特定产品。

例如，某酒店经营饮食、客房、商务会场三大类产品（即三条产品线），每大类中又有若干具体品种（产品项目），所有这些产品大类和产品项目按一定的比例搭配，就形成了该酒店的产品组合。

（二）产品组合决策和产品线决策

1. 产品组合决策

产品组合决策是指企业对产品组合的宽度、长度、深度和相关性等方面作出的决定。

产品组合的宽度（width）是指一个企业生产经营的产品大类的多少，即拥有的产品线多少，多则宽，少则窄。如某酒店的产品组合宽度是 3（见表 6－1）。

产品组合的长度（length）是指企业所有产品线中的产品项目的总和。如某酒店的产品组合的总长度为 9，每条产品线的平均长度是 9÷3＝3（见表 6－1）。

表 6－1　某酒店产品组合的长度和宽度

饮食类	客房类	商务活动类
粤菜	豪华客房	综合商务
川菜	商务客房	小型会务
大众菜	经济客房	
	钟点客房	

产品线深度（depth）是指产品线中每种产品所提供的花色、口味、规格的多少。例如上例中，商务活动类产品线设有综合商务和小型会务两种规格，能满足不同特殊需求的四种形式，深度就是 2×4＝8。通过计算每种产品的差异性，企业可算出产品组合的平均深度。

产品组合相关性（consistency）是指各个产品线在最终使用、生产条件、分销渠道或其他方面的相关联的程度。

酒店企业增加产品组合的宽度，扩大经营范围，可充分发挥各项资源的潜力，提高效益，减少风险；增加产品组合的长度，可使产品线更为丰富，同时为每种产品增加更多的变化因素；增加产品线深度，可适应不同顾客的需求，吸引更多的顾客。产品组合相关性的高低，决定了酒店企业可以在多大范围内提升竞争地位并获得声誉。

市场是一个动态系统，顾客的需求经常发生变化，原有竞争者不断推陈出新，新的竞争者又不断进入，这一切必然会对企业的产品营销产生影响，对某些产品有利，对某些产品不利。因此，企业要经常对产品组合进行分析、评估和调整，力求保持最恰当的产品组合。

2. 产品线决策

（1）产品线长度决策。产品线经理面临的首要问题就是要决定产品线长度。如果增加产品项目可增加利润，那就表示产品线太短；如果减少产品项目可增加利润，那就表示产品线太长。产品线究竟多长为好，取决于企业的目标。如果企业的目标是要在某个行业中占据主导地位，并要求较高的市场占有率和市场增长率，产品线就应长些，即使有些产品项目缺乏获利能力也应保留。如果企业的目标是取得较高的利润率，产品线就应短些，企业应挑选利润率高的产品项目。

一般来说，在一些国家的买方市场中，企业的产品线往往有加长的趋势，这是由以下原因造成的：生产能力的压力迫使产品线经理开发新项目；新项目只是原有产品的改良，容易设计；推销人员和经销商要求增加产品项目，以适应顾客的需求；产品线经理为了扩大销售量和提高利润而增加产品项目。

但是，随着产品线的加长，设计、存储、运输、加工、订单处理和促销费用等成本也会增加。于是，企业管理层分析后就会作出决策，剔除得不偿失的项目，使产品线趋于缩短，产品线的这种波动现象往往会反复出现。

企业有计划地增加产品线的长度有两个途径：一是产品线的延伸；二是产品线的扩充。

1）产品线的延伸是指企业突破原有经营档次的范围，使产品线延长。可供选择的延伸策略有三种：向下延伸、向上延伸和双向延伸。

①向下延伸策略。有些高档酒店会渐次增加一些较低档产品，称为向下延伸。向下延伸通常适合下列几种情况：一是高档产品在市场上受到竞争者的威胁；二是高档产品的销售增长速度下降；三是原先开发高档产品只是为了树立企业的形象，待条件成熟时再推出较低档的产品；四是以较低档的产品填补产品线的空缺，以防止新的竞争者涉足，或是以较低档和低价的产品吸引顾客，增加销量。

但是，向下延伸策略会使企业面临一些风险：第一，企业推出较低档的产品可能会使原来高档产品的市场更加缩小；第二，企业推出较低档的产品可能迫使竞争者转向高档产品和新产品的开发；第三，经销商可能不愿意经营低档产品。

②向上延伸策略。有些企业原本生产和经营低档产品，渐次增加高档产品，称为向上延伸。它适合下述几种情况：一是高档产品有较高的销售增长率和毛利率；二是企业为了追求高档、中档、低档齐备的完整的产品线；三是以某些较高档的产品来提高整条产品线的档次。

向上延伸策略也同样会使企业面临风险：第一，发展高档产品可能促使原来生产经营高档产品的企业采取向下延伸策略，从而增加了企业的竞争压力；第二，顾客可能对企业生产经营高档产品的能力缺乏信任；第三，原有的推销人员和经销商可能没有推销高档产品的技能和经验。

③双向延伸策略。有些生产经营中档产品的酒店企业，在一定条件下，逐渐向高档和低档两个方向延伸，称为双向延伸。企业实施这种策略，可以提升自身的竞争地位，击退竞争者，取得市场领先地位。

2）产品线的扩充是指在现有产品档次的范围内增加产品项目。这种做法的目的主要有以下几个方面：一是增加利润；二是满足经销商的要求，因为项目太少会使经销商营业额减少；三是试图利用过剩的生产经营能力；四是试图在本行业的整条产品线中取得主导地位，或阻止竞争者乘虚而入。

但是，企业产品线中的项目也不可过多，否则会造成产品项目之间的相互冲突，顾客选购时也难以作出决策。因此，产品项目之间应保持一定的差异，差异程度以能引起顾客的注意为限。

（2）产品线现代化决策。虽然有时产品线的长度适当，但是产品设计还停留在多年前的水平，缺乏竞争力，此时企业就需要更新产品，实现产品线的现代化，跟上市场前进的步伐。产品线的现代化可采取两种方式实现：一是逐项更新；二是全面更新。逐项更新可在整条产品线全面更新之前，测试顾客及中间商的反应，了解市场动向，同时可节省投资，缺点是使竞争者洞悉本企业的意图，从而也更新产品线。全面更新可避免上述缺点，出奇制胜，但所需投资较大。

（3）产品线特色决策。产品线特色决策是指在每条产品线中推出一个或几个有特色的产品项目来形成自己的特色。一般来说，产品线特色决策是以低档廉价品吸引顾客，以高档名牌货为企业树立声誉。

除上述几项决策外，酒店企业还必须确定产品价格，分析产品项目的销售增长率和利润率，舍弃获利能力低甚至赔钱的产品，同时还必须制定管理各条产品线和各个产品项目的适当方法。

项目二 针对酒店产品生命周期营销

每种产品的销售量和利润都不是固定不变的，都有由弱到强又由盛转衰的发展过程，这一发展过程就是产品生命周期。由于产品生命周期的存在，企业面临的挑战包括：一是必须为处于生命周期不同阶段的现有产品制定适当的营销策略；二是必须不断开发新产品，以取代那些已经衰退和即将衰退的产品。

活动 1 判断产品所处生命周期阶段

活动目的：了解学生对产品生命周期的初步理解现状，引导学生正确理解产品生命周期。

活动内容与要求：教师指出几种产品生命周期阶段的现象，由学生进行比较和判断。

结果与检测：能够做出比较正确的判断。

提示：教师及时引导、纠正。

活动 2 为酒店设计产品生命周期不同阶段的营销策略

活动目的：引导学生了解学习本项目的目的，并学以致用。

活动内容与要求：团队每个成员分别为酒店设计产品生命周期不同阶段的营销策略；制作简易的 PPT 汇报，学生互评选优；教师点评，比较评价。

结果与检测：能够客观地分析产品生命周期阶段的特点，指导营销实践。

提示：教师及时引导、评价。

一、正确理解产品生命周期

（一）产品生命周期的含义

产品生命周期（Product Life Cycle，PLC）是现代市场营销学中的一个重要概念。研究产品生命周期的发展变化，可以使企业掌握产品的市场地位和竞争动态，为制定产品策略提供依据，对增强企业的竞争能力和应变能力有重要意义。

产品生命周期是指产品的经济寿命，即一种产品从开发、上市，在市场上由弱到强又由盛转衰，直到被市场淘汰的全过程。产品生命周期是产品在市场上存在的时间，其长短受顾客需求变化、产品更新换代的速度等因素的影响，而不是产品的使用寿命。产品的使用寿命是指产品从投入使用到损坏报废所经历的时间，受产品的自然属性和使用频率等因素的影响。这是两个不同的概念，不要将两者混淆。例如，酒店餐厅新推出的菜品等产品的使用寿命很短，但菜品的产品生命周期很长；客房等产品的使用寿命很长，但产品生命周期可能很短。

典型的产品生命周期包括四个显著的阶段，即导入期、成长期、成熟期和衰退期。产品生命周期各阶段的划分是相对的。一般来说，各阶段的划分是以产品销售额和利润的变化为根据的。在导入期，产品的销售额和利润额增长缓慢，利润多为负数；当销售额迅速增长，利润额由负变正并快速上升时，进入成长期；当销售额增长放慢，利润额增长停滞时，则进入成熟期；当销售额快速递减，利润额也较快下降时，说明产品已经进入衰退期。

（二）产品生命周期曲线的一般形状

产品只有经过研制开发、试销，然后进入市场，它的生命周期才算开始。产品退出市场，标志着产品生命周期的结束。在整个产品生命周期中，销售额和利润的变化表现为类似S形的曲线（见图 6-2）。

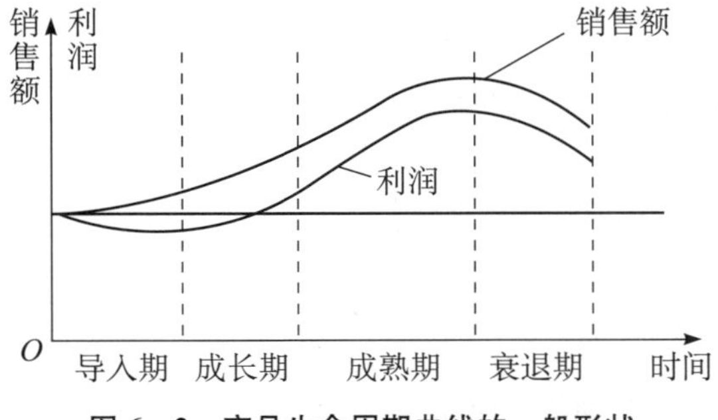

图 6-2 产品生命周期曲线的一般形状

（三）产品生命周期曲线的其他形状

不同产品的生命周期是各不相同的。例如，菜品的产品生命周期可能只有几个月，而客房的产品生命周期可长达百年。各种产品的生命周期曲线形状各有差异。有的产品一进入市场就快速成长，迅速跳过导入期；有的产品可能越过成长期，直接进入成熟期；

还有的产品经历导入期后，未打开市场，直接进入衰退期。

产品生命周期曲线的其他形状见图 6－3。

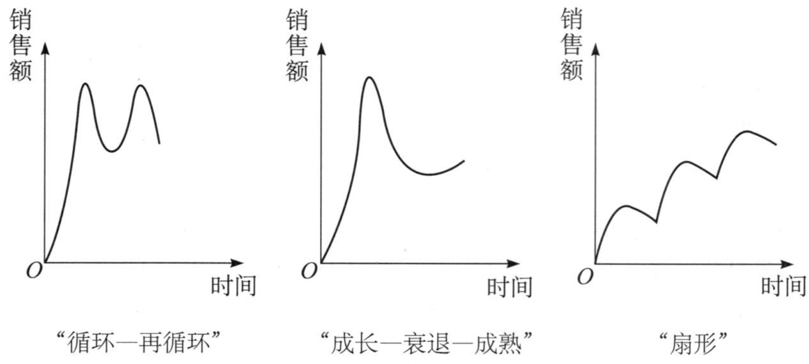

图 6－3　产品生命周期曲线的其他形状

产品生命周期通常是按国家和地区来划分的，即同一种产品在不同的国家或不同的地区，可能处于生命周期的不同阶段。例如，我国经济发展不平衡，城市和农村经济发展水平相差较大，快餐经营在大城市已进入成熟期甚至衰退期，而在边远农村仅处于成长期。

产品生命周期和产品定义范围有直接关系。产品可区分为产品种类、产品形式和产品品牌三种。产品种类是指具有相同功能及用途的所有产品。产品形式是指同一种类产品中，辅助功能、用途或实体销售有差别的不同产品。产品品牌是指企业生产或销售的特定产品。

产品种类具有最长的生命周期，有的产品种类生命周期的成熟期可能无限延续；产品形式的生命周期次之，产品形式一般表现出比较典型的生命周期过程，常常经历四个阶段；而具体产品品牌的生命周期长短受市场环境、企业营销决策、品牌知名度等多种因素的影响，产品品牌知名度高，该产品的生命周期则长，反之亦然。

二、产品生命周期各阶段的主要特点及营销策略

（一）导入期

导入期，又称投入期、试销期，是指新产品首次正式上市的最初销售阶段。

1. 导入期的主要特点

（1）新产品刚投入市场，顾客对产品不太了解，只有少数追求新奇的顾客可能购买，销售量很低。

（2）由于技术不够稳定，产品不能批量生产，制造成本较高。

（3）为了扩大销路，广告宣传和其他促销费用都比较高。

（4）销售网络还没有全面、有效地建立起来，销售渠道不畅，销售增长缓慢。

（5）由于销售量低、各种成本较高，企业通常处于亏损或微利状态。

（6）同类产品的生产者较少，竞争不激烈。

2. 导入期的营销策略

导入期企业的营销重点是增强新产品的生命力，使产品尽快被顾客接受，促使产品向成长期过渡。企业有以下几种营销策略可以选择：

（1）快速掠取策略，即企业采取高价格、高促销费用的方式推出新产品，以求迅速扩大销售量，取得较高的市场占有率，快速收回投资。这种策略的适用条件是：产品有特色、有吸引力，但知名度不高；市场潜力大，目标市场和顾客求新心理强，急于购买该产品；企业面临潜在竞争者的威胁，需尽快使顾客对产品形成偏好，建立品牌形象。

（2）缓慢掠取策略，即企业采取高价格、低促销费用的方式推出新产品，以使企业获得更多的利润。这种策略的适用条件是：市场规模有限；产品具有独特性并有一定的知名度；目标顾客愿意支付高价；潜在的竞争威胁不大。

（3）快速渗透策略，即企业采取低价格、高促销费用的方式推出新产品，以争取迅速占领市场，然后随着销售量和产量的扩大，产品成本降低，取得规模效益，获得尽可能高的市场占有率。这种策略的适用条件是：市场潜力很大，顾客对此产品不了解；潜在顾客对价格十分敏感；潜在竞争者的威胁较大；产品单位成本可随着生产规模和销售量的扩大而大幅下降。

（4）缓慢渗透策略，即企业采取低价格、低促销费用的方式推出新产品，以扩大销售量，降低营销成本，增加利润，以最快的速度进行市场渗透和提高市场占有率。这种策略的适用条件是：市场潜力很大，顾客对此产品比较熟悉；顾客对价格十分敏感；存在潜在的竞争者，但威胁不是很大。

（二）成长期

产品的成长期是指产品转入成批生产和扩大市场销售的阶段。

1. 成长期的主要特点

（1）销售额迅速增长，顾客对产品已经熟悉，大量的新顾客开始购买产品，市场逐步扩大，形成较大的市场需求，销量大增。

（2）产品基本定型，性能趋于稳定，企业具备批量生产的条件。

（3）随着生产规模的扩大，成本显著降低。

（4）由于顾客对产品熟悉，广告宣传费用可相对降低，即促销费用与销售额的比率不断下降。

（5）由于产量和销量迅速增加、成本下降，企业扭亏为盈，利润迅速上升。

（6）竞争者看到有利可图，进入市场参与竞争。

2. 成长期的营销策略

在成长期，市场的需求规模和增长速度保持稳定，但旺盛的需求、高额的利润会引来竞争者的参与。所以，企业在产品成长期的营销重点是扩大市场占有率和巩固市场地位。企业可以采取以下营销策略：

（1）改进和完善产品。企业应从质量、性能、品种、样式等方面对产品进行改进和完善。通过改进产品，企业不仅可以提高产品的竞争力，满足顾客更广泛的需求，吸引更多的顾客，而且可以使产品的成长期延长。

（2）开拓新的市场。随着销售量的增加、竞争的激烈化，企业应进一步细分市场，找到新的尚未满足的细分市场，并迅速进入，占领这一市场。

（3）树立产品形象。企业应将广告宣传的重点从导入期的提高产品知名度，转到以树立产品形象为中心，大力宣传和推广产品特色，目的在于建立顾客品牌偏好，维系老顾客，吸引和发展新顾客。

（4）增强销售渠道功能。企业应增加销售网点和经销代理机构，重视新的流通渠道，拓宽产品的销售渠道，采取多种方式推销产品。同时，企业应加强产品的销售服务工作，以巩固市场、提高市场占有率。

（5）适时降价。企业选择适当的时机降低产品的价格，既可以争取那些对价格比较敏感的顾客，又可以对竞争者造成影响。

（三）成熟期

产品的成熟期是指产品进入大批量生产，而在市场上处于竞争激烈的阶段。

1. 成熟期的主要特点

（1）市场需求量逐渐趋于饱和，产品的销售量增长缓慢。

（2）生产批量很大，生产成本降到最低程度。

（3）产品的服务、广告和推销工作十分重要，销售费用不断提高。

（4）利润达到最高点，并开始下降。

（5）很多同类产品进入市场，市场竞争十分激烈。

2. 成熟期的营销策略

对于处于成熟期的产品，企业只要保住市场占有率，就可获得稳定的利润。但企业不应满足于保持既得利益，而应积极进取，因为进攻才是最好的防御。所以，企业的营销重点是维持市场占有率并争取利润最大化。企业可以采取以下营销策略：

（1）市场改良。这种策略不是要改变产品本身，而是发现产品的新用途和挖掘潜在顾客，以扩大产品销量。市场改良的主要方式有：

1）寻求新的细分市场。发现产品新用途，将产品打入新的细分市场，应用于其他领域，可为企业赢得长期、稳定的利润。

2）寻求能够刺激顾客购买、提升使用率的方法。这一方式的目的在于使目前购买本品牌的顾客增加该产品的年使用量，亦可增加销售量。例如，露露集团通过“冬天喝热露露”的广告宣传，改变了顾客认为饮料只在夏季饮用的观念，从而增加了销量。

3）市场重新定位，寻求新的顾客。每种产品都有吸引顾客的潜力，因为有些顾客不知道某产品，或者由于某些原因不想购买该产品。企业可以利用市场渗透策略开拓顾客市场。例如，企业可将儿童喜食的食品推荐给成年女性，产品经过重新定位，可进入更多的细分市场。

（2）产品改良。这种策略是通过产品自身的改变来满足顾客的不同需求，以增加产品的销量。整体产品概念中任何一个层次的改良都可视为产品的再推出。企业可以从以下几个方面着手：

1）品质改良。企业应对产品的质量进行改良，增加产品的功能特性，提高产品的耐用性、可靠性。实施品质改良的条件是：产品质量有改善的余地，多数顾客期待产品质量的提高。

2）特色改良。企业应扩大产品的使用功能，增加新的产品特色，以此扩大产品的适用性，提高产品使用的安全性、方便性。特色改良的优点是：花费成本低、收益大，可以提升企业形象。特色改良的缺点是：极易被模仿，企业只有率先革新才能获利。

3）样式改良。随着社会的发展，人们对美的追求越来越强烈。企业通过改变产品的外观、款式，增强美感，可提高产品对顾客的吸引力，从而增加销量。

4）附加产品改良。服务是产品的重要组成部分，企业提供新的服务也属于对产品进行改良。企业适当增加服务内容对提高产品竞争力、扩大产品销售，具有一定的促进作用。

（3）市场营销组合改良。这种策略是通过改变市场营销组合的因素，刺激销售，达到延长产品的成长期、成熟期的目的。企业通常采用的方法有：降低价格，提高产品的竞争力；提高促销水平，采用更有效的广告形式，开展多样化的营销推广活动；改变销售途径；扩大附加利益和增加服务项目；等等。

（四）衰退期

衰退期是指产品已经逐渐老化，转入更新换代的阶段。

1. 衰退期的主要特点

（1）顾客的消费需求发生改变，转向其他产品。

（2）新产品已进入市场，正在逐渐代替现有产品。

（3）产品销量迅速下降，甚至出现积压。

（4）市场竞争突出表现为价格竞争，产品价格不断下降。

（5）企业获利很少，甚至亏损，部分企业因无利可图而被迫退出竞争。

2. 衰退期的营销策略

面对处于衰退期的产品，企业应进行认真的研究和分析，决定应采取什么策略，在何时退出市场。通常有以下几种策略可供企业选择：

（1）维持策略。企业继续沿用过去的策略，仍按照原来的细分市场，使用相同的销售渠道、定价及促销方式，直到这种产品完全退出市场为止。

（2）集中策略。企业将资源集中在获利最多的细分市场、最有效的销售渠道和最易销售的品种上，从最有利的局部市场获得尽可能多的利润，这样有利于缩短产品退出市场的时间。

（3）收缩策略。企业放弃没有购买欲望的顾客群体，大幅降低促销水平，尽量减少销售和推销费用，以增加当前的利润。这样可能导致产品在市场上的衰退加速，但是企业能够从忠实于这种产品的顾客中得到利润。

（4）放弃策略。对于衰退比较迅速的产品，企业应该当机立断，放弃经营。企业既可以采取完全放弃的形式，如将产品完全转移出去或立即停止生产，也可以采取逐步放弃的方式，将资源逐步转向其他的产品，力争使损失降至最低限度。

项目三 开发酒店新产品

新产品开发既是企业满足新的需求、改善消费结构、提高民众生活水平的物质基础，也是企业具有活力和竞争力的表现。新产品开发既会给企业的市场营销带来机会，也会给企业的经营带来风险。新产品上市之日，就是新产品市场拓展的开始。

活动	酒店新产品开发思维训练

活动目的：引导学生理解酒店新产品开发的基本方法及思路。

活动内容与要求：通过酒店营销环境分析，提出酒店产品开发的基本方向与思路；制作 PPT，各小组派代表汇报发言，其他同学做补充；小组间相互点评，教师点评。

结果与检测：能够根据酒店定位与消费者需求特征，提出酒店新产品开发的思路。

提示：注意立足于环境分析、思路清晰。

一、新产品的含义和分类

市场营销学中所指的新产品是从市场和企业两个角度来认识的，这与因科学技术在某一领域的重大发展所产生的新产品不完全相同。对市场而言，第一次出现的产品就是新产品；对企业而言，第一次生产并销售的产品就是新产品。

（一）新产品的含义

新产品是相对于现有产品而言的。在结构、材质、工艺等某一方面或几个方面，比现有产品有明显改进，或者采用新技术原理、新设计构思，从而显著提高产品的性能或扩大使用功能的产品称为新产品。按照上述定义，对于那些只改变花色、外观、包装，而在性能上没有改进的产品，不能将其列入新产品。新产品一般具有新颖性、先进性、经济性和风险性等特点。

（二）新产品的分类

新产品的名目繁多，可按不同的标准进行分类。常用的分类标准有：

1. 按地域范围划分

按地域范围划分，新产品可分为：

（1）世界级新产品，是指在全世界第一次试制成功并投入市场的新产品。这种新产品如有重大价值，国家应予以保护与支持，企业应申请专利以防他人侵犯，从而维护企业的竞争优势。

（2）国家级新产品，是指其他国家已经试制成功并投入使用，而在本国尚属首次设计、试制、生产，并投入市场的新产品。这种新产品能够填补国内空白，提高本国产品的竞争力。

（3）地区级新产品，是指在国内其他地区已经试制成功并投入市场，而在本地区尚属首次试制、生产的产品。企业开发这类新产品时要特别慎重，要进行详细的市场调研，防止重复生产，导致供大于求。

2. 按新颖程度划分

按新颖程度划分，新产品可分为：

（1）全新型新产品，是指采用新原理、新结构、新技术、新材料制成，开创全新市场的新产品。例如，某酒店第一次推出鲜花菜品，该菜品属于全新型新产品。全新型新产品往往伴随着科学技术的重大突破而问世。

（2）换代型新产品，是指在现有产品的基础上，全部采用或部分采用新技术、新材料、新工艺研制出来的新产品。例如，网络客房即是在原来客房服务的基础上增加了网络服务功能。相对于现有产品而言，换代型新产品在性能上有一定改进，在质量上有一定提高，顺应了时代发展的要求。

（3）改进型新产品，是指对现有产品的性能、结构、功能等加以改进，使新产品与现有产品有比较明显的差别。与换代型新产品相比，改进型新产品受技术的限制较小、成本较低，便于市场推广。

（4）仿制型新产品，是指对市场上已经出现的产品进行引进或模仿生产的新产品。仿制既可以是部分仿制、局部仿制，也可以是全部仿制。这类新产品的开发，一般不需要太多的资金和尖端的技术。企业在仿制时，应注意改造现有产品的缺陷或不足，不应全盘照搬。

二、新产品开发的意义

虽然企业开发新产品时需要很多的投入，并且有较大的风险，但企业若想在竞争激烈的市场中求得生存与发展，就必须高度重视新产品的开发。

（一）新产品开发是企业生存与发展的要求

企业同产品一样也存在生命周期。如果企业不开发新产品，当现有产品走向衰退时，企业也就走到了生命周期的终点；反之，如果企业能不断成功地开发出新产品，就可在现有产品退出市场时，让新产品占领市场，用新产品弥补因现有产品进入衰退期而导致的产品销量的下降。企业若想谋求生存与发展，保持旺盛的生命力，就必须不断地开发新产品，并以新产品的新特性抵御竞争者的冲击。

（二）新产品开发是消费需求变化的要求

随着社会经济的快速发展和人们生活水平的不断提高，消费需求也发生了较大的变化，方便、健康、轻巧、快捷的产品越来越受到顾客的青睐。随着消费结构的变化、消费选择的多样化，顾客对产品的需求不仅体现在数量上的增加、质量上的提高，对花色、品种亦提出了更高的要求。企业若想满足广大人民群众不断增长的、日新月异的需求，就必须推陈出新，提供更多、更好的新产品。

（三）新产品开发是科学技术发展的要求

科学技术的迅猛发展，催生了许多高新技术产品，加快了产品更新换代的速度。科技的进步有利于企业淘汰现有产品、创造新产品。企业只有不断地开发新产品，不断地利用新的科学技术改造现有产品，才能生存与发展。

（四）新产品开发是市场竞争的要求

在如今的市场中，企业之间的竞争日趋激烈，而企业的竞争力着重体现在产品的竞争力上。企业若想保持在市场上的优势地位，就必须不断创新，开发新产品，为市场提供适销对路的新产品。企业定期推出新产品，可以增强企业的活力，提高企业在市场上的信誉和地位。

总之，在科学技术迅猛发展的今天，在瞬息万变的市场环境中，在竞争激烈的条件下，开发新产品是企业生存与发展的重要保证。

三、新产品的发展趋势

当今世界，新产品的发展趋势有以下几个方面：

（一）多功能化

它要求新产品具有多种功能，做到一物多用。例如，带有音乐的生日蛋糕插件；既可洗手、洗澡，还可供房间取暖的多功能热水器等。一机多用、一物多用，既节省了开支，又节约了使用空间，深受消费者欢迎。

（二）微型化、轻型化

它要求新产品体积小、重量轻、方便携带。例如，平板电脑既可放在办公桌上，也可放入较大外套的口袋中。

（三）方便化

它要求新产品方便使用和维修，这是为了节约时间，减少烦琐，适应现代化要求。例如，某品牌的方便面的配料袋是用糯米纸制作的，可以连同面一起用开水泡，这样对于消费者来说就很方便。

（四）多型化

它要求新产品有多种规格、多种档次、多种款色，以适应不同场合、不同爱好、不同层次消费者的需求。

（五）健美化、舒适化

它要求新产品有利于健康，能增加美感和舒适度，令人心情愉快。例如，各种健身器材的出现、各种保健食品的上市、各种护肤品的推出等都适应了健美化、舒适化的要求。

（六）节能化

它要求新产品的使用能节约能耗。广泛使用节能产品，对于消费者、企业乃至整个社会而言都是有益的。消费者减少能耗开支，有利于更好地安排生活；企业生产经营活动能耗减少，有利于降低产品成本、降低售价，提升产品的市场竞争力；对整个社会来说，节约能耗可以缓和世界能源紧缺状况，有利于人类社会的发展。

（七）绿色化

它要求企业生产、使用绿色产品。绿色产品是指在生命周期过程中，符合环境保护要求，对生态、环境和人体健康无害或危害小、资源能源消耗少、碳排放低、品质高的产品。随着世界经济的发展，环境污染如大气污染、水源污染等越来越严重。在地球上，人类赖以生存的自然环境在不断遭到破坏，保护环境，控制、减低甚至消除环境污染成为人类的头等大事。生产、使用绿色产品的浪潮正在兴起。世界上倡导保护环境的国际公约越来越多、条款越来越严格。这些均带动了世界绿色产业的兴起。绿色产业也就是环保产业，被称为“朝阳产业”和有希望的“输出产业”，它推动着全球性的产业结构的调整，其未来市场空间相当大。

为求得自身的生存和发展，世界各国的企业正在积极开发绿色产品，抢占绿色市场。我国企业十分重视绿色产品的生产和经营。例如，1992 年中国绿色食品发展中心成立了，促进无污染、安全、优质食品的开发；广州设置了使用免冲水技术的环保厕所；多地建立了无公害蔬菜生产基地等。当今世界，绿色营销在迅速发展。

（八）休闲化、享受化

随着消费者的收入增加，消费者的观念发生了变化，逐步从温饱型向休闲型、享受型转变。这就要求酒店产品的设计应与顾客的需求相适应。例如，餐厅不能对顾客限时，客房装修要舒适、美观等。

四、新产品开发策略

新产品开发是一项风险极大的工作。一项研究发现，超过80%的新产品开发是失败的。为了降低新产品开发的失败率和新产品投资的风险，企业应采取正确的开发策略。

（一）抢先策略

企业利用自己的优势如技术先进、信息灵通、资金雄厚等，果断研究与开发新产品，在竞争者进入市场前迅速将产品投入市场，以便先声夺人，抢先在市场上和消费者的心目中占据有利的位置，在技术上处于领先地位，在竞争中处于有利地位。

（二）跟随策略

当市场上出现畅销的新产品时，企业就应不失时机加以仿制或改进，然后尽快将之投入市场。这种策略的优点是企业不需要长期的、大量的投资来从事应用研究，企业可通过改进新产品的缺陷而获得更大的市场份额。这种策略适用于反应敏锐、应变迅速的企业。

（三）引进策略

引进策略是指将国外或其他地区已成熟的先进技术引入并应用于开发新产品，或直接利用引进的设计资料进行试制。采用这种策略风险小、投资少、见效快，是技术落后地区企业常用的策略。值得注意的是，企业不能总跟在竞争者后盲目照搬，而应在吸收的基础上进行创新。

（四）合作策略

由于新技术的飞速发展，许多产品在原理、技术和生产工艺等方面出现了互相渗透、纵横交叉的特点。由于多数企业尤其是中小企业技术力量有限，因此可以采取横向联合、共同开发的策略。这样既可以集中技术力量和开发资金，又可以分散风险。合作开发的形式有：开发合作型、生产合作型、销售合作型、资金合作型以及人员合作型等。

（五）服务策略

酒店企业产品在市场上的竞争力不仅取决于产品的质量、性能、价格，更在很大程度上取决于销售服务。因此，企业必须重视销售服务工作。

市场营销理论强调服务是产品不可分割的组成部分，销售服务是伴随着产品一起提供给顾客的附加利益。销售服务的目的是使顾客在购买和使用产品的过程中获得极大的效用和满足。产品越复杂，顾客对各种附加服务的依赖性就越强，企业就越需要提供这类服务。对许多产品而言，销售服务绝非可有可无，而是产品的延伸和销售的继续，为全面满足顾客需求提供了保障。例如，顾客无法使用客房的数字电视、网络等，这就说明该酒店缺乏使用说明、维护与使用指导等服务，这样就会使顾客对酒店的数字电视、网络失去兴趣，导致新产品对顾客失去吸引力。独特的服务可以形成产品差异，为企业树立品牌形象和产品形象奠定基础。

五、新产品开发的流程

开发新产品是一项复杂的工作，企业不仅投资大，而且要冒很大的风险。为减少失误，企业开发新产品时必须遵循一定的流程。

（一）新产品的构思

新产品的开发是从寻求构思开始的。新产品构思是为满足某种需求而进行某种创意和设想。一个成功的新产品源于一个有创造性的构思。虽然并不是所有的构思都会变成产品，但寻求尽可能多的构思可以为开发新产品提供较多的机会。

新产品构思的来源很多，企业应集思广益，从多方面寻求新产品的构思。主要的构思来源有：顾客、研发机构、竞争者、推销人员、经销商、企业管理人员、营销咨询公司、广告公司等。根据美国的一项调查，成功的技术革新和新产品中60％～80％来自顾客的建议或顾客使用时提出的改进意见。

（二）筛选构思

筛选构思就是对大量的新产品构思进行评价，研究可行性，选出可行的构思进一步开发，剔除不可行或可行性较低的构思。企业筛选构思时要避免两种失误：一是误舍，即将有希望的新产品构思舍弃；二是误用，即将没有前途的新产品构思付诸开发。无论是误舍还是误用，都会给企业造成重大损失。企业必须从自身实际出发，根据具体情况决定取舍。

企业甄别构思时，一般要考虑两点，即企业战略目标与资源条件。第一，企业要考虑该构思是否与战略目标相适应，如利润目标、销售目标等；第二，企业要考虑是否有能力和条件开发该构思，如资金实力、技术能力等。

（三）产品概念的发展与测试

产品构思是企业从自身角度考虑，希望提供给市场的产品设想。而产品概念是企业从顾客角度对这种构思进行的详细描述。企业应根据顾客的要求，将产品构思转化为能被顾客理解，能用文字、图形或模型予以具体描述的产品概念。

（四）制订营销计划

对已经入选的产品概念，企业需要制订初步的营销计划，并不断地完善该营销计划。该营销计划包括三部分内容：第一，描述目标市场的规模、结构、产品定位、销售量和市场占有率、产品投放市场后开始几年的利润目标等；第二，描述新产品的价格策略、分销策略以及第一年的营销预算；第三，描述预期的长期销售额和目标利润以及不同时期的市场营销组合策略。

（五）商业分析

商业分析的任务是在初步拟定的营销计划的基础上，对新产品从财务角度进行分析，看其是否符合企业目标。具体内容包括两方面：第一，估计销售额；第二，估算成本与利润。

（六）产品开发

产品开发是指在已有技术或研究成果的基础上，通过市场调研、用户需求分析、设计、试制等一系列活动，将新的产品或对现有产品进行改进，以满足市场需求的过程。与前面几个阶段相比，产品开发阶段的投入较多、时间较长。试制出来的产品如果符合下列要求，则被视为在技术和商业上具有可行性：第一，产品具备产品概念中列举的各项属性；第二，在正常使用条件下，产品可以安全地发挥功能；第三，企业能在规定的成本预算范围内生产产品。

（七）市场试销

产品投放市场后，能否受到顾客的欢迎，企业并无把握。因此，企业需要进行市场试销，即将产品投放到有代表性的小范围市场进行销售，观察市场反应，以确定是否将产品正式投放市场。在试销过程中，企业应注意收集有关的销售渠道、广告宣传、价格、产品质量等方面的信息资料，以便为以后的营销决策提供依据。

（八）正式上市

在试销基础上，企业可获取大量的信息资料，决定是否将产品全面推向市场。企业一旦决定大批量投产上市，就需要大量投资，购置设备、原材料并支付推广费用等。

【小训练】请为酒店客房或餐厅设计1～3项新产品。

项目四　策划酒店产品包装与品牌

活动　**酒店品牌设计评价训练**

活动目的：了解学生对品牌概念的理解现状，引导学生正确理解品牌概念。

活动内容与要求：由学生对某酒店的品牌优劣进行评价。学生代表发言，其他同学评价。

结果与检测：能够对品牌概念作比较正确的理解。

提示：说明评价依据，教师及时引导。

一、产品包装概述

（一）包装的含义

包装是实体产品的一个重要组成部分，具有保护和美化产品、方便经营和消费以及促进销售等功能。包装一向受到产品生产者和经营者的高度重视，多数学者将包装视为产品策略的一个重要组成部分。

包装是指为了保护商品质量和数量，便于运输、装卸、储运和销售，采用适当的材料制成与商品相适应的容器，并加以标志和装潢的活动和措施。产品包装一般包括三个层次。

（1）首要包装。首要包装是产品的直接容器，如牙膏皮、啤酒的瓶子等。企业应注意选择环保材质，保证无毒、无害，拒绝白色污染。

（2）次要包装。次要包装的作用是保护产品和促进销售，如牙膏的纸盒。企业应注意次要包装的美观度。

（3）装运包装。装运包装，又称外包装，作用是便于储存、搬运和辨认产品。

除以上三个层次外，标签，即包装上有关产品说明的文字和图画，也属于包装的范畴。

（二）包装的作用

企业做好产品包装工作，对市场营销可以起到以下作用。

1. 保障产品质量，维护产品的使用价值

产品的生产和消费之间存在时间和空间上的分离，产品从生产领域进入消费领域，一般都要经过运输和贮存，即在时间上有一段延续，空间上需要位移。在这一过程中，存在许多影响产品质量的因素，导致产品使用价值降低，而包装在此过程中起着保障产品质量的作用。

2. 盛装产品，使之便于运输、装卸、保管和使用

产品的形态是多种多样的，产品之间存在大小、形状的差别，若无包装，就会给运输、装卸、保管和使用带来许多麻烦。有些产品如气体、饮料、液体针剂等，只有在具有盛装作用的包装物的辅助下，才能保证使用价值。

3. 传递产品信息，宣传和介绍产品

人们通过包装可以了解产品的信息，如内容物的品种、规格、性能、花色、净重、商标、生产企业、出厂日期、有效期以及使用方法等，所有这些都起着传递产品信息、介绍产品的作用。包装往往就是产品说明、购物指南和消费指南。

4. 美化产品，促进销售

精美的包装可以提高产品的售价。产品质量固然重要，包装却给人“先入为主”的

印象，企业在产品包装上下足功夫，可以美化产品，吸引顾客，有利于销售。

（三）包装决策

企业改进产品的包装，要作出一系列的决策。

1. 树立包装观念

树立包装观念，即确定包装的基本要求和主要功能是什么，如对产品提供最佳的保护，介绍产品质量和用法，建立企业和品牌的形象以及吸引顾客、促进销售等。

2. 决定包装设计

企业设计包装时，要以包装的不同要求为依据，确定产品包装是以保护功能为主，还是以促销功能为主。包装设计不仅要与各种要素（色彩、形状、尺寸、分量、材料、图案、文字和商标等）之间保持协调一致，还要与产品定价、促销等其他要素相配合。

包装对促销的重要性是不可忽视的，有人称之为“无声的推销员”。企业设计包装时，要尽量迎合消费者的需求，使消费者产生以下六种感受：

（1）新鲜感。包装应力求新颖别致，不流俗模仿，使人耳目一新。

（2）高贵感。贵重商品或礼品包装应华丽高雅，并与产品价位相适应。

（3）便利感。包装应便于消费者选购和使用，满足不同的消费需求，要有不同的规格和分量。

（4）艺术感。包装设计应力求赏心悦目，给人以美的享受。

（5）直观感。对于挑选性强的产品，企业应使消费者通过包装即可了解花色、款式、质地等特点。

（6）信任感。包装的形状、尺寸等应符合产品的实际，避免消费者产生误解。同时，企业还应在包装上注明产品成分、用法、分量、有效期等。

3. 包装决策要符合社会利益

社会公众对包装主要有四个方面的要求：

（1）包装和标签要符合产品实际。许多国家出台了相关法律法规，以保障企业间的公平竞争以及消费者的权利。

（2）包装成本要节约。有些包装成本比产品本身的成本还高，增加了消费者负担，显然是一种浪费。

（3）包装材料应尽量减少浪费。许多一次性包装材料浪费了大量资源，如不能回收的各种容器。

（4）控制废弃包装物对环境的污染，减少“白色污染”。

过去，我国由于商品经济不发达、包装技术落后、企业忽视包装作用，造成的直接经济损失巨大。近年来，我国企业产品的包装材料和包装技术已有巨大改进，包装问题已受到生产经营者的普遍关注。有关部门应重视并采取相应措施以制止各种虚假包装，维护市场竞争秩序。

（四）包装策略

在国际市场上，产品包装策略主要有以下几种：

1. 类似包装策略

类似包装策略是指一个企业所生产的各种不同产品，在包装上采用相同的图案、色彩或其他共同的特征，使顾客极容易发现是同一家企业的产品。类似包装具有与统一商标相同的好处，即节省包装设计费用，提高企业知名度，有利于介绍新产品等。但是类似包装只适用于相同质量水平的产品，如果产品质量相差悬殊，则优质产品将受到不利影响。

2. 配套包装策略

配套包装策略是指将使用时互相关联的多种商品纳入一个包装容器内同时出售，如洗漱用品组合包装等。企业采用这种包装策略，既便于顾客使用，又扩大了产品销路。

3. 再使用包装策略

再使用包装策略，又称双重用途包装策略，即原包装的商品用完后，空的包装容器可另作其他用途。例如，糖果、饼干的包装盒还可做文具盒、针线盒等。这种包装策略不仅能激发顾客的购买兴趣，而且能发挥促销的作用。

4. 附赠品包装策略

附赠品包装策略是市场上比较流行的包装策略。例如，糖果商品附赠连环画、认字图；许多商品包装内常附有奖券，消费者中奖后可获得不同的奖品；消费者在肯德基购买儿童套餐送儿童玩具等。

5. 改变包装策略

商品包装的改进，正如产品本身的改进一样，对促进销售有重大意义。当企业的某种产品在同类产品中由于质量相近而无法打开销路时，就应注意改进包装设计。当一种产品的包装已采用较长时间时，企业也应考虑变换包装。改变包装策略就是用改变包装的办法达到扩大销售的目的。当然采用这种策略是有条件的，即产品的内在质量必须符合使用要求。如果不具备这个条件，产品的内在质量不好，即使企业在包装上做了显著改进，也无益于销量的增加。

二、产品品牌策略

在市场经济高度发达的现代社会，企业为了获得市场，都在着力塑造、强化自身的品牌形象和产品形象，将企业的各种要素化作一个个视觉符号——商标/品牌标志、一种色彩基调、一句口号、一首歌曲等，通过各种媒介反复地宣传企业美好的形象，从而给消费者造成巨大的冲击力，让消费者熟悉和认识该品牌，促使他们在发生购买行为时产生条件反射。是否拥有知名品牌是企业营销能否成功的关键。

（一）品牌的基本概念

品牌（brand）是指企业为自身及产品设计的用来识别企业的一种名称、术语、标记、符号，或是它们的组合运用。品牌的基本功能是使不同企业之间的同类产品区别开来，不致使竞争者之间的产品发生混淆，从而塑造产品鲜明的个性。品牌是一个笼统的名词，具有广泛的意义。一般来说，品牌包括一组概念，即品牌名称、品牌标志、商标。

1. 品牌名称

品牌名称是指品牌中可用语言表达的部分，如“万豪”“全聚德”“六必居”等。

2. 品牌标志

品牌标志是指品牌中可被识别，但不能用语言表达的部分，包括符号、图案或专门设计的颜色、字体等。例如，“可口可乐”几个英文字母的专门设计图案。

品牌标志的设计要求能体现企业产品的特色，塑造产品的形象，通过视觉传递形成冲击力。一个好的设计是不会随意变动的，因为它在顾客心目中已深深扎根，如“可口可乐”的品牌标志自 20 世纪 50 年代以来延续了相同的风格。

由此可见，新奇独特的品牌标志能给企业带来巨大的经济效益。因此，企业设计品牌标志时一般要做到三点：一是造型美观大方，符合法律和习俗规范，为人们喜闻乐见；二是具有鲜明的特点，最好能反映企业或产品的特色；三是简单醒目，易于识别和记忆。大型企业集团往往会公开征求品牌标志设计方案。

3. 商标

商标（trademark）是指品牌或品牌的一部分，即在政府有关部门注册登记，受法律保护的品牌部分。商标属于法律范畴，受法律保护，有专门的使用权，具有排他性。而品牌是市场概念，不仅是一个易于区分的名称和符号，更是一个综合的象征。注册商标是企业打造品牌的第一步，而商标注册了不等于说品牌就形成了，还需要企业通过长期的经营打造品牌。

在市场经济条件下，商标依知名度的高低和企业信誉的好坏，具有不同的价值，是企业的一项无形资产，商标可以转让。因此，现代企业都十分重视打造名牌商品。

（二）品牌在市场经济中的地位与作用

市场经济体制的建立，无疑将会成为市场进一步繁荣的强大动力，而市场的繁荣必然导致市场竞争的日趋加剧，这种竞争是公平的竞争，是市场经济的特点所在。企业在激烈的市场竞争中要大获全胜，品牌是法宝。品牌在市场经济中的地位十分重要，无论是对营销成效还是对企业的兴衰，都起着决定性作用。

1. 品牌是企业参与市场竞争的基础工程

企业应从商标的确立、品牌的论证这些基础工作做起。企业只有夯实了这个基础，才能考虑发展隶属于该品牌之下的产品；只有确立了强烈的品牌意识，才具备参与市场竞争的基础条件。一个好的产品如果没有品牌，它将永远是一个无名小卒，无法获得更大的发展。

2. 品牌是市场经济竞争中的焦点

随着市场经济的发展，人们的商品观念不断提升，名牌意识日益增强，从衣食住行到日用消费无处不渗透着品牌的魅力。虽然我国企业的品牌创建起步较晚，但是国内的名牌发展较为迅速，如海尔、华为等，这些品牌在消费者心中树立了良好的形象。企业的品牌如果没有知名度，在市场经济中就难以形成自己的竞争优势，这一点应引起企业的重视。

3. 品牌是企业参与市场竞争的前提

有名牌商标者得市场，名牌商标产生于市场，市场是名牌商标形成的摇篮。名牌是企业不断创造出来的，并不是固有的，而创造名牌是一项复杂的系统工程，对于企业来说非常不易。企业只有具备适当的产品包装、先进的生产设施、全面质量保证体系、良好的售后服务、有效的广告宣传、一定时间的培育等条件，才能使产品进入市场后得到消费者的认可，从而赢得市场，为企业的发展奠定基础。企业应该首先打响自己的品牌，然后创建国内名牌、世界名牌，以获得参与市场竞争的优先权。

4. 品牌是企业的无形资产、竞争资本

一家企业注册资金的多寡反映了其经济实力，但是这种财产是有形的，是可以用金钱来计算的，而一个品牌，特别是名牌对企业来说是一笔无法用金钱来衡量的无形资产。无形资产创造的价值在某种意义上大于有形资产所创造的价值。企业若想在市场竞争中取胜，不仅要注重有形资本的积累，更要重视无形资本的积累。

5. 品牌具有超值效应

一个具有较高知名度的名牌产品，不仅能产生较大的社会效益，更能实现巨大的经济效益。一份普通的炒青菜在小饭摊售价只有几元，而在星级饭店售价高达三四十元甚至更高。这就是市场经济的一种表现形式——名牌效应。所以，能够拥有名牌产品，并充分发挥品牌效应，将为企业成功奠定基础。

（三）品牌设计的基本要求

品牌是产品打开市场大门的钥匙，是企业跨出国门的通行证。好的品牌设计必须满足以下基本要求：

1. 品牌名称要便于推广

品牌名称要便于推广，即品牌名称要具有代表性、商品性、持久性、艺术性和简洁性。在品牌推广方面做得最好的企业之一是麦当劳，全世界麦当劳快餐店的装饰基本都是一种风格，只要走进麦当劳，消费者就会强烈地感受到品牌的亲和力和感染力。

2. 品牌设计要相对稳定

品牌一经注册即受到法律保护，品牌所有者就享有专用权，因此企业设计品牌时不能随心所欲、草率行事，而应运用那些不受时间和形势变化影响的名称和图案。企业要对自身进行完整的品牌形象设计。品牌设计要适应企业内外部环境，符合企业的长远发展战略要求，要体现企业良好的形象。

3. 品牌名称不要直接反映商品本身的属性

品牌名称如果直接反映了商品本身的属性，那么品牌就可能具有排他性。例如，饮食安全卫生是对于餐饮企业最基本的要求，假如采用“安全卫生”作为品牌，就不能与其他企业品牌相区别。但是，企业也不能采用与商品毫无关系的名称作为品牌，否则就会产生反作用。例如，“钢铁”牌虾仁等就给人以格格不入的感觉。

4. 品牌设计要注意限制和禁忌

各国法律法规对品牌都有一定的限制和禁忌，因此企业在设计品牌时必须注意。品牌设计禁忌归纳起来有以下几种情况：不能使用国内外重要政治标志和重要国际组织徽标，如国旗、国徽、军旗、勋章等；不能同已注册的商标相混；品牌不能违反各民族风俗习惯中的禁忌等。因此，企业在设计品牌时，要充分了解目标市场的制度、历史、文化、风俗等方面的情况，有意识地采用当地消费者喜爱的吉祥标识，避免采用他人忌讳的或容易产生误解和反感的图案、文字、数字、颜色。例如，欧洲人忌讳“13”这个数字，品牌中就不能出现“13”；日本人忌用荷花，喜欢樱花，因为他们认为荷花不吉利。企业在品牌设计时，应注意以上问题，力争使企业品牌运用的色彩、图案被绝大多数公众接受和认可，进而树立品牌的形象，提高品牌的竞争力。

（四）品牌决策

企业在进行品牌决策时，一般面临以下几种选择：

1. 使用品牌与不使用品牌

产品是否使用品牌，必须根据各种具体产品的特点决定。一般来说，品牌在产品销售中可以起到很好的促销作用，但并非所有的产品都必须使用品牌。对于以下产品，企业可以不使用品牌：第一，未经加工的原料型产品，如棉花、大豆等，这些产品是作为原料供企业加工和使用，无须使用品牌。随着经济的发展和人民生活水平的提高，很多企业将原料型产品加工成小包装，贴牌出售。第二，不会因生产商不同而形成不同特色的产品，如钢材、煤炭等产品。第三，消费者已习惯购买没有品牌的产品。第四，某些生产过程比较简单、选择性不大的产品。第五，临时性一次出售的产品。

除了上述产品外，品牌对大多数产品而言还是必要的。企业通过品牌设计，可以提高企业品牌知名度，有利于塑造产品形象。

2. 制造商的品牌和经销商的品牌

品牌是厂商的制造标记，这是由于产品的设计、质量、特色都是由制造商决定的。

但是，近年来经销商的牌子日益增多。许多大型的百货公司、超级市场、服装商店都使用自己的品牌。例如，盒马自 2017 年起便开始加强自有品牌的开发，推出了盒马日日鲜、盒马工坊等品牌，盒马自有品牌的认知度在零售商中排名前列。很多实力强大的批发商也使用自己的品牌，目的是增强对价格、厂商等方面的控制能力。

酒店企业究竟是使用制造商品牌还是经销商品牌，必须全面地权衡利弊，以作出决策。在制造商具有良好市场声誉、拥有较大市场占有率的条件下，可以多使用制造商品牌。制造商的品牌成为名牌后，使用制造商品牌将更为有利。无力经营自己品牌的中间商，只能接受制造商品牌。相反，在制造商资金能力薄弱、市场营销力量相对不足的条件下，酒店企业可以使用经销商品牌。尤其是那些新进入市场的中小企业，无力使用自己的品牌将产品打入市场，往往借助中间商品牌。如果中间商在某一市场领域中拥有良好的品牌信誉及庞大、完善的销售体系，利用中间商品牌也是有利的，这在国际贸易中比较常见。

3. 群体品牌和个别品牌

群体品牌策略是指企业生产的全部产品都采用统一的品牌，或以一定的品牌为基础，将它与各种相关文字结合，形成一个品牌系列，如“川菜”系列、“粤菜”系列等。典型的群体品牌一般运用在价格和目标市场大致相同的产品上。

采用群体品牌策略有以下优势：

（1）建立企业品牌信誉，可以带动更多产品的销售，并彰显企业的实力，提高企业的威望，在消费者心目中树立更好的企业形象。

（2）有助于新产品进入目标市场，因为已有的品牌信誉有利于消除顾客对新产品的不信任感。

（3）群体品牌包含许多产品，因而企业可以运用各种广告媒介集中宣传一个品牌形象，节约广告费用，收到更好的推销效果。

（4）在群体品牌下的各种产品可以互相声援，增加销量。

但企业采用群体品牌决策是有条件的：

（1）这种品牌必须在市场上已获得一定的信誉。

（2）采用群体品牌的各种产品应具有相同的质量水平。如果各类产品的质量水平不同，使用群体品牌就会影响品牌信誉，特别是有损于质量较高的产品。

个别品牌策略是指一家企业的各种产品分别采用不同的品牌。形式有两种：一是各种产品分别采用不同的品牌；二是各种产品线分别采用不同的品牌。个别品牌策略适用于那些经营产品线多而关联性较小、生产技术条件差异较大的企业。

采用个别品牌策略具有以下优势：

（1）企业不会因某一品牌信誉下降而承担较大的风险。

（2）个别品牌有利于新产品和优质产品的推广。

（3）当新产品在市场上销路不畅时，不致影响原有品牌信誉。

（4）企业可以发展多种产品线和产品项目，开拓更广泛的市场。

个别品牌策略也存在一些不足，主要是增加了产品品牌的设计和促销费用，使企业在竞争中处于不利地位。同时，品牌过于繁多也不利于企业创立名牌。

操作训练

1. 案例分析

分析本模块导入案例“一把剪刀”并讨论：如何理解产品的整体概念？应从哪些方面提高酒店产品质量？

要点提示：（1）产品的整体概念应该从以下几个方面来理解：核心产品、形式产品、附加产品、期望产品、潜在产品。

（2）提升服务质量：通过员工培训，提高服务人员的问题解决能力和关怀意识，如艳霞所展现的专业和细心。

增强响应能力：确保前台和客房服务人员能够迅速响应客人的需求，及时为客人提供帮助。

优化物理设施：提供高质量的客房设施，减少物品损坏或故障的可能性。

个性化服务：根据客人的具体需求提供定制化服务，提升客人的满意度和忠诚度。

持续改进：通过收集客人反馈，不断改进服务流程和产品质量。

安全与舒适：确保客人的安全和舒适，如故事中艳霞小心翼翼地处理客人的衣物，避免造成更多的损坏。

增值服务：提供超出客人期望的服务，如免费的小修小补服务，增加客人的惊喜感。

品牌形象：通过高质量的产品和服务，建立和维护酒店的品牌形象。

2. 团队操作

实训内容：设计酒店产品的整体概念项目。

实训目标：让学生掌握酒店产品的整体概念的基本内容，并应用于实践。

实训组织：成立实训小组，要求3～6人为一组。以小组为单位，利用周末时间来完成实训任务。

实训提示：实训小组可以实际走访当地酒店企业，了解环境特点及消费者需求现状与发展趋势。

实训成果：制作PPT，课堂汇报。

3. 情景模拟

实训内容：学生扮演不同角色，模拟酒店营销活动。

实训目标：让学生体会酒店新开发的服务项目的营销策略。

实训组织：成立实训小组，要求2～3人为一组，学生扮演酒店营销岗位的不同角色与客户角色，现场模拟服务要求与服务过程、事件的处理。其他学生观察，发现问题并讨论。

实训提示：注意观察与分析产品整体概念的设计与合理性。

模块小结

完成本模块，你应该清楚：

1. 产品整体概念是一个复杂的概念，包括核心产品、形式产品、附加产品、期望产品和潜在产品五个层次。产品整体概念的提出对企业营销管理具有重要的意义，为企业指明了获得竞争优势的方向。

2. 产品组合是指一个企业提供给市场的全部产品线和产品项目的组合或搭配。可用四个尺度来描述产品组合：宽度、长度、深度和相关性。这些要素是建立企业产品战略的工具。

3. 产品生命周期是指一种产品从开发、上市，在市场上由弱到强又由盛转衰，直到被市场淘汰的全过程，一般要经历导入期、成长期、成熟期、衰退期四个阶段。不同阶段有不同的特点，企业应采用不同的营销策略。

4. 新产品开发是企业市场营销活动中的基本工作。新产品开发可采取独立研制、技术引进、研制与引进相结合、协作研制等方式进行。完整的产品开发工作包括新产品的构思、筛选构思、产品概念的发展与测试、制订营销计划、商业分析、产品开发、市场试销、正式上市等一系列过程。

5. 品牌是一种名称、术语、标记、符号，或是它们的组合运用，其目的是借以辨认某个销售者或者某销售者群的产品和服务，并使之与竞争者的产品和服务区别开来。品牌对企业和消费者都有重要的意义。品牌已经成为一种重要的无形资产，许多企业的品牌资产已经大于其实际拥有的资产。

6. 包装是指为了保护商品质量和数量，便于运输、装卸、储运和销售，采用适当的材料制成与商品相适应的容器，并加以标志和装潢的活动和措施。包装是产品策略的重要组成部分。它不仅保证了产品的使用价值，而且增加了产品的价值。适当的包装是企业获得市场竞争力的有效手段。

素养园地

素养目标：培养学生具备高度的服务意识和责任感，理解酒店服务行业的特殊性和重要性，致力于为客人提供优质的服务体验。鼓励学生积极拥抱数字化转型，培养创新思维和实践能力，能够在酒店产品与服务的设计中融入新技术和新理念，提升酒店竞争力。

数字化转型背景下酒店产品创新研究

随着互联网、大数据、人工智能等数字化技术的飞速发展，数字化转型已成为各行各业转型升级的关键动力，尤其是在服务行业，这一变革正以前所未有的速度和规模展开。酒店业作为服务行业的重要组成部分，其发展模式和经营理念亦受到深刻影响。此外，消费者对酒店产品的需求越来越多元化、个性化。在此背景下，酒店企业亟须进行产品创新，以满足市场需求，提高竞争力。

数字化转型背景下酒店企业进行产品创新的关键因素包括以下几个方面：

（1）客户需求。在数字化时代，客户对酒店产品的需求更加多样化、个性化。酒店企业需通过大数据和人工智能技术来深入了解客户需求，从而设计出更符合客户期望的创新产品。

（2）技术创新。随着数字化技术的不断进步，酒店产品创新获得了前所未有的发展机遇。酒店企业应积极引入先进的科技手段，如物联网、虚拟现实技术、区块链等，将这些技术应用于酒店产品和服务中，提升客户体验。

（3）数据驱动。数字化转型使酒店企业积累了大量的客户数据和运营数据，酒店企业可以充分挖掘这些数据为产品创新提供有力支持，以提高创新的成功率。此外，大数据技术还可以帮助企业更好地理解客户需求，从而制定更加精准的产品创新策略。例如，通过分析客户的预订习惯、入住时长、消费习惯等信息，酒店企业可以推出更加符合客户需求的产品和服务。

（4）跨界合作。酒店企业可以与其他行业企业展开合作，引入不同领域的优秀资源和理念，共同研发创新产品。

（5）敏捷开发。在数字化转型背景下，酒店企业需采用敏捷开发的方式进行产品创新，通过快速迭代、持续优化，使产品更加贴合市场需求，提高市场竞争力。

（6）人才培养。酒店企业应重视数字化人才的培养和引进，提高员工的专业技能和创新能力。培养一支具备数字化思维和技能的团队，有助于企业更好地进行产品创新。

（7）用户体验。在数字化转型背景下，酒店企业进行产品创新时，应将焦点放在客户体验上。例如，智能化客房设备的应用可以提供更加便捷的服务，从而提高客户满意度。同时，酒店企业应通过提高员工的专业技能、增强服务意识，确保客人在酒店内每一时刻都能得到无微不至的关怀。

（8）品牌建设。在数字化时代，酒店企业需要强化品牌建设，通过创新产品提升品牌形象和知名度。具有特色的酒店产品有助于树立品牌优势，吸引更多客户。

（9）安全风险。酒店企业应加强信息安全防护，确保客户数据和酒店运营安全，做好加密、权限、备份和员工培训等工作，以保证数据安全。

（10）品牌定位与市场策略。酒店企业的产品创新应符合品牌定位和市场策略。由于不同类型的酒店在市场上有着不同的目标客户群体和品牌定位，因此酒店企业在进行产品创新时，需考虑自身的品牌特色和市场定位，推出符合市场需求的产品和服务。

资料来源：纪亮．数字化转型背景下酒店产品创新研究［J］．商展经济，2024（18）.

问题：酒店企业在产品创新过程中应如何注重客户体验？

分析提示：

（1）酒店企业应深入了解目标客户的需求和偏好。通过市场调研、客户反馈和数据分析等手段，酒店企业可以准确把握客户的期望，从而设计出更符合客户需求的创新产品。

(2) 酒店企业应注重提升服务的便捷性和个性化。通过引入智能化技术，如自助入住、智能客房控制等，酒店企业可以为客户提供更加便捷的服务体验。同时，酒店企业还可以根据客户的喜好和历史记录，提供个性化的服务和推荐，如定制化的餐饮菜单、专属的休闲活动等。

(3) 酒店企业应关注客户在入住过程中的每一个细节。从客房的清洁度、舒适度到餐厅的菜品质量、服务态度，每一个细节都可能影响客户的体验。因此，酒店企业应加强对员工的培训和管理，确保他们能够提供优质的服务。

(4) 酒店企业应积极收集客户的反馈和建议，以便不断优化和改进产品。通过建立有效的客户反馈机制，酒店企业可以及时了解客户的需求变化和市场趋势，从而调整产品创新策略，确保产品始终符合市场需求。

思考练习

1. 如何理解产品整体概念?
2. 什么是产品生命周期? 它与产品使用寿命有何不同?
3. 简述新产品的类型及新产品开发过程。
4. 简述品牌的作用及品牌设计的基本要求。

模块七 酒店产品合理定价

学习目标

- 认知影响酒店产品定价的因素，掌握定价方法
- 能制定合理的酒店产品定价策略
- 能适时、正确地调整产品定价
- 正确选择定价方法与策略，为酒店产品合理定价

导入案例

酒店菜品价格差异化

某市区知名酒店对本酒店的某一菜品采取了新式定价策略。根据顾客在过去的两年时间中在该酒店消费额度的大小，将顾客分成了金卡顾客、银卡顾客和铜卡顾客三类，对于同一个菜品，给予三类顾客的售价有8%左右的折扣差异。几个月试行下来发现效果很好，三类顾客的消费额都有明显增加。

项目一 掌握产品定价方法

在商品经济条件下，价格是实现商品流通的重要因素。价格是商品价值的货币表现，是商品的交换价值。通过某一价格水平，企业希望能达到目标收益，而顾客则希望以一定量的货币支付获得该产品的最大效用。价格的变动对买卖双方都会产生作用。一方面，价格变动会影响消费者的需求和购买行为；另一方面，价格变动会对产品的销量及利润产生直接的影响。市场营销学中的定价不同于经济学中的定价。经济学中的定价是一门科学、一种技术；而市场营销学中的定价则是一门艺术、一种技巧。企业应选择恰当的定价策略与定价方法，着重研究产品进入市场、占领市场、开拓市场的具体价格。

活动　产品定价训练

活动目的：了解学生对产品定价的认识现状，引导学生正确理解影响定价的因素。

活动内容与要求：预习影响定价的基本因素，分组讨论“影响某一酒店新特色产品的定价因素”，并尝试合理定价。小组代表集中发言，其他同学做补充。

结果与检测：能够对影响定价的因素进行比较正确的理解。

提示：注意市场营销学中的定价与经济学中的定价的区别，教师及时引导。

一、影响企业产品定价的因素

价格是产品价值的货币表现形式。从市场角度来看，价格是可以随时随地根据需求而变动的。当企业开发出一种新产品，购买到一种新产品，或者在新的地域销售产品时，都会出现定价问题。企业定价时必须以消费者能否接受为出发点。价格是决定企业盈利状况的重要因素，但绝不是唯一的决定性因素。由于企业制定适当的价格是为了促进销售、获取利润，因此企业在定价时，既要考虑对成本的补偿，又要考虑消费者对价格的承受能力，从而使定价具有买卖双方决策的特征。

价格既是市场营销组合中的活跃因素，也是难以有效控制的因素。在激烈的市场竞争中，企业定价时必须充分考虑各种影响因素，科学定价，从而确保营销活动的成功。影响企业定价的因素既包括企业内部因素，如产品成本、企业定价目标等；也包括企业外部因素，如市场供求、市场状况等市场因素。以下主要介绍产品成本、市场状况和企业定价目标。

（一）产品成本

成本是产品定价的基础。定价大于成本，企业就能获得利润；反之，企业则会亏本。产品定价必须补偿成本，这是保证企业生存和发展的基本条件。

总成本是由固定成本和变动成本所组成的。固定成本是不随产量变化而变化的成本，变动成本是随产量变化而变化的成本。

例如，菜单成本有个别成本和社会成本之分。个别成本是指单个企业生产某一产品时所耗费的实际费用；社会成本是指产业内部不同企业生产同种产品所耗费的平均成本，即社会必要劳动时间。综上设计的菜单成本包括食物成本、人事成本、营业费用成本、营业税金、财务费用、合理利润等。

案例分析

超额的预算

在北京某四星级饭店宴会厅的雅间“爱丁堡”值台的服务员是实习生晓莉。有一天中午，雅达玻璃厂的刘厂长在“爱丁堡”厅宴请几位客人，晓莉热情地接待了客人，并客气地告诉刘厂长小宴会厅的最低消费标准，刘厂长说：“没问题，就按最低消费标准点菜吧。”晓莉送上菜谱，客人开始点菜。点完菜后，刘厂长问晓莉菜品的总额，晓莉忙用计算器计算，总额是1 034元，离最低消费标准还差近500元。于是，晓莉就推荐了一份龙虾，客人也同意了。客人就餐完毕，晓莉去收银台取账单，收银员一算共计1 900多元，晓莉大吃一惊，“怎么多了400元”？收银员又逐笔再核算，“没错，是1 900多元”。原来晓莉忘记计算应收的15%的服务费了。

分析：

晓莉错在哪里？

要点提示：（1）未提前告知客人会收取服务费：晓莉在向客人推荐菜品时，没有提前告知客人会收取15%的服务费。这导致最终账单与客人预期的金额有较大出入。（2）计算失误：在计算菜品总额时，晓莉没有将服务费计算在内，导致她给刘厂长的菜品总额与实际账单不符。（3）沟通不足：晓莉在推荐龙虾时，可能没有充分沟通，确保客人了解增加这道菜品的目的不仅是达到最低消费标准，还要考虑服务费的额外成本。（4）缺乏经验：作为实习生，晓莉可能缺乏处理宴会账单和沟通服务费用的经验，这导致她在服务过程中出现了疏漏。（5）服务流程不规范：酒店可能没有明确的服务流程或培训，确保服务员在服务过程中能够清晰地向客人说明所有费用，包括服务费。

（二）市场状况

1. 市场商品供求状况

供求影响价格，价格调节供求，这是价格的运动形式，是商品价值规律、供求规律的必然要求。商品价格与市场供应成正比，与市场需求成反比。在其他因素不变的情况下，商品供应量随价格的上升而增加，随价格的下降而减少；而商品需求量随价格的上升而减少，随价格的下降而增加。

2. 商品需求特性

首先，对于某段时间较流行或者消费者对品质具有较高要求的商品，价格并非消费者的主要考虑因素。

其次，购买频率大的日用品有较高的存货周转率，适宜薄利多销；反之，存货周转率低或易损、易腐商品则需要有较高的毛利率。

3. 价格弹性

企业降低无价格弹性的商品价格，对商品销量的影响并不大。而企业调整需求弹性大的商品的价格，会引起市场需求的变化。

4. 市场竞争状况

市场竞争越激烈，对价格的影响就越大，企业定价在一定程度上受竞争者的制约，企业缺乏自主权。因此，企业除经营国家规定的实行统一价格的商品外，对于其他商品的定价，都应考虑竞争者的价格情况。

5. 政府

政府对价格决策的影响主要体现在相关机构制定的各种法律法规上，这些法律法规有助于规范价格行为，禁止价格垄断，稳定市场价格总水平。

（三）企业定价目标

企业定价目标是企业对其生产或经营的产品制定价格时有意识地要求达到的目的和标准。定价目标是企业定价的指导思想，选择何种定价目标，必须服从企业的整体战略目标。不同的企业可以选择不同的定价目标，同一企业在不同时期、不同条件下，也可以选择不同的定价目标。

1. 以获取利润为定价目标

获取利润是企业从事生产经营活动的基本目标。该定价目标可直接反映企业的基本经营目标。具体可分为三种情况：

（1）以获取最大利润为目标。最大利润是指企业在一定时期内所可能获得的最高盈利总额。企业以获取最大利润为目标，即企业意图在一定时期内通过合理价格促进销售规模的扩大以获得尽量多的利润。企业采用该目标，既可能表现为短期内的高价形式，也可能表现为追求长期利润最大化的价格形式，这是很多企业采用的定价目标。但需注意，这一目标是以良好的市场环境为前提的。当企业及其生产的产品在市场上享有较高的声誉、在竞争中处于有利地位时，企业追求利润最大化是可行的。但由于市场供求和竞争状况等发生变化，任何企业都不可能永远保持绝对优势，因此在实际应用时会受到各种因素的制约，有远见的企业经营者会将该目标作为长期追求。

（2）以获得一定的投资收益率为目标。这种定价目标旨在使企业在一定时期内能够收回投资并能获得预期的投资报酬。企业采用该目标，并不追求一时高利，而是获取一定时期的稳定收入。不同企业可根据产品销售、资金占用、收支状况确定不同的投资收益率，然后计算出单位产品的利润额，与相应的单位产品成本税金之和即可作为销售价格。企业以获得一定的投资收益率为目标，必须具备以下条件：企业在同行业中占据主导地位，能够掌握市场需求情况，并能基本上控制本企业的市场份额。另外，投资收益率要适当。

（3）以获取合理利润为目标。这种定价目标是指企业为避免不必要的价格竞争，以适中、稳定的价格获得平均利润，是企业为了减少风险或由于力量不足而无法参与竞争时，在与同行业利润水平相一致的利润点上来获取平均利润作为定价目标。广大中小企业的商品定价大多参照大企业定价。

2. 以提高市场占有率为定价目标

市场占有率是一家企业经营状况和产品在市场上竞争力的直接反映。较高的市场占有率可以保证企业产品的销路，便于企业掌握消费需求的变化，易于形成企业长期控制市场和价格的能力，有利于企业利润的稳步增长。

企业采取提高市场占有率的定价目标，通常的做法有以下两种：

（1）定价由低到高，即在保证质量和降低成本的基础上，企业入市产品的价格低于主要竞争者的价格，以低价争取消费者，打开销路，挤占市场，待占领市场后通过增加产品的某些功能或提高产品质量等措施逐步提高商品价格，旨在维持一定市场占有率的同时获取更多的利润。

（2）定价由高到低，即对一些竞争尚不激烈的产品，在入市时的价格定得高于竞争者的价格，待竞争激烈时，企业逐步调低价格，扩大销售，提高市场占有率。

无论哪种做法，企业多采用低价吸引消费者。这一目标较前类目标有很大的优越性，既提高了产品的影响力，又增加了总利润。但企业在选择这一目标时要注意它的限制条件：商品的销量随价格的下降而大幅增加，即商品需求弹性系数大于1；企业具有扩大商品供应量的潜在能力，产品生产量的增加能使单位成本在一定时期内不断降低。

3. 以应对和防止竞争为定价目标

企业对竞争者的价格十分敏感，企业应制定适当的价格以应对竞争或避免竞争的冲击，这是企业定价的重要目标。这种定价主要是针对竞争者的。当面对来自竞争者的威胁时，企业应以对市场价格有决定作用的竞争者的价格为基础来制定企业的产品价格，或与竞争者的产品价格保持一致，或稍有变化，以求得自身的生存和发展。采用这种定价目标，企业必须经常广泛地收集资料，及时、准确地把握竞争者的定价情况，并根据竞争者的情况和自身条件采取相应对策。

一般有四种决策可供企业选择：

（1）实力较弱的企业可采用与竞争者相同或略低的价格出售产品。

（2）实力较强的企业若想获得较大的市场占有率，可适当以低于竞争者的价格出售产品。

（3）实力雄厚并拥有特殊技术性产品或能为消费者提供更多服务的企业，可采用高于竞争者的价格出售产品。

（4）为了防止其他竞争者加入同类产品的竞争行列，在一定条件下，企业可采用低价入市的办法，迫使一些竞争者因无利可图而退出或阻止新竞争者进入市场。

4. 以树立和维护企业形象为定价目标

良好的企业形象既是企业在经营中创造的无形资产，也是企业经过长期努力后在消费者中拥有的声望和地位，是取得消费者信赖的结果。采用这一定价目标，企业应考虑价格水平是否与目标消费者的期望相一致，注意商品价格与质量的互相匹配，使人感到货真价实。企业在采用该目标的过程中应注意，不仅要以物美价廉著称、以稳定价格见长或以质优价高取胜，而且要遵守社会规范和职业道德，切忌贪图一时的蝇头小利而损害消费者的利益，自毁形象。

上述定价目标并不是孤立存在的，而是互相联系、相互影响的，某一目标的实现在不同程度上会促使其他目标的实现。因而企业在实际运用时，既要全盘考虑，又要有所侧重。企业应充分考虑影响定价的内外部条件，将企业经营目标与其他目标（如产品渠道、广告等）协调起来，并区分主要目标与次要目标、长期目标与短期目标、直接目标与间接目标，从中选择切合实际的定价目标。

二、企业定价的程序和方法

（一）企业定价程序

1. 选择定价目标

企业营销目标不同，定价目标也就不同。不同的企业可以有不同的定价目标，同一企业在不同时期、不同条件下也会有不同的定价目标。因此，企业在选择定价目标时，应权衡各种定价目标的因素和利弊，慎重地加以选择和确定。

2. 估算成本

一是变动成本。变动成本是指在一定范围内随产品销量变化而成正比变化的成本，如产品进价、进货费用、储存费用、销售费用等。变动成本包括变动成本总额和单位变动成本。

二是固定成本。固定成本包括固定成本总额和单位固定成本。前者是指在一定范围内不随产品销量变化而变化的成本，如固定资产折旧费、管理费等；后者是指产品所包含的固定成本的平均分摊额，即固定成本总额与总销量之比，它随销量增加而减少。

总成本即变动成本和固定成本之和。当销量为零时，总成本等于未营业时产生的固定成本。平均成本是指总成本与总销量之比，即单位产品的平均成本费用。酒店企业获利的前提条件是价格不能低于平均成本。

3. 测定需求价格弹性

一般情况下，价格与需求成反比：价格上升，需求减少；价格下降，需求增加。这是供求规律的客观反映。

需求价格弹性，简称需求弹性，是指因价格变动而引起的需求的相应变动率，反映了需求变动对价格变动的敏感程度，用需求弹性系数 E_p 表示，计算公式为：

$$E_p = 需求变动百分比/价格变动百分比$$

$E_p=1$，反映出需求量与价格等比例变化。这类产品价格的上升（或下降）会引起需求量等比例地减少（或增加），因此，价格变化对销售收入影响不大。

$E_p>1$，反映出需求量的相应变化大于价格自身变化。这类产品价格的上升（或下降）会引起需求量较大幅度的减少（或增加）。企业对这类产品定价时，应通过适当降低价格、薄利多销而达到增加盈利的目的。企业提高产品价格时应谨慎，以防需求量发生锐减，影响企业效益。

$E_p<1$，反映出需求量的相应变化小于价格自身变化。这类产品价格的上升（或下降）仅会引起需求量较小程度的减少（或增加）。企业对这类产品定价时应注意，较高水平的价格往往会增加盈利，低价对需求量刺激效果不强，薄利并不能多销，反而会降低企业收入水平。

需求价格弹性的强弱主要取决于以下影响因素：

（1）产品的需求程度。需求价格弹性与产品需求程度成反比，生活必需品的需求程度高于一般商品，因而价格变化对其需求数量的影响小；反之，一般产品需求量与价格的相关程度则较大。

（2）产品的替代性。需求价格弹性与产品替代性成正比。如果一种产品替代性强，其价格增高会引起消费需求向其他替代产品转移，反之亦然。

（3）竞争者的价格。企业产品的最高价格取决于产品的市场需求量，最低价格取决于产品的单位成本。在最高和最低价格幅度内，企业能将产品的价格水平定得多高，取决于竞争者的同种产品价格水平的高低。

此外，企业定价程序还包括选择定价方法和定价策略，了解国家有关物价的政策法规，以及最终确定营销价格。

（二）企业定价方法

企业定价方法是指企业在特定的定价目标指导下，依据对影响产品价格形成的各因素的具体研究，运用价格决策理论对产品价格进行测算的具体方法。

1. 成本导向定价法

成本导向定价法是一种主要以成本为依据的定价方法，包括成本加成定价法、目标收益定价法、边际成本定价法、盈亏平衡定价法等几种具体的定价方法。

成本导向定价法的优点是：计算简便，价格能保证补偿全部成本。缺点是：定价所依据的成本是个别成本，而不是社会成本或行业成本。

（1）成本加成定价法。成本加成定价法是指按照单位成本加上一定百分比的加成来制定产品销售价格。加成就是一定比率的利润。计算公式为：

单位产品价格＝单位产品总成本×(1＋成本加成率)

【例 7.1】浙江工贸淘宝基地与上海诶易信息科技有限公司（以下简称诶易公司）的自主品牌进行线上营销合作，对于某款布鞋，该公司提供给淘宝基地的价格为每双 35 元，要求淘宝线上商品的成本加成率不低于 20%。请问：淘宝基地的最低售价为每双多少元?

解：产品单价＝成本×(1＋成本加成率)＝35×(1＋20%)＝35×1.2＝42（元）

（2）目标收益定价法。目标收益定价法，又称投资收益定价法，是指根据企业的总成本或投资总额、预期销量和目标收益额来确定价格的一种定价方法。计算公式为：

单位产品价格＝(总成本＋目标收益额)÷预期销量

【例 7.2】承上例，对于某款具有特色的软布鞋，诶易公司给淘宝基地的价格为每双 35 元，淘宝基地建设线上销售平台及管理费用为 5 万元，诶易公司要求淘宝基地项目组在保证销售 2 000 双的前提下盈利 5 000 元。请问：该商品的零售价为多少元?

解：完全成本＝固定总成本＋单位可变成本×销量＝50 000＋35×2 000＝120 000（元）

产品单价＝(完全成本＋预期利润)÷产品销量＝(120 000＋5 000)÷2 000
＝62.5（元）

（3）边际成本定价法。边际成本定价法，又称边际贡献定价法，是指仅计算可变成本，略去固定成本，而以预期的边际贡献补偿固定成本并获得收益。边际贡献是指企业增加某种产品的销售所获得的收入减去边际成本的数值。如果边际贡献不足以补偿固定成本，则出现亏损。计算公式为：

单位产品价格＝单位产品变动成本＋单位产品边际贡献

（4）盈亏平衡定价法。盈亏平衡定价法是指企业按照生产某种产品的总成本和销售收入维持平衡的原则，制定产品保本价格的一种方法。计算公式为：

单位产品价格＝固定总成本÷销量＋单位变动成本

【小训练】 某企业投入固定成本 200 000 元，单位变动成本为 15 元，预计销售量为 50 000 件。

1. 若企业以保本为定价目标，保本价格为多少？

2. 若企业目标利润为 100 000 元，定价为多少？

3. 若企业 50 000 件商品售完后，市场开始疲软，下期销量预计仅为 30 000 件。现有人最高报价 16 元，订货 10 000 件，可否接此订单？

4. 若国家规定此类产品的成本加成率不得超过 30%，最高定价是多少？

分析提示：

1. 根据单位产品保本价格＝固定成本总额/预计销售量＋单位产品变动成本＝200 000/50 000＋15＝19（元）。

2. 销售价格＝目标利润/预计销售量＋单位产品保本价格＝100 000/50 000＋19＝21（元）。

3. 经测算，再订货 10 000 件的保本价格为 18.33 元，而报价最高只有 16 元，因此，完成该订单企业得到的利润是：16×10 000－18.33×10 000＝－23 300 元，所以，企业不该接受此订单。

4. 最高定价＝(1＋0.3)×19＝24.7（元/件）。

2. 需求导向定价法

需求导向定价法是依据买方对产品价值的理解和需求来制定价格的方法。具体方法有：

（1）认知价值定价法。认知价值，又称感受价值、理解价值，是指企业以消费者对产品价值的感受和理解度来确定价格。例如，在香港市场上，一件英国名牌衬衫售价为 500 港元，港产名牌衬衫售价约为 150 港元，而普通品牌衬衣则卖几十港元。

（2）需求差异定价法。需求差异定价法是指企业根据消费者对同种产品的不同需求强度，制定不同的价格。需求差异定价法的方式有：以消费者为基础的差别定价、以地点为基础的差别定价、以时间为基础的差别定价、以产品为基础的差别定价。

（3）逆向定价法。逆向定价法是指企业依据消费者能够接受的最终产品销售价格，计算自己的经营成本和利润后，逆向推算出产品的批发价格和零售价格。计算公式为：

产品出厂价格＝市场零售价格×(1－批零价格)×(1－进销差率)

3. 竞争导向定价法

竞争导向定价法是企业以应付或防止竞争为定价目标，以市场上竞争者的价格作为制定企业同类产品价格主要依据的方法。具体方法有：

（1）随行就市定价法。随行就市定价法，即将本企业某产品价格保持在市场同类产品平均价格水平上获得平均报酬的定价法。

（2）竞争价格定价法。竞争价格定价法，即根据本企业产品的实际情况及与竞争者产品的差异状况来确定价格的方法。

（3）投标竞争定价法。投标竞争定价法，即在投标交易中，投标方根据招标方的规定和要求进行报价的方法。投标竞争定价法一般有密封投标和公开投标两种形式。

项目二 制定酒店产品定价策略

定价策略是指企业在特定情况下，依据企业既定的定价目标所采取的定价方针和价格对策。

活动　产品定价策略选择训练

活动目的：培养学生对产品定价策略的选择意识，引导学生正确选择定价策略。

活动内容与要求：预习产品定价策略，分组讨论“某酒店开发的某种新特色产品需要应用什么定价策略”。小组代表集中发言，其他同学做补充。

结果与检测：能够根据产品生命周期、产品特点、竞争环境等合理选择定价策略。

提示：注意根据不同情况选择不同策略，教师及时引导。

一、新产品定价策略

与其他产品相比，新产品具有竞争程度低、技术领先等优点，企业可以采取高价策略，但同时会有不被消费者认同和产品成本高的缺点，因此企业在为新产品定价时，还要综合考虑消费者的接受能力、消费心理、企业利润的回收等因素，根据具体情况合理选择定价策略。

（一）撇脂定价策略

撇脂定价是指在产品上市初期，企业将价格定得较高，以便在较短的时间内获得最大的利润。

撇脂定价策略有以下优点：有利于树立企业名牌产品的形象，有利于企业掌控调价的主动权，缓解产品供不应求的状况等。

撇脂定价策略也存在以下缺点：

（1）高价产品的需求规模毕竟有限，过高的价格既不利于企业市场开拓、增加销量，也不利于企业占领和稳定市场，容易导致新产品市场开发失败。

(2) 高价高利会导致竞争者的大量涌入。仿制品、替代品迅速出现，从而迫使价格急剧下降。此时若无其他有效策略相配合，企业产品的高价优质形象可能会受到损害，导致企业失去一部分消费者。

(3) 价格远远高于价值。在某种程度上这一策略损害了消费者利益，容易招致公众的反对和抵制，甚至会被监管部门当作暴利行为加以取缔，引发企业的公关危机。

(二) 渗透定价策略

这是与撇脂定价相反的一种定价策略，即在新产品上市之初企业将产品价格定得较低，从而吸引大量的消费者，迅速扩大市场占有率。企业采用渗透定价策略的前提条件是：新产品的需求价格弹性较大，新产品存在规模经济效益。例如，日本精工手表在具备这两个条件的基础上采用渗透定价策略，以低价在国际市场与瑞士手表角逐，最终夺取了瑞士手表的部分市场份额。

(三) 满意定价策略

满意定价策略是指企业既不是采用高价格来获取高额利润，也不是采用低价格来制约竞争者进而占领市场，而是采用适中价格，基本上能够做到供求双方都比较满意。

二、折扣定价策略

企业为了鼓励消费者及早付清货款、大量购买、淡季购买，可以酌情降低产品价格，这种价格调整叫作价格折扣。折扣定价的形式包括以下几种。

(1) 数量折扣。数量折扣是指按消费者购买数量的多少，企业分别给予不同的折扣。

(2) 现金折扣。现金折扣是指企业对在规定的时间内提前付款或用现金付款的消费者所给予的一种价格折扣。

(3) 商业折扣。商业折扣，又称功能折扣，是指企业根据中间商的不同类型和不同分销渠道所提供的服务不同，给予不同的折扣。

(4) 季节折扣。季节折扣，又称季节差价，是指企业给那些购买季节性强的商品或服务的顾客的一种减价，使企业的生产和销售在一年四季保持相对稳定。

(5) 价格折让。这是另一种类型的价目表价格的减价，折让的形式有回收折让、免费服务折让、促销折让。

三、地区定价策略

(1) 统一交货定价。统一交货定价是指企业对于卖给不同地区消费者的某种产品，不论远近都实行统一价格。

(2) 分区定价。分区定价是指企业将全国（或某些地区）市场划分为若干个价格区，对于不同价格区销售的产品，分别制定不同的地区价格。

（3）基点定价。有些企业会选定某些城市作为基点，然后按一定的出厂价加上从基点城市到消费者所在地的运费来定价，而无论产品实际上是从哪个城市起运的。

（4）运费免收定价。运费免收定价是指企业替买主负责全部或部分运费的定价策略。企业采用运费免收定价策略，主要是为了加强与购买者的联系或开拓市场，从而通过扩大销量来补偿运费开支。运费免收定价有助于增强企业的市场渗透能力，提升企业市场竞争力。

四、心理定价策略

（1）整数定价。整数定价是指以整数的形式确定产品的价格，给消费者以优质优价的感觉。

（2）尾数定价。尾数定价，又称奇数定价、非整数定价，是指以零头数结尾的定价形式。以奇数或人们喜欢的数字结尾，在直观上给消费者一种价格低廉和企业经过认真的成本核算才定价的感觉，从而使消费者对企业产品及定价产生信任感。

（3）声望定价。这是根据产品在消费者心中的声望、信任度和社会地位来确定价格的一种定价策略。声望定价可以满足某些消费者的特殊欲望，如地位、身份、财富、名望和自我形象等。

（4）招徕定价。招徕定价是指将某几种产品价格定得非常高或者非常低，激发消费者的好奇心理和观望行为，以此带动其他商品的销售。

（5）习惯定价。一些产品，尤其是消费者经常购买、使用的日用消费品，已经在消费者心目中形成一种习惯性的价格标准。企业对于这一类产品的价格不应轻易更改，以免引起消费者不满。

五、差别定价策略

差别定价，又称价格歧视，是指企业按照两种或两种以上不反映成本费用的比例差异的价格来销售某种产品或服务。这种差别定价不表明产品成本的不同或其他差异，而是根据不同的顾客、不同的时间、不同的场合来确定不同的价格。

（1）差别定价的主要形式。差别定价的主要形式包括顾客差别定价、产品形式差别定价、销售时间差别定价等。

（2）差别定价的适用条件。

1）产品市场必须是可以细分的，而且各个子市场需表现出不同的需求程度；

2）以较低价格购买某种产品的消费者不可能以较高价格将这种产品倒卖出去；

3）竞争者不可能在企业以较高价格销售产品的市场上以低价竞销；

4）细分市场和控制市场的成本费用不得超过因实行价格歧视而得到的额外收入，即不能得不偿失；

5）价格歧视不会引起消费者反感而使其放弃购买，影响销量；

6）采取的价格歧视形式不能违法。

六、产品组合定价策略

（1）产品线定价。产品线定价是指企业就同一系列产品的不同规格、型号和质量，按照相近原则，将之划分为若干个档次，对于不同档次制定不同的价格。

（2）选择产品定价。许多企业在提供主要产品的同时，还会提供与主要产品密切相关，但又可独立使用的产品，这种产品称为“选择产品”。选择产品定价有两种主要策略：一是企业将选择产品的价格定得较高，使其成为企业盈利的一个来源；二是企业将选择产品价格定得较低或免费提供，以吸引消费者购买。

（3）补充产品（附属产品）定价。如果一种产品的销售会促进另一种产品的销售，则这两种产品互为补充产品。企业通常情况下会对主要产品制定较低的价格，而为附属产品制定较高的价格。

（4）两段定价。在服务业中，两段定价法是经常采用的方法，即企业先收取一定的固定费用，在此基础上加收一定的可变费用。

（5）副产品定价。在生产加工肉类、石油产品和其他化工产品的过程中，经常会产生副产品。如果副产品价值很低，处理费用较高，就会影响主要产品的定价。企业制定的主要产品价格必须能够弥补副产品的处理费用。如果副产品对某一消费者群体而言具有价值，能带来收入，主要产品的价格在必要的时候可制定得低一些，以提高企业产品的竞争力。

（6）产品系列定价。企业可以将相关产品组合在一起，制定比分别购买更低的价格，进行一揽子销售。

【小训练】请列举一些你认为科学的定价方法的实例。

分析提示：

（1）成本加成定价法实例：一家制造商计算出生产一台电视机的成本（包括材料、人工、设备折旧等），然后在此基础上加上预期的利润率（如 20%），得出电视机的最终售价。

（2）竞争导向定价法实例：一家新开的咖啡店在定价时，会调查周边其他咖啡店的饮品价格，并据此设定自己的价格，以确保既能吸引顾客又能保证利润。

（3）价值导向定价法实例：高端汽车品牌可能会根据车辆的豪华程度、性能、品牌声誉等因素来设定价格，因为这些因素共同构成了顾客对车辆价值的认知。

（4）需求导向定价法实例：在旅游旺季，酒店可能会提高房间价格，因为此时需求较高；而在淡季，为了吸引顾客，酒店可能会降低价格。

（5）两段定价法实例：健身房通常会收取会员费，然后在此基础上对私教课程或特殊设施使用收取额外费用。

项目三 企业产品价格的调整策略

一、企业产品调价策略

（一）调高价格

（1）调高价格的原因。调高价格的原因有很多，通常主要有以下三个：产品成本提高、产品供不应求、产品税率的变化。

（2）调高价格的方法。调高价格的方法有明调和暗调：明调即企业公开涨价；暗调则是企业通过取消折扣、在产品线中增加高价产品、实行服务收费、减少产品不必要的功能等手段来实现，这种办法十分隐蔽，几乎不露痕迹。

（二）调低价格

调低价格的原因主要有以下几个：

（1）产品供过于求，生产能力过剩；

（2）市场竞争激烈，产品市场占有率下降；

（3）企业生产成本下降，希望扩大市场份额；

（4）企业转产，原有产品清仓处理；

（5）企业在新产品上市之前，需要及时清理积压库存产品。

二、消费者对企业产品调价的反应及企业对策

（一）消费者对企业降价的反应及企业对策

消费者对企业降价作出的反应是多种多样的。

积极的反应是：消费者认为企业生产成本降低，或者企业让利于消费者。

消极的反应是：该产品是过时的产品，很快会被新产品代替；该产品存在某些缺陷；该产品出现了供过于求；企业资金周转出现困难，可能难以经营下去；该产品的价格还将继续下跌。

企业的对策：

（1）降价有名目，给消费者传递降价能降低消费成本的信息，如利用周年庆典、店面装修、节日等时机降价。

（2）暗降价格，不直接降价，而是通过企业承担广告费、运费等方式让消费者体会

降价的实惠。

（3）采取会员折扣、会员减免价格等方式回馈老客户。

企业采取这些策略既达到了降价目的，又留住了顾客。

（二）消费者对企业提价的反应及企业对策

当企业提价时，消费者也会作出各种反应。

积极的反应是：该产品质量提高，价格自然提高；该产品畅销，供不应求，因此企业提高了售价，而且价格可能继续上升，不及时购买就可能买不到；该产品正在流行等。

消极的反应是：消费者认为企业想通过产品提价来获取更多的利润。消费者还可能作出对企业无害的反应，如认为提价是通货膨胀的自然结果。

企业的对策：

（1）产品升级提价。企业应避免无理由提价，产品提价一般是与产品升级换代或性能改良相关的。

（2）加大宣传力度，使顾客认为企业产品质量好、价格自然提高。

（3）积极参与公益活动，提高企业及产品知名度，实施品牌营销策略。

三、竞争者对企业产品调价的反应及企业对策

在产品质量相同的市场上，竞争者对企业调价的反应也是很重要的。

（1）当产品供不应求时，竞争者一般都会追随企业的产品提价而提价，所有企业的产品都能够在较高的价位上进行销售。即使有个别企业不提价，也不会影响本企业产品的销售。

（2）当企业由于通货膨胀导致成本上升时，只要有一个竞争者因为能在企业内部全部或部分地消化增加的成本，或者认为提价不会得到好处，因而不提价或提价幅度较小，那么本企业贸然提价，将影响产品销量，最终不得不降价。当某企业产品降价，而竞争者的产品不降价时，该企业的产品销量就会上升，市场占有率也会提高。当然，竞争者也可能采取非价格的手段来应对企业产品降价。但更多的情况是，竞争者会追随企业进行产品降价，市场又进入新一轮的产品价格竞争。

四、企业对竞争者产品调价的反应及对策

（一）研究竞争者调价的相关信息

对竞争者的研究主要包括：竞争者变动价格的目的是什么；竞争者是想扩大市场份额还是因为成本变化；竞争者的价格变动是长期的，还是暂时的；其他竞争者对此会作出什么反应；本企业对竞争者的调价作出反应后，竞争者和其他企业又会采取什么措施；等等。

（二）企业的对策

（1）维持原来的价格。这是在竞争者降价幅度较小时采用的方法。多数企业认为，

跟随竞争者降价会减少利润，而保持价格不变，并不会损失过多的市场份额。

（2）维持原价并采用非价格手段进行反攻。这是在竞争者降价幅度较大时采用的方法。例如，企业改进产品和服务质量。一般而言，价格维持不变，而增加给顾客的利益比降价更有竞争力。

（3）追随产品降价。这种方法一般是当企业认为市场对价格非常敏感时采用。如果企业不降价，将会导致市场份额大幅下降，影响企业以后的市场竞争和生产经营活动，损害企业的长远利益，而企业要恢复原有的市场份额将会付出更大的代价。企业降价的幅度要能使销量的增加足以维持企业原有的利润。

（4）进行产品提价并开发新品牌来围攻竞争者的降价品牌。这将降低竞争者降价品牌的市场定位，提升企业原有的品牌定位，也是一种有效的价格竞争手段。

（5）推出更廉价的产品进行竞争。企业可以在市场占有率下滑时，在对价格很敏感的细分市场上采取这种策略。

〖思考与讨论〗

以酒店为例，分析面对竞争者提价企业的应对策略。

分析提示：

（1）维持原价策略。当竞争者提价幅度较小时，酒店可以选择维持原价。这通常基于酒店对自身品牌和服务的自信，认为顾客对价格的敏感度不高，且降价可能会损害品牌形象和利润。在此策略下，酒店可以通过加强顾客服务、改善顾客体验、加强品牌宣传等方式来巩固和扩大市场份额。

（2）维持原价并采用非价格手段进行反攻。当竞争者提价幅度较大时，酒店可以选择维持原价，但增加非价格竞争手段。例如，酒店改善客房设施、增加餐饮种类并改进质量、提供个性化服务等。通过这些措施，酒店可以在不降价的情况下，提高顾客的满意度和忠诚度，从而保持或提升市场份额。

（3）追随降价策略。如果酒店认为市场对价格非常敏感，且竞争者的提价可能导致大量顾客流失，那么酒店可以选择追随降价。在降价时，酒店需要谨慎评估降价幅度，确保降价后的销量增加能够弥补降价带来的利润损失，并维持企业的正常运营。

（4）提价并开发新品牌策略。酒店可以选择提价，并同时开发新的酒店品牌来围攻竞争者的降价策略。新品牌可以定位在更高的价格区间，以吸引对价格不太敏感的高端顾客。通过这种策略，酒店可以提升品牌形象和市场定位，同时保持原有的市场份额和利润水平。

（5）推出更廉价的产品或服务进行竞争。在市场占有率下滑时，酒店可以考虑推出更廉价的产品或服务来吸引对价格敏感的顾客。例如，酒店可以推出经济型客房、特价餐饮套餐等，以满足不同顾客群体的需求。通过这种策略，酒店可以扩大市场份额，增加顾客流量，从而提升整体利润水平。

操作训练

1. 案例分析

分析本模块导入案例“酒店菜品价格差异化”并讨论：这家酒店采用的是何种价格策略？选择的依据是什么？

要点提示：该酒店并没有直接改变菜品的基础价格，而是基于顾客的历史消费记录（金卡、银卡、铜卡分类）给予了不同的折扣。这可以看作是在维持原价的基础上，通过非价格手段（即差异化折扣）来吸引和保留顾客。虽然这种策略不是直接针对竞争者的提价行为，但它确实是一种在不降价的情况下提高顾客满意度和忠诚度的有效方法。与改进产品和服务质量类似，差异化折扣也是一种提升顾客感知价值的方式。

2. 团队操作

实训内容：了解当地某一酒店企业的新菜品定价、某菜品的价格调整。

实训目标：让学生初步了解酒店菜品的定价方法、定价策略、价格调整。

实训组织：成立实训小组，要求 3～6 人为一组。以小组为单位，在两周内利用周末时间完成实训任务。

实训提示：实训小组既可以实地走访某家酒店企业，也可以通过二手资料了解有关信息。

实训成果：制作 PPT，课堂汇报。

3. 情景模拟

实训内容：学生扮演不同角色，模拟酒店定价或价格调整过程。

实训目标：让学生体会酒店定价或价格调整的方法及策略。

实训组织：成立实训小组，要求 2～3 人为一组，学生扮演酒店营销岗位的不同角色与客户角色，现场模拟酒店定价或价格调整的过程。其他学生观察，发现问题并讨论。

模块小结

完成本模块，你应该清楚：

1. 在商品经济条件下，价格是实现商品流通的重要因素。价格是商品价值的货币表现，是商品的交换价值。通过某一价格水平，企业希望能实现目标收益，而顾客则希望以一定量的货币支付获得该商品的最大效用。

2. 价格的变动对买卖双方都会产生作用。一方面，价格的变动会影响消费者的需求和购买行为；另一方面，价格的变动会对产品的销量和利润产生直接的影响。

3. 企业应选择恰当的定价策略与定价方法，着重研究产品进入市场、占领市场、开拓市场的具体应变价格。

素养园地

素养目标： 树立对酒店行业的热爱与尊重，认识到酒店在促进旅游经济发展、提升城市形象和文化交流中的重要作用。教育学生了解酒店行业的发展趋势，包括连锁化、品牌化、绿色消费等，以及这些趋势如何影响酒店业的未来发展。

在春潮涌动中复苏发展

——专家解读《2022 中国饭店业务统计》

据介绍，《2022 中国饭店业务统计》（以下简称《统计》）由中国旅游饭店业协会与浩华管理顾问公司联合发布，是对国内1 500 多家旅游饭店进行调查后得出的统计数据。随着酒店行业逐步进入存量竞争时代，业界都在思索，酒店该如何在春潮涌动中激发出新的力量。

● 回首过去：客房收入现滞涨

相关数据显示，过去 10 年，全国 65 个核心城市酒店供给总量中，中档以上的客房量出现大幅增长，尤其是近年来，增长速度更快。2019 年末，中档及以上的酒店客房数为 393 万间，到 2022 年末，客房数已超过 500 万间。与此同时，酒店供给结构也发生了变化，中档酒店占比从 2013 年的 29%上升至 2022 年末的 47%。在品牌发展方面，2017 年，中档及以上的连锁酒店品牌数共 359 个，到 2022 年增长至 581 个。2022 年，酒店品牌的层级结构呈均衡发展状态，34%为中档品牌，中高档和高档品牌分别占比 24%和 25%，超高档及以上品牌占比 16%。“整个市场的层级结构逐步向金字塔形态靠拢，中档酒店进入黄金发展周期。”浩华管理顾问公司执行董事戴雪英说。

与此同时，酒店市场中档及以上酒店品牌的连锁化率稳步提升，从 2013 年的 26%提升至 2022 年的 40%，呈现出积极增长的态势。“2022 年，奢华、超高档酒店的连锁化率均超过 90%，而中高档酒店市场非连锁酒店客房数占比则高达 81%，这说明中高端酒店市场在品牌渗透率和连锁化率方面有较大的提升空间。”戴雪英说。但酒店的总体收入情况却不尽如人意。《统计》显示，过去 10 年，酒店每间可供出租客房总收入出现滞涨，五星级饭店平均每间可供出租客房总收入 2012 年为 34 万元，2019 年下降至 32 万元，2021 年降到 23 万元，四星级和三星级饭店也有明显下降。

● 关注当下：复苏重建是关键

当前，国内旅游市场复苏前景良好，2023 年春节假期旅游人次恢复至 2019 年的 90%，旅游收入恢复至七成左右。根据《中国入境旅游发展年度报告（2022—2023）》，2023 年入境旅游接待规模预计将超过 2 000 万人次。而酒店作为旅游行业中的重要一环，在整个行业的复苏中表现得也比较抢眼。

根据相关数据，酒店翻新改造物业签约占比提升显著，2012 年签约酒店物业中存量物业改造仅占比 3%，而 2022 年则高达 15%。“相信占比还会进一步提升。在存量市场中，改造项目会越来越多，包括换牌、改造提升后的再次续约等。在 2022 年酒店品牌变更中，翻牌占比为 19%，冠牌占比为 28%，摘牌占比为 53%。酒店品牌的更迭速度也在加快。值得一提的是，二线城市由于城市数量众多、酒店供给基数大、市场投资活跃度高，品牌变更的数量占比最高，达变更总量的 63%。一线城市凭借着高市场价值和大投资基数，占据较多的品牌变更酒店数量，占比为15%。如今很多酒店管理公司都开始把注意力放在存量市场，尝试保住现有项目的品牌，或是把别家品牌换成自己的品牌，再或者把非连锁品牌转变为连锁化经营等，未来存量市场的品牌变更会更加活跃。”戴雪英说。

● 展望未来：产品运营齐发力

从运营角度来说，可以加大科技赋能，通过互联网和数字化技术的应用压缩酒店运营成本，让客人感受到酒店产品的高性价比。戴雪英分析，强化收益管理也很重要。当前，休闲旅游的需求逐步释放，休闲客人也越来越多，热门节假日酒店是可以创造“房价天花板”的，而这就需要酒店经营者具备强大的收益管理能力，提前做好市场研判和库存管理。收益管理的定价策略可以按小时、分钟进行设计，随时根据渠道和客源的变化进行调整。

树立平台化思维，拓宽思路，将空间活化运用也是酒店实现突破的关键。“酒店是可以承载各种新业态、新思维的‘平台’，酒店空间可以逐步实现内容扩充，为客人提供更多独特的回忆和体验。酒店还要注重品牌策略的实施，努力实现从硬品牌到软品牌、从酒店品牌到目的地品牌以及从借用品牌到自创品牌的转变，彰显酒店的个性和理念。做好当下，未来定会收获美好的结果。”戴雪英说。

资料来源：唐伯侬. 在春潮涌动中复苏发展［N］. 中国旅游报，2023-04-20.

问题：未来酒店业如何实现突破和持续发展？

分析提示：未来酒店业要实现突破和持续发展，可以从以下几个方面入手：一是加大科技赋能，通过互联网和数字化技术的应用压缩运营成本，提升服务效率和质量；二是树立平台化思维，拓宽思路，将酒店空间活化运用，承载更多新业态和新思维；三是注重品牌策略的实施，努力实现从硬品牌到软品牌、从酒店品牌到目的地品牌以及从借用品牌到自创品牌的转变；四是强化收益管理，提前做好市场研判和库存管理，根据市场需求灵活调整定价策略。通过这些措施，酒店可以不断提升自身竞争力，实现持续发展。

思考练习

1. 酒店企业定价的依据是什么？
2. 简述影响酒店产品定价的因素。
3. 酒店企业如何将定价策略与其他营销组合策略相配合？
4. 酒店企业面对竞争时应如何应对？

模块八 设计酒店产品分销渠道

学习目标

- 认知酒店分销渠道的基本模式
- 掌握酒店中间商的类型
- 掌握酒店分销渠道策略的运用
- 培养对中间商的选择能力
- 培养分销渠道的设计与管理能力

导入案例

高明的促销

几位客人到杭州某酒店内的精品店购物，径直走到茶叶专柜，看了看标价，便议论道："这里的东西太贵了，我们还是去外面买吧。"这时，服务员走上前，关切地说："先生们，去外面买茶叶一定要去大型商场，因为市场上以次充好的茶叶很多，普通人是很难辨别的。"客人立即止步问道："哪家商场比较好，茶叶又应如何进行选择呢？"于是，服务员既耐心地向客人讲解茶叶等级的区分，如何用看、闻、尝等几种简易的方法区分茶叶的好坏，又介绍了本商场特级龙井的特点，其价格虽略高于市场，但对游客来说，买得称心、买得放心是最重要的。几位客人听了服务员的介绍，都爽快地买了几盒茶叶，双方顺利达成了交易。

资料来源：佚名．旅游购物心理案例［EB/OL］．（2023－03－25）［2024－12－11］．360文档中心．

项目一　酒店产品分销渠道的构成

分销渠道是市场营销组合策略中的四个基本要素之一。如果产品是企业的立身之本，分销渠道网络则是企业的生存之本。建立一个有效的分销渠道网络，是企业在激烈的市场竞争中脱颖而出，并持续、稳定发展的关键因素之一。研究分销渠道策略的目的在于：酒店企业通过产品销售网络的建设与管理，采取有效的渠道竞争策略，将商品适时、适地、方便、经济地提供给消费者，实现企业的经营目标。

活动　酒店企业分销渠道调查

活动目的： 了解学生对渠道的理解现状，引导学生正确理解渠道。

活动内容与要求： 分组对酒店企业进行调查，讨论对酒店分销渠道的理解。小组代表集中发言，其他同学做补充。

结果与检测： 能够对酒店分销渠道进行比较正确的理解。

提示： 注意时代性、立足点，教师及时引导。

一、分销渠道的定义、功能与流程

（一）分销渠道的定义

产品分销渠道是指产品的所有权和实体从生产领域流转到消费领域所经过的通道。它是科学地组织产品或服务从生产者向消费者转移时，取得这种产品或服务的所有权或帮助转移其所有权的所有企业和个人。生产企业和消费者分别处于分销渠道的两端，作为产品或服务的提供者和接受者。

过去，我国企业并不重视渠道的作用，直到国外的公司进入我国市场，直销、特许经营、总代理等模式开始发挥作用，我国企业才开始意识到分销渠道的重要性。目前，一场革命正在发生，这就是渠道革命，无论是规模宏大的大型企业，还是规模很小的小型企业，都自觉不自觉地卷入了这场革命。在这场渠道革命中，生产企业纷纷对自己的渠道策略进行调整，重组新的分销渠道。

（二）分销渠道的功能

分销渠道是对产品从生产者转移到消费者所必须完成的工作加以组织，其目的在于消除产品与使用者之间的差距。分销渠道的主要功能有以下几种：

（1）研究，即收集制订计划和进行交换时所必需的信息；

（2）促销，即进行关于所供应的产品的说服性沟通；

（3）接洽，即寻找可能的购买者并与其进行沟通；

（4）配合，即确保所供应的产品符合购买者的需要，包括制造、装配、包装等活动；

（5）谈判，即为了转移所供产品的所有权，而就价格及有关条件达成最后协议；

（6）实体分销，即从事产品的运输、储存；

（7）融资，即为补偿渠道工作的成本费用而对资金的取得与支用；

（8）风险承担，即承担与从事渠道工作有关的全部风险。

〖思考与讨论〗

1. 为什么分销渠道的竞争会成为企业间主要的竞争领域?

2. 为什么说制造商与中间商在渠道上的合作意味着在利益关系上的重新洗牌?

分析提示：

1. 原因在于：(1) 市场竞争加剧：随着市场的不断扩大和竞争的日益激烈，企业需要寻找更有效的途径来提高产品的销量和市场占有率。分销渠道是连接企业和消费者的桥梁，企业对分销渠道的优化成为企业提升竞争力的关键。(2) 消费者需求的多样化和个性化：消费者需求的多样化和个性化要求企业能够提供更加灵活和便捷的分销渠道，以满足不同消费者的需求。因此，分销渠道的多样性和创新性成为企业竞争的重要方面。(3) 渠道成本控制：分销渠道的成本占据了企业销售成本的很大一部分，企业需要通过不断优化分销渠道来控制成本，提高利润率。在成本控制方面，分销渠道的效率和创新性成为企业竞争的关键。(4) 渠道管理难度：分销渠道的管理难度大，需要企业投入大量的人力、物力和财力来管理和维护。因此，企业需要通过不断优化分销渠道来提高管理效率和降低管理成本，这也是分销渠道竞争成为主要竞争领域的原因之一。

2. 原因在于：(1) 合作关系的转变：制造商与中间商之间的合作关系通常是基于利益的。在合作过程中，双方需要共同投入资源、分担风险并分享收益。这种合作关系的转变意味着双方需要在利益上进行重新分配和协商，以达到互利共赢的目标。

(2) 利益共同体的形成：制造商与中间商结成利益共同体，共同致力于提高市场营销网络的运行效率。这种合作关系的建立可以消除双方为追求各自利益而造成的冲突，提高整体运营效率和市场竞争力。然而，这种合作也意味着双方在利益关系上的重新洗牌，需要重新确定各自的权益和责任。

(3) 优势互补与资源共享：制造商与中间商在渠道合作中可以发挥各自的优势，实现优势互补与资源共享。这种合作可以降低双方的成本、提高运营效率并拓展市场份额。然而，这也可能导致双方在利益关系上的重新调整，以适应新的合作模式和市场需求。

（三）分销渠道的流程

营销是将产品和劳务从生产商转移到消费者，能够同时满足生产商、消费者以及中间商的需求。为了使这一转移过程能够有效完成，在销售渠道中，通常有五大流程发生，即实体流程（见图 8-1）、所有权流程（见图 8-2）、付款流程（见图 8-3）、信息流程（见图 8-4）及促销流程（见图 8-5）。

实体流程是指实体原料及成品从制造商（又称生产商）转移到最终顾客的过程。所有权流程是指产品所有权从一个市场营销机构到另一个市场营销机构、最终到顾客的转移过程。付款流程是指货款在各市场营销中间机构之间的流动过程。信息流程是指在市场分销渠道中，各市场营销中间机构相互传递信息的过程。促销流程是指一方运用广告、人员推销、公共关系、促销促进等活动对另一方施加影响的过程。

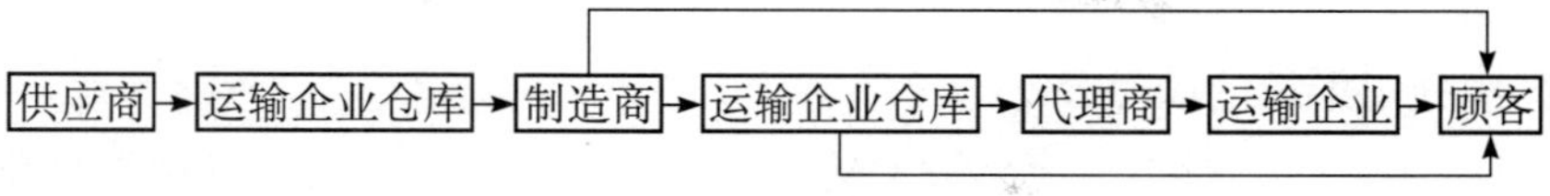

图 8-1　实体流程图

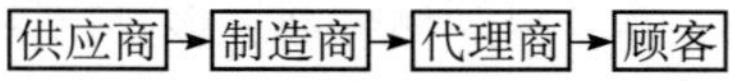

图 8-2　所有权流程图

图 8-3　付款流程图

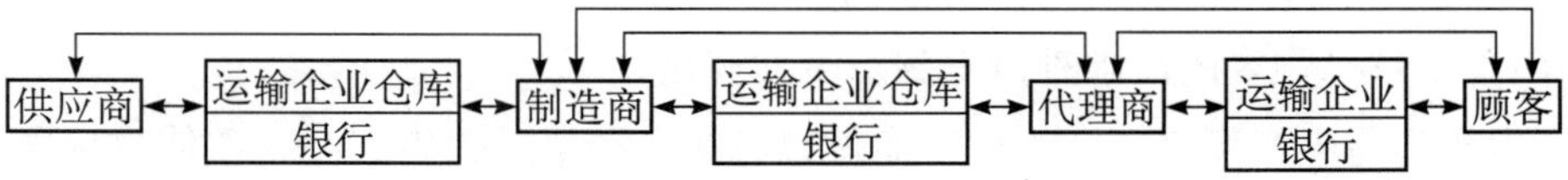

图 8-4　信息流程图

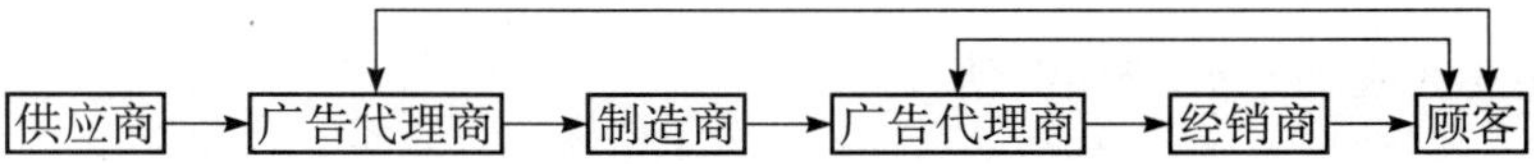

图 8-5　促销流程图

二、分销渠道的类型

（一）按渠道中有无中间商划分

1. 直接分销渠道

直接分销渠道是指生产商（即制造商）不通过中间商环节，直接将产品销售给消费者。直接分销渠道是服务机构及工业品分销的主要渠道。

（1）直接分销渠道的优点：

1）有利于产、需双方沟通信息，生产商可以按需生产，更好地满足目标顾客的需要。由于是面对面的销售，顾客可更好地掌握产品的性能、特点和使用方法；生产商能直接了解顾客的需求、购买特点，进而了解竞争者的优势和劣势及营销环境的变化，为按需生产创造条件。

2）有利于降低产品在流通过程中的损耗。由于去掉了产品流转的中间环节，因此减少了销售损失，加快了产品的流转速度。

3）有利于购销双方在营销方式上保持相对稳定。一般来说，按直接分销渠道进行商品交换，交换的数量、时间、价格、质量、服务等都按合同规定履行，购销双方的关系以法律的形式在一定时期内固定下来，使双方将精力用于其他方面的战略性谋划。

4）有利于在销售过程中直接进行促销。企业直接分销产品，有利于企业有针对性地开展促销活动。

（2）直接分销渠道的缺点：

1）目标顾客方面。对于绝大多数生活资料产品而言，顾客购买呈现小型化、多样化和重复性的特点。生产商仅凭自己的力量广设销售网点往往力不从心，甚至事与愿违，很难使产品在短期内广泛分销、迅速占领或巩固市场。目标顾客的需求得不到及时满足，他们势必转而购买其他生产商的产品，这就意味着企业会失去目标顾客和市场。

2）协作伙伴方面。商业企业在销售方面比生产企业的经验丰富，这些中间商最了解顾客的需求和购买习惯，在产品流转中起着不可缺少的桥梁作用。而生产商自销产品，需要自己进行市场调查，并承担人、财、物等费用，这样会加重生产商的工作负荷，分散生产商的精力。如果生产商失去了中间商在销售方面的协作，产品价值的实现就会变得更加困难，目标顾客的需求难以得到及时的满足。

3）生产商与生产商之间。当生产商仅以直接分销渠道销售产品，致使目标顾客的需求得不到及时满足时，同行生产商就可能趁势而进入目标市场，夺走目标顾客和商业协作伙伴。在生产性团体市场中，企业的目标顾客常常是购买本企业产品的生产性用户，他们又往往是本企业专业化协作的伙伴。

2. 间接分销渠道

间接分销渠道是指生产商利用中间商将商品供应给目标顾客，中间商介入交换活动。间接分销渠道的典型形式是：生产商→批发商→零售商→最终使用者。如何利用间接渠道使自己的产品广泛分销，已成为现代企业进行市场营销时所研究的重要课题之一。

（1）间接分销渠道的优点：

1）有利于产品广泛分销。中间商在产品流转的起点同生产商相连，在终点与消费者相连，从而有利于调节生产与消费在品种、数量、时间与空间等方面的矛盾。这样既有利于满足目标顾客的需求，也有利于实现企业产品的价值，更能使产品得以广泛地分销，巩固企业已有的目标市场，扩大新的市场。

2）有利于缓解生产商人、财、物等力量的不足。中间商购买了生产商的产品并交付了款项，促使生产商提前实现了产品的价值，开始新的资金循环和生产过程。此外，中间商不仅承担了销售过程中的仓储、运输等费用，而且承担了其他方面的人力和物力开支，这就弥补了生产商营销力量的不足。

3）有利于进行间接促销。消费者往往是货比多家后才购买产品，而一位中间商通常经销众多厂家的同类产品，中间商对同类产品的不同介绍和宣传对产品的销售影响较大。实力较强的中间商能支付一定的宣传广告费用，具有一定的售后服务能力。所以，生产商若能与中间商达成良好的协作关系，就可以促进产品的销售，并从中间商那里及时获取市场信息。

4）有利于企业之间的专业化协作。企业只有广泛地进行专业化协作，才能更好地迎接新技术、新材料的挑战，经受住市场的严峻考验，从而大批量、高效率地生产满足市场需求的产品。

（2）间接分销渠道的缺点：

1）可能形成“需求滞后差”。中间商购买了产品，并不意味着产品就从中间商手中销售出去了，有可能导致销售受阻。

2）可能加重消费者的负担，导致消费者的抵触情绪。

3）不利于直接沟通信息。

（二）按渠道长短划分

分销渠道的长短一般是按照流通环节的多少来划分的，具体包括以下四个层次：

（1）零级渠道（又称直接渠道、直销），即制造商→消费者。

（2）一级渠道，即制造商→零售商→消费者。

（3）二级渠道，即制造商→批发商→零售商→消费者，或制造商→代理商→零售商→消费者。

（4）三级渠道，即制造商→代理商→批发商→零售商→消费者。

可见，零级渠道最短。

长渠道是指产品分销过程中经过两个或两个以上的中间环节；短渠道是指企业仅采用一个中间环节或直接销售产品。两种渠道各有利弊，企业必须认真分析和选择。

长渠道的优点：渠道长、分布密，能有效覆盖市场，从而扩大产品销售范围和规模。

长渠道的缺点：销售环节多，流通费用会相应增加，使产品价格提高，价格策略选择余地变小；信息反馈慢且失真率高，不利于企业正确作出决策；需要更好地协调渠道成员间的关系。

短渠道的优点：减少流通环节，节约流通费用，缩短流通时间；信息反馈迅速、准确；有利于开展销售服务工作，提高企业信誉；有利于密切生产商与中间商及消费者的关系。

短渠道的缺点：难以向市场大范围扩张，市场覆盖面较小；渠道分担风险的能力下降，增加了生产商的风险。

（三）按渠道宽窄划分

渠道的宽窄取决于渠道的每个环节中使用同类型中间商数目的多少。企业使用的同类中间商较多，产品在市场上的分销面较广，称为宽渠道。企业使用的同类中间商较少，分销渠道较窄，称为窄渠道。企业使用宽渠道，能将商品转卖给更多的零售商，能大量接触消费者，大批量地销售产品。

三、中间商

中间商是指处于生产商和消费者之间，参与产品交易活动，促进买卖行为发生和实现的，具有法人资格的经济组织或个人，如批发商和零售商。

（一）批发商

1. 批发商的作用

如果购买的目的是向其他商品经营单位转售，或者向生产商提供设备和生产资料，而不是为了销售给最终消费者，那么这样的经营单位就是批发商。批发商处于商品流通的起点和中间阶段，交易对象是生产商和零售商。一方面，批发商向生产商购进商品；另一方面，批发商向零售商批销商品，并且是按批发价格经营大宗商品。批发商的业务活动结束后，产品仍处于流通领域，并不直接服务于最终消费者。批发商是产品流通的大动脉，是关键性的环节，是连接生产商和零售商的枢纽，是调节商品供求的蓄水池，是沟通产需的重要桥梁，对生产商改善经营管理及提高经济效益、满足市场需求、稳定市场具有重要作用。

（1）批发商专门从事市场产品流通业务，将生产商的供给与零售商的需求结合在一起。它充当了生产商推销中心和零售商采购中心的角色，减少了众多的买主与卖主各自频繁交易的次数，节省了流通费用，提高了产品的成交率。

（2）独立批发商采购产品后，通过分类、分等、分割，使各个生产商生产的各类商品分配成零售商所需要的商品，供应给零售商，以满足消费者多样化的需求。这一职能对于中小零售商来讲尤为重要，可满足他们勤进快销、进货品种杂且数量少、加快资金周转的需求。

（3）批发商将来自生产商和零售商（代表消费者）的购销信息汇集在一起，成为沟通信息的中枢。这样扩大了产品质量、价格等方面的可比性，提高了市场的透明度，从而减少了生产商、零售商因盲目推销、采购所造成的巨大损失。

（4）独立批发商通过仓储、运输等业务，调节不同时间、不同地区的供求。这种调节生产与消费之间客观上存在的时间和空间矛盾的作用，被称为时间效用和空间效用。

此外，批发商还具有多种服务功能，包括帮助生产商扩大宣传、提高产品声誉、引导消费需求；协助零售商，为其提供支援和商业信用等资金融通的服务；为生产商提供产品开发、竞争趋势等信息。

2. 批发商的类型

批发商主要有三种类型，即商人批发商、经纪人和代理商、制造商的分销机构和销售办事处以及零售商的采购办事处。

（1）商人批发商。商人批发商，又称独立批发商，是指自己进货，取得产品所有权后再批发出售的商业企业。商人批发商是批发商的主要类型。商人批发商按职能和提供的服务是否完全可以分为两种类型：完全服务批发商和有限服务批发商。

（2）经纪人和代理商。经纪人和代理商是从事购买、销售或二者兼有，但不取得商品所有权的商业单位。与商人批发商不同的是，他们对其经营的产品没有所有权，所提供的服务比有限服务批发商还少，主要职能在于促成产品的交易，借此赚取佣金作为报酬。与商人批发商相似的是，他们通常专注于某些产品种类或顾客群。

经纪人和代理商主要有以下几种：

一是产品经纪人。产品经纪人的主要作用是为买卖双方牵线搭桥，协助双方进行谈判，成交后向雇用方收取一定的费用。产品经纪人不备有存货，不参与融资，也不承担买卖风险。

二是制造商代理。制造商代理，又称制造商代表，制造商代理代表两个或若干个产品线种类互补的制造商，分别和每个制造商签订有关定价政策、销售区域、订单处理程序、送货服务、各种保证以及佣金比例等方面的正式书面合同。

三是销售代理商。销售代理商是在签订合同的基础上，为委托人销售某些特定产品或全部产品，对价格条款及其他交易条件可全权处理的代理商。

尽管销售代理商与制造商代理一样，与许多制造商签订长期代理合同，替这些制造商代销产品，但两者有显著不同。两者的不同表现为：第一，每一个制造商只能使用一个销售代理商，制造商将其全部销售工作委托给某一个销售代理商后，不得再委托其他代理商代销产品，也不得再雇用推销员推销产品；而每一个制造商可以同时使用几个制造商代理，制造商可以设置自己的推销机构。第二，销售代理商通常替委托人代销全部产品，没有销售地区限定，在规定销售价格和其他销售条件方面有较大的话语权；制造商代理则要按照委托人规定的销售价格或价格幅度及其他销售条件，在一定地区内替委托人代销一部分或全部产品。所以，销售代理商实际上就是委托人的独家全权销售代理人。

四是采购代理商。采购代理商一般与委托人有长期关系，代委托人采购、收货、验货、储运。由于采购代理商消息灵通，因此可以向委托人提供有价值的市场信息，而且能以最低价买到最好的货物。

五是佣金商。佣金商，又称佣金行，是指对委托销售的产品实体具有控制力并参与产品销售谈判的代理商。

（3）制造商的分销机构和销售办事处以及零售商的采购办事处。制造商的分销机构和销售办事处以及零售商的采购办事处属于卖方或买方自营批发业务的内部组织。制造商的分销机构执行产品储存、销售、送货以及销售服务等职能。制造商的销售办事处主要从事产品销售业务，没有仓储设施和产品库存。制造商设置分销机构和销售办事处，目的在于改进存货控制、销售和促销业务。许多零售商在大城市设立采购办事处，这些办事处的作用与经纪人和代理商相似。

（二）零售商

1. 零售商的作用

如果购买目的是向最终消费者出售，而不是向其他产品经营单位转售，这样的产品经营单位就是零售商。从零售商在分销渠道中所处的地位来看，其一头联结生产商或批发商，另一头联结消费者。零售商既是推销系统中数量最多的组织，又是产品流通过程中的最后一个中间商环节。因此，零售商在整个分销渠道中具有举足轻重的作用。对于制造商和批发商来说，零售商既是营销者，又是顾客。零售商既要从事众多的营销活动，如买进、卖出、分级整理、承担风险，又要收集有关顾客需求的信息，为制造商和批发商服务。对于消费者而言，零售商通过提供使消费者满意的各种产品，能创造时间效用、空间效用和所有权效用。零售商通过库存，在消费者需要时随时供给，创造出时间效用；将产品从制造商或批发商那里转移到需求地点，创造出空间效用；通过所有权承担风险和库存占用的资金，创造出所有权效用。

由于零售商直接面向广大消费者，能够经常灵活地向消费者供应在数量、质量、价格、花色、品种、规格等方面适销对路的产品，能够灵活地适应不同消费者多变的需求，因此零售商的种类繁多、经营方式变化快，构成了多样的、动态的零售分销系统。

2. 零售商的类型

（1）商店零售商。商店零售商主要有以下几种类型：

一是百货商店。百货商店的经营特色是经营的产品组合广而深。百货商店将每一条产品线都作为一个独立部门实施专业化管理，规模一般较大。百货商店大多设在城市繁华地段和郊区购物中心，店内装饰富丽堂皇，橱窗陈列琳琅满目。百货商店经营的商品主要是优质、时髦、高档的名牌商品，商品售价也高于一般的超级市场，目标顾客是中产及中产以上阶层。百货商店通常采用传统的售货方式，每个商品柜台都有若干服饰整洁、彬彬有礼、主动热情的营业员为顾客介绍商品，解答问题，取拿、包装商品。百货商店为顾客提供一系列服务，包括分期付款、送货到家等。有的百货商店还设有餐厅、茶室、儿童游乐场所、休息室等。现在，由于百货商店之间的激烈竞争，以及来自其他零售商的挑战，加上城市商业中心区域交通拥挤等问题，百货商店的发展速度明显放慢。目前，许多百货商店正在采取设立分店、改变经营方式和加强服务等措施，以求获得更大发展。

二是专业商店。专业商店是专门经营某一类或几类专业性商品的商店。专业商店的产品线比较窄，但是产品的规格、样式、品种齐全，一般以经营的主要商品类别为店名招牌。

三是超级市场。被誉为商业领域第二次革命的超级市场，出现于20世纪30年代的美国。它的特点是规模庞大、薄利多销、一次性结算，消费者购物量多而且多为自助服务。超级市场对购买量大的顾客实行折扣优惠，并设有大型停车场和购物推车，便于购买者将货物运至自己的车上。

四是便利店。便利店是一种以经营周转较快的日常消费用品为主，规模相对较小，位于住宅区附近的综合商店。便利店营业时间较长，不少是24小时营业且每周7天营业的商店。

五是仓储商店。仓储商店的特点是店堂装饰简单、产品价格低廉、服务有限，既出售家具等体积较大、比较笨重的用品，也出售各种日常生活用品等。仓储商店往往设在房租低廉的郊区，消费者从货架上选中商品，付清货款，就可取走货物。商品价格比一般商店便宜10%～20%。

六是折扣商店。折扣商店也是一种百货公司，是第二次世界大战后在美国出现的一种颇具影响的零售商店，因价格具有吸引力而深受消费者喜爱。折扣商店所售商品以日常用品为主，同一种商品有两种价格，一是牌价，二是折扣价，消费者按折扣价购买。折扣商店经营全国性品牌的产品，质量可靠，同时折扣形式多变。

七是样本目录陈列商店。这种形式的商店是将商品样本陈列在店堂内，大部分是价值大、毛利率高、周转速度慢的商品，如珠宝、首饰、摄影器材等。样本目录陈列商店会印制精美逼真的商品目录提供给消费者。目录中附有每种商品的价格、货号、折扣数等，顾客可打电话订货，商店可送货上门，收取货款和运费，顾客也可亲自到商店看样选购。

八是超级商店、联合商店、特级商场。超级商店是以满足消费者的全部生活需求为目标而设立的，规模比超级市场更大，同时提供洗衣、餐饮、洗车等服务项目。联合商店则比超级商店更大。特级商场比前面两者规模都大，综合了超级市场、折扣商店和仓储商店的特点，规模、品种超出人们的日常所需，商品以原包装陈列，以减少搬运成本。特级商场会给予愿意自行提货的消费者价格优惠。

(2) 非商店零售商。近年来，非商店零售模式发展得比较快，主要有以下三种形式：

一是直复市场营销。直复市场营销是使用一种或多种广告传播媒体传递商品信息，以使广告信息所到之处迅速产生需求反应并最终达成交易的销售系统。直复市场营销者利用广告介绍产品，顾客可通过写信、打电话等形式订货，订购的货物一般通过邮寄形式送达顾客，顾客用信用卡付款。直复市场营销者可在广告费用开支的一定范围内，选择可获得最大订货量的广告传播媒体，目的是迅速实现潜在交换，而不是为了影响顾客的偏好和树立品牌形象。

二是直接销售。直接销售主要有挨门挨户推销、逐个办公室推销和举办家庭销售会推销等形式。由于需要支付雇用、训练、管理和激励销售人员的费用，因此直接销售的成本很高。目前，直接销售所存在的问题已经引起很多人对这种销售方式的反感。从发展趋势来看，除某些特定种类商品及以某些特定顾客为对象的直接销售外，其他的直接销售会被电子销售取代。

三是自动售货。自动售货即利用自动售货机进行商品销售。由于自动售货机的成本较高，因此商品的销售价格比其他方式要高。目前，自动售货的领域在进一步扩展，自动售货的硬件设施也在不断改进。

(3) 零售组织。零售组织主要有连锁商店、自愿连锁商店、零售店合作社、消费者合作社、特许专营机构等类型，下面着重介绍其中的两种类型。

一是连锁商店。连锁经营主要有三种形式：正规连锁、自由连锁和特许连锁（又称特许经营）。连锁商店能够在市场竞争中取得成功的根本原因，就在于连锁经营形式能够实现成本优势、价格优势、品牌效应、大量销售的良性循环。

二是消费者合作社。消费者合作社是一种由消费者自发组织、自己出资、自己拥有的零售单位。消费者合作社采用出资人投票方式进行决策，并推选出一些人对合作社进行管理。消费者合作社对产品定价自由度较高，可按市场价格的一定比例销售。年终，消费者合作社会根据每个人的购货数量给予惠顾红利。

3. 零售商业的发展趋势

零售商业主要具有以下几种发展趋势：

（1）新的零售形式不断涌现，对现有零售形式造成威胁；

（2）零售生命周期正在缩短；

（3）非商店零售异军突起；

（4）垂直渠道系统迅速发展；

（5）零售经营手段日益现代化。

四、酒店企业的分销渠道

酒店企业主要通过酒店中介机构、互联网、酒店内部资料和人员推销等方式实施营销。

（1）酒店中介机构。目前，参与酒店营销的中介机构主要有旅行社、酒店代表、专门的酒店预订组织、全球分销系统等。

（2）网络营销。网络营销是相对于传统营销提出的新概念，在网络时代产生的一种新的市场营销方式。酒店企业需要根据网络消费需求的层次性、差异性、交叉性、超前性和可诱导性等特点实施网络营销策略。网络营销方式能够满足大范围不同品种的创新产品的需求及消费者个性化需求。

酒店企业可自建销售网站或通过公众号、App 销售客房产品，这些渠道有助于宣传酒店企业形象，增加顾客的信任以及实现个性化定制。

近年来，酒店团购大量涌现，社会影响很大。诸多社交媒体 App 或旅游相关服务 App 及网站每天会推出全国多个城市的超低价精品酒店团购服务，具有极高的市场吸引力。在为消费者提供并推荐优质的酒店团购服务的基础上，这些 App 及网站可以为酒店企业提供网络营销推广服务，从而提升酒店企业的知名度及美誉度，实现品牌营销目的。

（3）酒店内部资料和人员推销。由于顾客并非清楚地了解酒店的详细产品，因此酒店企业做好内部促销工作就显得非常重要。酒店相关人员可以利用内部推销资料，向顾客介绍酒店的各种商品、服务设施和服务项目，向顾客推介酒店的产品并努力促成销售。

项目二 酒店产品分销渠道的设计、选择与管理

生产者在设计分销渠道时，必须在理想渠道和实际渠道之间作出抉择，最终确定达到目标市场的最佳渠道。最佳渠道是对目标市场的覆盖能力最强、使目标市场的顾客满意的程度最高、对生产者能提供较多利润的渠道。

活动 1　酒店分销渠道的调研

活动目的： 使学生初步建立酒店企业分销渠道的设计、选择与管理的概念。

活动内容与要求： 调研某酒店企业分销渠道的模式与管理机制，并指出优缺点。

结果与检测： 能够在调研基础上，对企业渠道现状作出比较正确的判断。

提示： 教师及时引导。

活动 2　为酒店设计分销渠道

活动目的： 引导学生了解学习本项目的目的，并学以致用。

活动内容与要求： 每个团队分别为某一酒店（活动 1 调研的酒店）设计分销渠道模式；制作简易的 PPT 汇报，学生互评；教师点评，比较评价。

结果与检测： 能够根据酒店特点，设计出比较科学、合理的分销渠道模式。

提示： 教师及时引导、评价。

一、影响分销渠道选择的因素

（一）产品因素

不同产品适合采用不同的分销渠道，这是企业选择分销渠道时必须首先考虑的。产品因素通常包括以下几个方面：

（1）产品价格。一般来说，单位价格高的产品宜选择短渠道，尽量减少流通环节，降低流通费用；而单位价格低的产品宜选择较长和较宽的分销渠道，以方便消费者购买。

（2）产品的体积和重量。体积和重量直接影响运输费用和储存费用。因此，对于体积和重量过大的产品宜选择短渠道，以减少产品损失，节约储运费用；而对于体积和重量较小的产品宜选择较长的分销渠道。

（3）产品的时尚性。对于时尚性强、款式变化快的产品，应选择短渠道，以免产品过时；而对于款式变化较小的产品，渠道则可长一些。

（4）产品本身的物理、化学性质。凡是易腐、易毁产品，如鲜活产品、陶瓷制品、玻璃制品及有效期短的产品（如熟食等），应尽可能选择短而宽的渠道，以保持产品新鲜，减少腐坏损失；反之则可选择长渠道。

（5）产品的技术、售后服务要求。对于技术复杂、售后服务要求高的产品，宜选择短渠道，由企业自销或由专业代理商销售，以便提供周到服务；相反，对于技术、售后服务要求低的产品则可选择长渠道。

（6）产品的通用性。由于通用产品的产量大、使用面广，分销渠道一般较长、较宽；由于定制产品具有特殊要求，最好由企业直接销售。对于标准化程度高、通用性强的产品，可选择较长、较宽的分销渠道；而对于非标准化的专用性产品则应选择较短的分销渠道。

（7）产品所处的生命周期阶段。产品处于生命周期的不同阶段，对分销渠道的要求也不同。处于导入期的产品，其分销渠道是短而窄的，因为新产品初入市场，许多中间商往往不愿经销，企业不得不直接销售；处于成长期和成熟期的产品，消费需求迅速扩大，企业要提高市场占有率，就要选择长而宽的渠道，扩大产品覆盖面。

（二）市场因素

市场状况直接影响产品销售，因此，它是影响分销渠道策略选择的又一重要因素。市场因素主要包括以下几个：

（1）目标市场的范围。市场范围大的产品，消费者地区分布较广泛，企业不可能直接销售，因而渠道较长、较宽；若目标市场范围较小，则可选择短渠道。

（2）市场的集中程度。市场比较集中的产品，可选择短渠道；若顾客比较分散，则需要更多地发挥中间商的分销功能，宜选择较宽、较长的渠道。

（3）每次的销售批量。对于每次销售批量大的产品，可选择短渠道；对于批量小及零星购买的产品，交易次数频繁，则应选择较长、较宽的渠道。

（4）消费者的购买习惯。消费者的购买习惯会直接影响企业分销渠道的选择。购买习惯的形成往往与消费者的性别、年龄、职业、文化素养、个人爱好、经济条件等有关。

（5）需求的季节性。季节性商品由于时间性强，要求供货快、销售量也较大，因此企业要充分利用中间商进行销售，渠道相应就宽些。

（6）市场竞争状况。企业出于市场竞争的需要，有时应选择与竞争者相同的分销渠道。因为消费者购买某些产品，往往要在不同品牌、不同价格的产品之间进行比较、挑选，这些产品的生产者就不得不选择竞争者所使用的分销渠道。但有时企业应避免正面交锋，选择与竞争者不同的分销渠道。

（7）市场形势的变化。市场繁荣、需求增加时，企业应考虑扩大分销渠道；而经济萧条、需求减少时，企业则需减少流通环节。

（三）企业因素

影响渠道策略选择的企业因素主要有以下几个：

（1）企业的规模和声誉。企业规模大、声誉好、资金雄厚、销售力量强，具备管理销售业务的经验和能力，在渠道选择上的主动权就大，甚至可以建立自己的销售机构，渠道就相对短一些；反之就要更多地依靠中间商进行销售。

（2）企业的市场营销经验及能力。企业的市场营销经验丰富，则可考虑较短的分销渠道；反之，缺乏营销管理能力及经验的企业就只有依靠中间商来进行销售。

（3）企业的服务能力。如果企业有能力为最终消费者提供各项服务，如安装、调试、维修及操作服务等，则可取消一些中间环节，采用短渠道；如果企业的服务能力有限，则应充分发挥中间商的作用。

（4）企业控制渠道的意愿。企业控制分销渠道的意愿各不相同。有的企业希望控制分销渠道，以便有效控制产品价格和进行宣传促销，因而倾向于选择短渠道；而有的企业则无意控制分销渠道，因此倾向于采用宽而长的渠道。

二、设计分销渠道

（一）制定渠道目标

渠道目标是在企业营销目标的总体要求下，选择分销渠道应达成的服务产出目标。这种目标一般要求建立的分销渠道达到总体营销目标确定的服务产出水平，同时使全部渠道费用降至最低。企业在认真分析影响分销渠道选择决策的主客观因素的基础上，划分出若干个分市场，然后决定服务于哪些分市场，并为之选择和使用最佳渠道。

（二）确定分销渠道模式

确定分销渠道模式，即决策渠道的长度。企业首先要根据影响渠道的主要因素，决定采取的分销渠道类型和长度，是选择派销售人员上门推销或自设销售商店的短渠道，还是选择通过中间商的长渠道，以及中间商的规模和类型。一般而言，生产商→批发商→零售商→消费者（包含两个中间层次）的模式是比较典型的市场分销渠道类型。当然，分销渠道的长短是相对而言的，因为随着分销渠道长短的变化，产品分销渠道的功能不会增加或减少，而只能在参与流通过程的机构之间转移或替代。

（三）确定中间商的数目

确定中间商的数目，即决定渠道的宽度，也就是每个渠道层次使用多少个中间商。这一决策在很大程度上取决于产品本身的特点、市场容量的大小及市场需求的宽窄。企业可以选择以下三种策略：

1. 密集型分销策略

实施这一策略的企业应尽可能多地通过批发商、零售商销售产品，使渠道尽可能拓宽。密集型分销策略的主要目标是扩大市场覆盖面，使消费者可以随时随地买到商品。

2. 独家经销策略

实施这一策略的企业在一定区域仅通过一家中间商经销或代销，双方协商签订独家经销合同。独家经销公司在享有该产品经销的特权下，经营具有排他性，企业规定经销商不得经营竞争者的产品。独家经销是一种最极端的形式，是最窄的分销渠道，通常适用于某些技术强的耐用消费品、名牌商品及专利产品等。独家经销对企业的好处是有利于企业控制中间商，提高中间商的经营水平，强化产品形象，并可获得较高的利润率。

3. 选择性经销策略

这是介于密集型分销和独家经销之间的分销策略，即企业在某一销售区域精选几家最合适的中间商销售企业的产品。这种策略的特点是：比独家经销面宽，有利于开拓市场，展开竞争；比密集型分销面窄，不仅有助于企业对中间商进行控制和管理，还可以有效地节省营销费用。这一策略的重点在于巩固企业的市场竞争地位，维护产品在该地区的良好声誉；同时，促使中间商之间彼此了解、相互竞争，能够使被选中的中间商努力提高销售水平。

（四）规定渠道成员的条件和义务

企业在确定了渠道的长度和宽度之后，需要进一步规定渠道成员彼此的条件和应尽的义务，即制定贸易关系组合协议。该协议主要涉及价格政策、销售条件、地区权利以及每一方为对方提供的服务及应尽的责任和义务。

价格政策要求企业制定价目表，对不同地区、不同类型的中间商和不同的购买数量给予不同的价格折扣比率，价格政策的原则及主要内容应得到中间商的理解和认可。

销售条件是中间商的付款条件及企业的担保条件。企业对及时全部付清货款的中间商应给予现金折扣，企业还应向中间商提供有关产品的质量保证和跌价保证，企业的跌价保证能够吸引并激励中间商大量购货。

除上述条件外，企业还应明确中间商应具有的特许权利，规定交货的时间、结算条件以及彼此为对方提供哪些服务。对于义务和权利，双方必须十分谨慎地确定，尤其是采用特许经营或独家代理等渠道形式时，双方更应当明确义务和责任。在确定了贸易关系组合协议之后，企业还应认真地研究渠道的经济成本，即比较不同渠道方案的成本。

（五）选择渠道成员

中间商选择合理与否，对企业产品进入市场、占领市场、巩固市场和发展市场具有关键性影响。企业选择中间商时，应主要考虑以下因素：

(1) 服务对象。不同的企业具有不同的目标市场，不同的中间商具有不同的服务对象。企业选择分销渠道时，应首先考虑中间商的服务对象是否与企业想要进入的目标市场相一致，只有一致，企业才能选择。

(2) 地理位置。中间商的地理位置直接影响产品能否顺利到达目标顾客手中。因此，企业在选择中间商时必须考虑地理分布情况，要求既要接近消费者，又要便于运输、储存及调度。

（3）经营范围。企业在选择中间商时，如果中间商经营的是主要竞争者的产品，企业就需格外谨慎，不宜轻易选择。当然，若本企业产品在品质、价格、服务等方面优于同类产品，也可以选择。

（4）销售能力。销售能力，即企业考察中间商是否有稳定的及高水平的销售队伍、健全的销售机构、完善的营销网络和丰富的营销经验。

（5）设施和储运条件。一些特殊商品要求一定的设施和储运条件，这就要求中间商具备这种设施和储运条件。此外，有些商品属于高档耐用消费品，中间商需要提供一系列的售中和售后服务，这也同样对中间商提出了要求。

（6）财务状况。中间商财务状况的好坏直接关系到是否可以按期付款，甚至预付货款等问题。企业在选择中间商时，必须对此严加考察。

（7）合作诚意。若没有良好的合作诚意，再有实力的中间商也不能选择。

（8）营销经验。企业要尽可能选择营销经验丰富的中间商，以使产品顺利地通过中间商推销出去。如果中间商不具备较好的经营知识和能力，则不宜选用。

（六）对分销渠道方案进行评估

分销渠道方案确定后，企业就要根据各种备选方案进行评估，找出最优的渠道路线。渠道评估的标准有三个，即经济性标准、可控性标准和适应性标准，其中最重要的是经济性标准。

1. 经济性标准评估

企业应比较每个方案可能达到的销售额及费用水平。一是比较由本企业推销人员直接推销与使用销售代理商，看哪种方式的销售额水平更高。二是比较由本企业设立销售网点直接销售所花费用与使用销售代理商所花费用，看哪种方式支出的费用大。企业需对上述情况进行权衡，从中选择最佳分销渠道。

2. 可控性标准评估

企业对分销渠道的选择不仅应考虑短期经济效益，还应考虑分销渠道的可控性。因为分销渠道稳定与否，对企业能否维持并扩大市场份额、实现长远目标有着重要影响。企业自销对渠道的控制能力最强，但是由于人员推销费用较高、市场覆盖面较窄，因此企业不可能完全自销。利用中间商分销时，企业应充分考虑渠道的可控性，一般来说，建立特约经销或特约代理关系的中间商较容易控制，但在这种情况下，中间商的销售能力对企业的影响很大，因此企业应慎重决策。

3. 适应性标准评估

每一条分销渠道的建立都意味着渠道成员之间的关系将持续一定时间，企业不能随意更改和调整。由于市场是不断发展变化的，因此企业在选择分销渠道时，就必须充分考虑市场适应性。首先是地区的适应性，在某一特定的地区建立商品的分销渠道，应与该地区的市场环境、消费水平、生活习惯等相适应；其次是时间的适应性，根据不同时间商品的销售状况，企业应选择不同的分销渠道与之相适应。

三、管理分销渠道

（一）检查中间商

企业必须定期评估中间商的绩效是否达到某些标准。也就是说，企业要对中间商进行有效的管理，还要制定一定的考核标准，检查、衡量中间商的表现。这些标准包括销售指标完成情况、平均存货水平、向顾客交货的速度、对损坏商品的处理、与企业宣传及培训计划的合作情况以及对顾客的服务表现等。在这些指标中，比较重要的是销售指标，它体现了企业的销售期望。经过一段时期后，企业可公布对各个中间商的考核结果，目的在于鼓励那些销量大的中间商继续保持声誉，同时鞭策销量少的中间商努力赶上。企业还可以进行动态的分析比较，从而进一步分析不同时期各中间商的销售状况。

（二）对分销渠道的激励与扶持

企业在选择了分销渠道以后，为了促使中间商努力扩大对本企业产品的销售，不断提高业务水平，必须对中间商进行激励与扶持。

对中间商的激励，首先体现在企业向其提供价廉物美、适销对路的产品。只有销售畅销商品，中间商才能加速资金周转，增加盈利。因此，企业提供适销对路的优质产品就是对中间商最好的激励。

对中间商激励的另一种方式是合理分配利润。由于企业与中间商在一定程度上是一种利益共同体，因此两者必须共同承担风险，合理分配利润，否则中间商就没有销售积极性。对销售指标完成得好的中间商，企业可给予较高的折扣率，提供一些特殊优惠，还可以发放奖金或给予广告补助、促销津贴等。如果中间商未履行应有的渠道责任，企业应对其进行制裁，企业可降低折扣、暂缓交货甚至与中间商中止关系。

对中间商的扶持主要体现在资金、信息、广告宣传和经营管理等方面。在资金方面，企业可适当延长中间商的付款期限，放宽信用条件，以解决资金不足的困难。信息帮助是指企业将了解的市场信息和产品信息等及时传递给中间商，为中间商增加产品销量提供信息方面的依据。广告宣传帮助主要是企业帮助中间商策划当地的促销活动，并提供广告津贴、陈列经费、宣传品等。经营管理帮助是指企业帮助中间商搞好经营管理，从而增加本企业产品的销量。

（三）渠道调整

市场营销环境是不断发展变化的，原先的分销渠道经过一段时间以后，可能已不适应市场变化的要求，必须进行相应调整。一般来说，企业应从以下三个方面对分销渠道进行调整：

1. 增加或减少分销渠道中的中间商

若个别中间商因经营不善而造成市场占有率下降、影响整个渠道效益，企业可以考虑放弃该中间商，以便集中力量帮助其他中间商做好工作，同时企业可重新寻找几个中间商替补。市场占有率的下降，有时可能是由于竞争者分销渠道扩大而造成的，此时企业需要考虑增加中间商数量。

2. 增加或减少分销渠道

当企业通过增减中间商不能解决根本问题时，就要考虑增加或减少某种分销渠道。当某种分销渠道的效益不理想时，企业可以考虑在全部目标市场上或某个区域内撤销这种分销渠道，而另外增加一种其他的分销渠道。但在增减某种分销渠道时，企业要相应地进行经济效益分析，并注意其他渠道成员的反应。

3. 调整整个分销渠道

这是渠道调整中最复杂、难度最大的一个环节，因为它会改变企业的整个渠道策略，而不只是在原有基础上作增减。例如，企业放弃原先的直销模式，而采用代理商模式；或者建立自己的分销机构以取代原先的间接渠道。这种调整不仅是渠道策略的彻底改变，而且企业必须对产品策略、价格策略、促销策略也进行相应调整，以期和新的分销系统相适应。总之，分销渠道是否需要调整、如何调整，取决于整体分销效率。因此，企业不论进行哪一层次的调整都必须进行经济效益分析，评估销售能否增加、分销效率能否提高，以此判定调整的必要性和效果。

四、客户关系管理

（一）客户关系管理的内容

客户关系管理是企业为赢得客户的高度满意，建立与客户的长期良好关系所开展的工作，主要包括以下几个方面的内容：

（1）客户分析。客户分析，即分析企业的目标顾客、顾客的基本类型，以及个人购买者、中间商、制造商的不同需求特征和购买行为，并在此基础上分析客户差异对企业利润的影响等问题。

（2）企业对客户的承诺。承诺的目的在于明确企业为客户提供什么样的产品或服务。承诺的宗旨是使客户满意。

（3）客户信息交流。这是一种双向的信息系统，其主要功能是在企业内部实现信息和资源的共享，从而降低企业运营成本，为客户提供更经济、快捷、周到的产品或服务。

（4）以良好的关系留住客户。企业不仅应具备良好的客户关系管理基础，取得客户的信任，同时要区别不同类型的客户关系及特征，并经常进行客户关系情况分析，评价关系的质量，采取有效措施，而且可以通过建立客户服务中心等途径，保持企业与客户的长期稳定关系。

（5）客户反馈管理。客户反馈管理的目的在于衡量企业承诺目标实现的程度，及时发现在为客户服务过程中出现的问题等。

（二）客户关系管理的功能

客户关系管理是一种旨在改善企业与客户之间关系的新型管理机制，它在企业的市场营销、销售、服务与技术支持等与客户相关的领域实施。客户关系管理的具体功能主要体现在以下几个方面：

（1）客户可通过电话、传真、网络等方式访问企业，进行业务往来；

（2）任何与客户打交道的员工都能全面了解客户关系，根据客户需求进行交易，了解如何对客户进行纵向和横向销售，记录自己获得的客户信息；

（3）有利于企业对市场活动进行规划、评估，对整个活动进行全方位的衡量；

（4）有利于企业对各种销售活动进行追踪；

（5）系统用户不受地域限制，可随时访问企业的业务处理系统，获得客户所需信息；

（6）有利于企业具备对市场活动、销售活动的分析能力；

（7）能从不同角度提供成本、利润、生产率、风险率等信息，并对客户、产品、职能部门、地理区域等进行多维分析。

客户关系管理可以使企业减少销售环节，降低销售成本，发现新的市场和渠道，提高客户价值、客户满意度、客户利润贡献度、客户忠诚度，最终实现效益的提高。

（三）客户关系管理的实施重点

企业要实施好客户关系管理，主要应做好以下几个方面的工作：

第一，做好客户信息的收集工作。为了控制资金回收，企业必须考核客户的信誉，对每个客户建立信用记录，规定销售限额，对新老客户、长期客户或临时客户的优惠条件应有所不同。因此，企业应建立客户主文件。客户主文件一般应包括客户原始记录、统计分析资料、企业投入记录等内容。

第二，了解客户的需求。企业应通过建立一种以实时的客户信息为基础进行商业活动的方式，将客户信息和服务融入企业的日常运作中，从而有效地在企业内部传递客户信息，尤其是在销售部门和生产部门之间。

第三，获知客户的喜好和需求并采取适当行动，建立并保持顾客的忠诚度。如果企业与客户保持了广泛、密切的联系，价格将不再是最主要的竞争手段，竞争者也很难破坏企业与客户间的关系。通过提供超过客户期望值的服务，企业可将极力争取的客户发展为忠实客户。众所周知，争取一个新客户的成本要远远超过保留一个老客户的成本。

总之，客户关系管理是一个跨知识管理、业务运作和电子商务等系统的整合概念，正在改变广大企业的营销观念，正在改善企业与客户之间的关系，提高企业的竞争力。

知识链接

酒店的经营策略——渠道、渠道还是渠道

新媒体营销有助于企业在数字化时代获得良好的客户关系、减轻渠道间矛盾、降低投资风险。因此，在酒店企业新媒体营销渠道管理过程中，资源的分配和利用直接影响企业现在和未来的收益水平。当前，酒店行业整体进入平稳增长时期，很多酒店企业面临机遇和挑战。酒店企业希望利用有限的新媒体营销手段，积极主动地发挥新媒体营销作用，主动争夺更广泛、更多层次的客源市场，为企业找到新的转机。

万豪酒店集团的新媒体营销渠道多而广。万豪酒店集团通过分析现有新媒体平台渠道所存在的问题，通过平台和客户的结合，满足酒店客户的消费多元化、个性化需求，从而提升酒店网络营销的效果，提升品牌的影响力，达到酒店与代理平台、客户和谐共存的目的，确保酒店利益最大化。

资料来源：中国旅游饭店业协会．酒店新媒体4R营销：以万豪酒店集团为例［EB/OL］.（2022-04-20）［2025-01-19］. 微信公众平台．

操作训练

1. 案例分析

分析本模块导入案例“高明的促销”并讨论：该案例中采取了什么渠道类型？这种分销渠道的类型是否适合酒店的渠道设计？

要点提示：该酒店内精品店茶叶专柜采用了酒店内部资料和人员推销等方式实施营销。根据上文描述，酒店内部资料和人员推销等方式实施的营销，实际上属于直销渠道，特别是人员推销这一环节。在这个案例中，服务员通过专业的知识和热情的服务，成功地吸引了客人的注意，解答了他们的疑问，并最终促成了交易。当然，这并不意味着酒店应该完全依赖直销渠道，而是应该根据市场变化和销售数据，不断调整和优化分销渠道组合，以实现最佳的市场效果。

2. 团队操作

实训内容：对当地某家酒店企业的分销渠道进行诊断，并实施改进策略。

实训目标：让学生掌握酒店企业分销渠道设计与管理的策略与技巧。

实训组织：成立实训小组，要求3～6人为一组。以小组为单位，在两周内利用周末时间来完成实训任务。

实训提示：实训小组既可以实际走访某家酒店企业，也可以通过二手资料了解有关

信息。

实训成果：制作 PPT，课堂汇报。

3. 情景模拟

实训内容：学生扮演不同角色，模拟酒店人员渠道管理过程。

实训目标：让学生体会酒店企业的渠道管理策略。

实训组织：成立实训小组，要求 2～3 人为一组。学生扮演酒店分销渠道中间商角色，现场模拟酒店分销渠道管理过程。其他学生观察，发现问题并讨论。

模块小结

完成本模块，你应该清楚：

1. 产品分销渠道是指产品的所有权和实体从生产领域流转到消费领域所经过的通道。它由所有参与使产品从生产领域向消费领域运动的组织和个人所组成，不仅包括生产商、批发商、零售商、代理商和储运企业等，还包括消费者，他们都是渠道成员，其中批发商、零售商和代理商通常被称为中间商。企业只有与中间商、中介机构一起合作，才能使产品由生产领域到达消费领域。

2. 市场竞争往往表现为整个渠道系统之间的竞争。分销渠道系统实行纵向一体化的实质就在于将市场交易内部化，降低交易费用，通过生产商、批发商的合作，在生产销售、购货、控制以及其他领域内取得规模效应。同时由于提高了进入壁垒，竞争者进入一体化渠道花费的成本较高，保护了渠道成员的利益。

素养园地

素养目标：酒店专业学生应通过学习，培养对市场动态的高度敏锐度，理解并响应市场需求变化，同时树立强烈的社会责任感，即使在市场低迷时期，也能坚持提供优质服务，维护行业形象；积极探索新媒体营销、私域流量运营等新型营销方式，提升数字化技能，利用快手、小红书、抖音等平台拓展市场，展现酒店特色，提升品牌影响力。

优化传播模式 增加私域流量

2022 年“双 11”酒店业者提到最多的词就是低价销售，哪怕没有利润甚至亏损，也要抓紧时间促销并迅速回血。但是面对供大于求的市场，酒店要想盈利，应该更好地做好内容营销，优化传播模式。

如今，除了传统电商平台，快手、小红书、抖音等也成为酒店的营销阵地。例如，在抖音上，无论是网红大咖打卡，还是酒店自己直播互动，都可以直观地将酒店的产品展示给消费者，刺激消费，尤其是在“双 11”这样的大促活动中。

此外，“双 11”也是酒店建立私域流量的良好契机。社群营销作为私域流量的精准市场，是酒店赢取客户的关键。社群内不缺乏潜在客户以及复购客户，通过秒杀等直接优惠的方式，能够带动客人成为酒店的忠实粉丝。而且，借助“双 11”的卖点给予客人优惠，并不会影响节后价格回升以及后期的价格回流，这是正常的市场规律。

事实上，预售产品已成为酒店回血的重要手段之一，但酒店产品预售后核销率有所下降。从 2022 年“双 11”的市场来看，度假酒店产品依然是热门，其次是连锁酒店集团。这两者的核销率远远高于单体酒店。此外，社群核销率是高于其他平台的，由此可见，私域流量是精准获客的重要手段。

因此，酒店接下来要继续对公域流量进行引流并将其转化为私域流量，包括吸纳会员客户，提高回购率。同时酒店要维护好以低价吸引来的新客户，为客户提供优质的服务，提升酒店产品的附加值，如通过餐饮、康养等赋能产品，引导客户深入消费，进而获得多渠道的利润。

无论是“双 11”还是“双 12”，对于酒店来说预售的方式大同小异，无非是充分运用产品打包销售、折扣销售等营销手段。从经营角度来讲，低价产品基本没有利润可言，但通过引流带动关联项目消费，可以弥补酒店部分损失。因此，酒店要拓展思路，优化分销策略，做强产品，保持优质服务和出品技术，确保实现引流成功。

资料来源：唐伯侬. 优化传播模式 增加私域流量［N］. 中国旅游报，2022-11-10.

问题：酒店如何通过优化分销策略和强化产品附加值来弥补低价预售带来的损失?

分析提示：酒店可以通过打包销售、折扣销售等预售方式吸引客户。虽然低价预售对于酒店而言利润微薄，但是酒店可通过引流带动关联项目消费，从而弥补损失。例如，酒店可提供附加价值高的餐饮、康养等服务，引导客户深入消费，增加多渠道利润。同时，酒店应不断优化分销策略，如加强公域流量向私域流量的转化，吸纳会员客户，提高回购率。酒店应不断通过提升服务质量和产品创新能力，确保引流成功，实现长期盈利。

思考练习

1. 为什么说分销渠道能够为消费者创造价值？试举例说明。

2. 你认为分销渠道的五大流程彼此之间存在什么关系？是否有必要增加或减少哪个流程？

模块九 掌握酒店产品促销手段

学习目标

- 认知酒店促销策略以及各种促销方式的适用范围
- 掌握人员推销、广告、营业推广、公共关系促销方式运用的一般程序
- 综合运用各种促销方式开展促销活动
- 能够制定和实施有效的产品促销组合方案
- 能够综合运用各种促销方式推广产品

导入案例

一元钱与代金券的启示

某餐厅为促销，实行了代金券制度，即根据客人在餐厅的消费金额，赠送一定比例的代金券，客人下次就餐时可使用代金券支付餐费。某客人用餐完毕，要求结账。服务员送上账单，共 1 901 元。客人要求服务员将 1 元钱抹掉，但账单已输入计算机系统。服务员向客人解释："对不起，我没有改动账单的权力，而且账台已经打单，输入计算机，无法改动了。"客人非常不满："别的地方都可以打折，怎么你们这儿差一块钱都不行？"服务员再三向客人解释，不停地道歉，客人才掏出 10 元钱。服务员为客人结了账，找回零钱，并送上代金券。对客人说："对不起，先生，我无权给您抹掉账单上的 1 元钱，但是我给您争取了 20 元代金券，您下次就餐可用于支付餐费。"

客人满意而去。

资料来源：佚名．某酒店培训 27 个常见案例分析［EB/OL］．（2023－05－04）［2024－12－11］．360 文库．

项目一 酒店产品促销

现代酒店企业开展市场营销活动时，不仅要开发适销对路的产品，制定颇具吸引力的价格，而且要积极塑造在市场中的正面形象，通过各种渠道传递产品的相关信息，即开展有效的沟通与促销活动。随着市场竞争的日益激烈，各个酒店企业都在不断地运用各种促销手段，以提升自身的市场竞争力。促销策略作为营销组合的一个重要组成要素，正在吸引越来越多的学者从管理的角度进行系统的理论研究，这些研究成果对指导酒店的实践具有重要的现实意义。

活动　酒店产品促销调研

活动目的： 引导学生正确理解酒店产品的促销。

活动内容与要求： 分组调研某一具体酒店产品促销投入及方式的应用，并讨论不同促销方式选用的依据、作用。小组代表集中发言，其他同学做补充。

结果与检测： 能够对不同促销方式进行正确的比较与理解。

提示： 注意立足学习，强调观察与思考，教师及时引导。

一、理解酒店产品促销

酒店产品促销是指酒店企业通过人员和非人员的方式，沟通酒店与顾客之间的信息，引起酒店顾客的注意、了解并激发其购买兴趣，树立酒店企业及其产品的良好形象，使顾客产生购买行为的活动。一般而言，酒店产品促销方式包括人员推销、广告、营业推广和公共关系等。促销活动实际上是信息沟通的过程，买卖双方之间可以及时、有效地沟通信息（见图 9－1）。

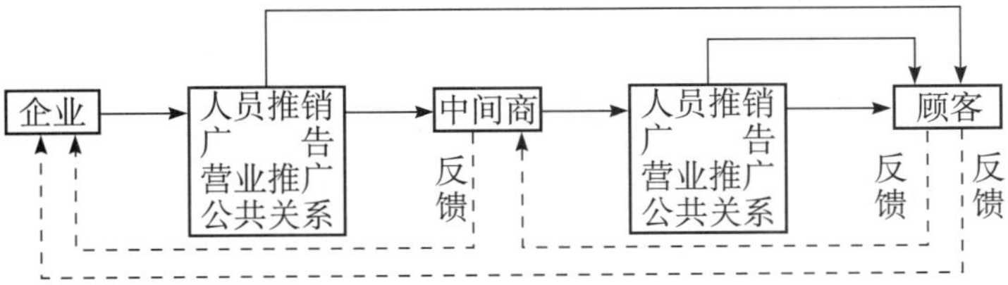

图 9－1　营销信息的沟通过程

二、酒店促销组合

促销组合是指酒店企业在促销活动中，综合运用人员推销、广告、营业推广和公共关系等促销方式，以便实现更好的整体促销效果（见图 9－2）。酒店企业在设计促销组合时，要综合考虑目标市场、企业提供的费用、商品的性质和商品的生命周期等因素。

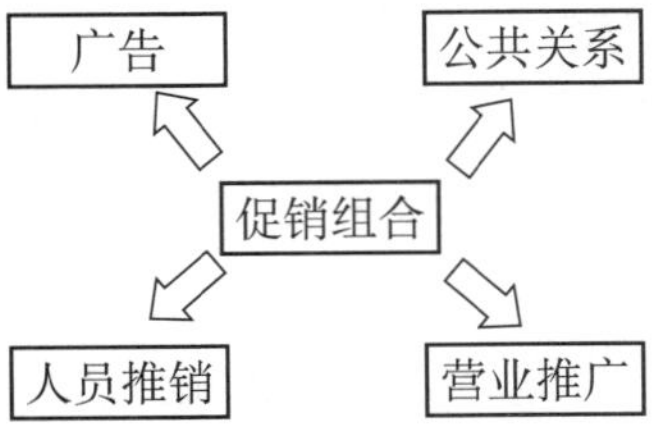

图 9－2　促销组合

三、促销的作用

（1）沟通信息。企业将产品信息传递给批发商、零售商和消费者，并获得中间商和顾客的反应、意见、要求等反馈信息。

（2）激发需求。新产品上市之初，顾客对新产品的性能、用途、作用、特点并不了解，通过促销活动，企业可以激发顾客兴趣，诱导需求，并创造新的需求，从而为新产品打开市场，建立声誉。

（3）扩大销售。促销活动有助于企业树立良好的形象，培养和提高顾客的品牌忠诚度，巩固和扩大市场占有率。

（4）突出特色。企业应通过促销活动宣传本企业产品的特点，努力提高产品和企业的知名度，促使顾客加深对本企业产品的了解和喜爱，增强信任感，从而提升企业和产品的竞争力。

（5）宣传形象。通过促销活动，企业可以树立良好的企业形象和产品形象，促使顾客对企业产品及企业本身产生好感。

案例分析

性价比拉起来的“双11”大促

2024年，“双11”刚刚开始，杭州一电商公司的产品经理王艳（化名）就盯上了酒店大促券，上海迪士尼玩具总动员酒店、杭州开元森泊度假酒店的套餐券已在她的待购清单里，新疆、三亚、大理等热门旅游目的地也有不少高端酒店在她的计划中。“便宜是真的便宜。”王艳告诉迈点，“平时动辄几千块的国际联号酒店客房三位数就能拿下，没有理由拒绝啊!”

2024年，发力“双11”的高端酒店来头都不小。除过去几年一直征战“双11”的万豪、雅高、希尔顿、凯悦、洲际等酒店集团外，金陵、悦榕庄等过去较为低调的大牌身影也出现在2024年大促名单中，同时境外酒店也相当活跃，中国港澳、日韩、东南亚、欧洲等的酒店相比往年参与热情爆棚，不少往年低调的高端民宿也放下了“身段”。这些酒店推出的套餐不仅价格便宜，而且附加要求大大降低。999元起步的开元3晚全国通兑的放权套餐（含早餐）、售价588元起步的万豪酒店集团全国可通兑的2晚房券套餐、999元的洲际酒店等价格让人咋舌。“以前没参与过囤酒店套餐的可能不了解。”每年都在疯狂囤酒店套餐的李静（化名）告诉迈点，“我只能说今年我光是酒店套餐就囤了20多个，花的钱只有去年的2/3。”

与此同时，也有网友发现今年的酒店套餐取消了层层限制。以往低价的爆款酒店常常带着“节假日不可用、旅游旺季不可用”等时间要求，今年很多酒店则打出了“春节不加价”“元旦不加价”“节假日不加价”等标签。也有媒体发现今年很多酒店套餐甚至取消了多晚“连住”限制，想什么时候住，就什么时候住。这样几乎没有消费者抵挡得住。

资料来源：Cornelia，迈点．这个双十一，高端酒店卖爆了［EB/OL］．（2024－11－13）［2024－12－11］．微信公众平台．

分析：

以上案例给了你哪些启发？

要点提示：

（1）把握消费热点，精准定位市场。案例中，王艳等消费者对于“双11”大促表现出浓厚的兴趣，说明在特定的消费节点，如“双11”，消费者有更高的购买意愿。酒店应充分利用这些消费热点，进行精准的市场定位并开展促销活动。

（2）多样化产品组合，满足不同层次需求。从万豪、雅高到金陵、悦榕庄等，不同品牌、不同档次的酒店参与了“双11”促销活动，显示了产品组合的多样性。酒店应根据自身的特色和市场需求，提供多样化的产品组合，以满足不同消费者的需求。

（3）价格优惠是关键，附加要求需合理。价格优惠是吸引消费者的主要因素之一。案例中提到的999元起步的开元3晚全国通兑套餐、588元起步的万豪2晚房券套餐等，都显示了价格优惠的吸引力。同时，附加要求的降低（如取消节假日加价、连住限制等）也增加了消费者的购买意愿。

（4）提升服务质量，打造良好口碑。虽然案例中没有直接提及服务质量，但良好的服务体验是消费者持续购买的重要因素。酒店应确保在促销期间也能提供优质的服务，以打造良好的口碑和品牌形象。

（5）利用社交媒体和电商平台进行推广。案例中提到的“迈点”等媒体和电商平台在推广酒店促销活动中发挥了重要作用。酒店应充分利用这些平台，通过社交媒体营销、直播带货等方式，提高促销活动的曝光度和参与度。

（6）关注消费者反馈，持续优化促销策略。酒店应密切关注消费者对促销活动的反馈，了解消费者的需求和痛点，以便持续优化促销策略。例如，针对消费者反映的节假日加价问题，酒店可以考虑在促销活动中取消或降低加价幅度。

项目二 设计酒店产品促销策略

促销策略对于促销活动的成功有着直接的影响。促销策略是指企业如何通过人员推销、广告、营业推广和公共关系等各种促销方式，向消费者或用户传递产品信息，引起他们的注意和兴趣，激发他们的购买欲望和购买行为，以达到扩大销售的目的。促销策略说得简单点，就是设计促销活动。

活动 1　　酒店促销策略调研

活动目的：培养学生对酒店促销策略的初步认识，引导学生正确理解。

活动内容与要求：学生以团队形式，对当地某具体酒店的促销活动进行跟踪调研（可以利用项目一的调研数据），了解该酒店的促销策略，并分析该酒店促销策略的正确性。

结果与检测：能够作出比较客观、正确的分析。

提示：教师及时引导、纠正。

活动 2　　为某新开业的大酒店设计促销策略

活动目的：引导学生了解学习本项目的目的，并使之学以致用。

活动内容与要求：团队成员分别设计某一酒店的促销策略；制作简易的 PPT 汇报，学生互评；教师点评，比较评价。

结果与检测：能够客观地比较评价。

提示：教师及时引导、评价。

一、促销方式

根据促销人员的参与情况，促销方式可以分为两类：一种是人员推销，即推销员和顾客面对面或推销员通过电话、信函等进行推销；另一种是非人员推销，即通过大众传播媒介在同一时间向大量顾客传递信息，主要包括广告、营业推广和公共关系。

（一）人员推销

人员推销，又称人员销售，简称推销，是企业通过派出推销人员或委托推销人员亲自向顾客介绍、推广、宣传，以促进产品的销售。推销人员与顾客之间既可以是面对面交谈，也可以通过电话、信函等方式交流。推销人员除了完成一定的销售量外，还必须及时发现顾客的需求，并开拓新的市场，创造新的需求。人员推销过程可以分为：寻找潜在客户、接触前准备、接触客户、推销洽谈、促成交易、售后服务等具体步骤。

与其他促销方式相比，人员推销具有不可替代的作用。推销活动具有双重目的：一方面，企业要满足顾客的特定需求，帮助顾客解决某些问题；另一方面，塑造企业形象，增强竞争力。推销活动既是企业向市场提供商品的供应过程，也是促使顾客产生购买欲望的引导过程，还是一个了解顾客需求、为顾客提供服务以满足顾客需求的过程。人员推销具有以下特点：

1. 推销的直接性、灵活性

人员推销是与顾客面对面的直接沟通方式，推销人员可以根据各类客户的欲望、需求、动机和行为，有针对性地采取必要的协调行动。同时这一方式有利于推销人员观察客户反应，及时调整推销计划和内容。若顾客有意见或问题，推销人员可以及时回答和解决。

2. 说服性、感情的交融性

说服既是推销的重要手段，又是推销的核心。推销人员可通过说服，使顾客了解产品的功能、特点、应用，使顾客对产品产生兴趣、认可，并最终购买。推销人员在说服顾客购买的过程中，强调感情的交融，需要站在企业的角度，为顾客排忧解难，在满足顾客需求的同时达到促销的目的。

3. 成交的高效性

人员推销的针对性较强，推销人员可以首先对潜在顾客进行研究和选择，通过电话或传真预约并确定推销对象。推销人员总是带有一定的倾向性访问有关顾客，目的较为明确，往往可以直接与顾客沟通，因此，这一方式有助于推销人员将不必要的经费和时间浪费降低到最低程度，耗费的无效劳动较少。

4. 人员推销成本高

当市场广阔而又分散时，人员推销成本较高。如果推销人员过多，企业就难以管理，同时招聘理想的推销人员并非易事。因此，企业除了致力于推销人员的挑选与培训外，还应采用其他促销方式作为有效补充。

知识链接

推销人员的素质

素质是指事物本来的性质。广义的推销人员的素质，是先天条件和后天品格的综合反映，包括推销人员的思想品德素质、知识素质及其他素质。

一、思想品德素质

商品推销工作对推销人员的素质要求很高。如果一家企业拥有一批素质优秀且受过良好训练的推销人员，就能吸引较多的客户，进而在市场竞争中取得成功。那么一个人具有什么样的风度、品质、性格、特点、态度，才可以成为卓越的推销人员呢？

事实上，许多著名的推销人员都具有不同的个性、外表。当然，迷人的风度、漂亮的容貌、高挑的身材以及显赫的声望对推销有一定的帮助，但绝不是推销人员的必要条件。日本著名推销员原一平先生虽然身材矮小，但是他坦然面对这一现实，从各方面锻炼自己，最终成为一名出色的推销员。推销人员应具备的思想品德素质包括以下几个方面：

1. 强烈的成功欲望

推销人员的工作大部分是孤军作战，他们是市场竞争中的前沿阵地上的排头兵。面对每一位潜在顾客，推销人员代表的都是公司的形象，因此应审慎地面对每一笔交易，在遇见各种各样的拒绝时，必须有坚韧不拔的毅力和强烈的进取精神，真正做到“胜不骄，败不馁”，只有这样，才能到达胜利的彼岸。

2. 百折不挠的进取精神

每一位推销人员都希望每一次交易都能成功，但事实上，推销人员会因为产品或服务的不同以及推销能力的高低差异，达成交易的成功率也有所不同。成功是靠积累而来的，要想成为一名优秀的推销人员，必须每天给自己规定工作任务，不完成任务，决不收兵。“业精于勤荒于嬉”，推销人员若无勤奋这一素质，是难成大器的。

3. 一定的勇气和自信心

作为一名推销人员，要充满自信，坚信自己一定能够成功。有了自信心就有了勇气，就能够战胜恐惧。自信心是在不断获取经验的过程中形成的。推销人员应锻炼勇气，磨炼意志，增强直面困难的能力，对未来的推销事业充满信心。

4. 诚实且言行一致的品德

推销人员代表的是公司，他们常常单枪匹马地与客户打交道，因此公司有时会对推销人员缺乏监督。诚实是最基本的品格要求，既是公司利益的保证，也是客户利益的保证。

二、知识素质

推销人员应具备一定的知识素质。尤其是在知识大爆炸的今天，知识显得尤为重要。原一平先生在谈到这方面的体会时说过：“就我而言，学习的时间比推销的时间还要长，但是结果却是工作效率不但不减反而上升。”一名推销人员应具备以下几个方面的知识：

1. 产品知识

推销人员应该掌握基本的产品知识，了解产品性能、用途、用法、特点、价格（包括几种可能条件下的价格）、维修、管理程序、竞争产品（包括替代品及同行的产品）、产品的生命周期等。

2. 企业知识

推销人员要熟悉企业的发展历史及其在同行业中的地位，企业的规模、经营方针和规章制度以及企业的销售政策、定价策略、交货方式、付款条件、服务项目等有关销售的基本知识。

3. 市场知识

推销人员要了解和掌握市场营销学的基本原理，掌握市场调查和预测的原理、原则和方法，善于把握销售的变化趋势。推销只是营销组合中的一部分，推销人员要多从营销的角度开展推销活动。

4. 消费者知识

推销人员要懂得一些社会学、心理学、行为科学等方面的知识，尤其要掌握消费者购买心理等基本知识，善于针对不同类型的顾客提供不同类型的服务。推销人员应善于分析现实顾客和潜在顾客的需求情况，了解购买者的心理特征、习惯偏好，针对顾客拒绝购买的心理障碍，采取不同的推销对策。

5. 推销实务知识

推销工作不是专门的理论研究，而是一门操作性很强的事务性工作。推销人员只有掌握了一定的推销理论、洽谈技巧、结算知识、买卖合同的内容等实务性知识，才能很好地开展产品推销工作。

三、其他素质

其他素质包括推销人员自身具有的条件和特点。推销人员在推销商品的同时，也在推销自己。因此，一名合格的推销人员还应该具备以下素质：

1. 身体健康

健康的体魄是推销人员成功的重要条件。推销人员每天都会与各种各样的顾客打交道，需要有充沛的体力和精力，所以，健康的身体是重要的保证。

2. 仪表恰当

推销人员应在语言、举止、服装、风度等方面讲究礼仪。推销人员的着装应得体，应该尽力接近顾客的审美水平。

3. 待人礼貌

礼貌待客能满足顾客受人尊敬的心理需求，所以彬彬有礼是一种有力的推销武器。讲礼貌，对客户用尊称，以表示尊重；尊重别人选择商品的权利；赴约时要守时，尊重顾客的时间安排。

4. 善于交谈

推销的核心是说服，所以它比仪表、装束更重要。老练的推销人员往往都会认真仔细地总结出一套说话的技巧，随机应变的、清晰而又充满热情的说话十分必要。推销人员还应善于倾听，有时“沉默是金”。因为顾客一般都喜欢那些不仅善于讲话，而且善于听别人讲话的人。

5. 心理素质强

推销人员应找到自己的闪光点，具备积极的自我激励、情绪控制、承受挫折的能力等。

〖思考与讨论〗

1. “难谈的事是好事”。

2. “营销没有分外事”。

分析提示：

(1) “难谈的事是好事”：这句话传达了一种积极面对挑战的态度。在商业谈判或日常工作中，难以解决的问题或难以达成的协议，往往蕴含着巨大的机遇或潜在的价值。难谈的事情可能意味着更高的利益回报、更深层次的合作机会或更广阔的市场空间。因此，将难谈的事视为好事，可以激励人们以更加积极的态度面对和解决问题，从而抓住机遇，获得成功。

（2）“营销没有分外事”：这句话强调了营销的全面性和重要性。在商业环境中，营销不仅是销售部门的事情，而且涉及企业的方方面面。无论是产品设计、客户服务、品牌推广还是供应链管理，都与营销息息相关。因此，企业的每位员工都应该具备营销意识，将营销理念融入日常工作中，共同为企业的品牌塑造和市场拓展贡献力量。这种全员参与、全方位营销的理念有助于提升企业的整体竞争力。

（二）广告

1. 广告的概念

广告是企业以付费的形式，通过一定的媒介，向广大目标顾客传递信息的有效方法。现代广告不应只是一味地单向沟通，而是应该注重双向沟通，即应将企业与顾客共同的关心点结合起来考虑广告的制作和传播。

酒店广告是通过购买某种传播媒介的时间、空间或版面来向目标消费者或公众进行宣传或促销的一种手段。对于酒店而言，如何凸显自身的特色，如何使消费者选择适合自己的酒店，如何使酒店与消费者在“第一次亲密接触”之前能够有良好的沟通，从而使酒店的需求曲线上扬，就是酒店广告所要完成的任务。

酒店广告对酒店的意义在于：为酒店及其产品树立形象，刺激潜在的消费者产生购买的动机和行为。营销专家认为，当营销进入较高层次或产品具有较大同质性时，市场营销并非产品之战，而是知觉之战。酒店市场正是如此。广告则是酒店企业校正知觉、引导知觉的一个有力工具。

2. 制定酒店广告策略

首先，酒店企业应确定目标市场以及具有竞争力的市场定位。目标市场是指具有相同需求或特征的，企业决定为之服务的购买者群体。酒店企业明确了目标市场，就可以有针对性地发挥广告的渗透作用。酒店企业的目标市场应具备以下特点：既是对酒店产品有兴趣、有支付能力的消费者，也是酒店有能力覆盖的消费者。酒店企业应该确定以什么样的方式、为什么人、提供什么样的服务。只有这样，它才具有竞争优势，才能够获得顾客的青睐。在酒店广告雷同的情况下，与众不同的宣传酒店特色的广告更有必要。

其次，科学制定广告方案。酒店企业应明确广告的目的，做好广告预算，传递真实可信、打动人心的信息，并选择适当的媒体。广告目标是指在一个特定时期内，对于特定的目标受众所要完成的特定的传播任务和所要达到的沟通程度。确定了广告目标后，酒店企业便可以着手制定广告预算，选择受众面大、辐射面广、对消费者有一定影响的媒体，将酒店的安宁、幽雅、温馨、浪漫等信息传递给目标顾客，激发各种年龄潜在顾客的想象和向往，从而促使其产生购买行为。

最后，合理评价广告效果。在沟通的过程中，每个阶段都存在信息的损失。虽然广告与销售量之间的关系并非线性，但仍然需要对广告的效果进行衡量。优良的广告策略离不开对广告效果的衡量。评价既可以作为对即将投放的广告的效果预测，又可以作为对已投放的广告效果的分析，还可以作为对今后营销计划的借鉴。

常用的几种衡量方法为：

（1）反馈测量法。如果一则广告的设计是要让受众提出索要信息的要求，或是提供咨询或预订电话，酒店企业就可能精确地对照成本对反馈结果进行量化。在实际操作中，酒店企业可通过发放折扣券来吸引顾客消费，以此来衡量广告宣传是否到位。

（2）沟通效果的市场调查测量法。对于重要的广告活动，酒店企业可以分别在活动前后对目标客户进行访谈式抽样调查，以此来评估记忆程度和态度的变化。例如，酒店企业可以就近调查来酒店入住或用餐的客人是如何知道本酒店的。如果客人是受广告的影响，酒店可请客人陈述广告的主要内容。

（3）沟通效果的预先测试。如果广告活动的规模较大，酒店企业可以预先对沟通效果进行测试，通常可以先在目标受众中对3～4个替代性的广告创意进行抽样调查，以评价它们所引起的反应。

知识链接

广告媒体

酒店广告是通过各种大众传播媒体，如广播、电视、报纸、杂志等以及支付费用的方式向目标市场传递有关酒店信息，展示酒店的产品和服务。

酒店广告决策包括广告决策步骤、广告创意、广告的执行等。随着数字化营销的兴起，酒店广告媒体涉及以下几个方面。

1. 社交媒体广告

微信平台（官方服务号）：酒店可开设微信服务号，在服务号底部菜单栏设置预订及服务、会员活动、更多礼遇等板块。

搜一搜官方区：用户通过搜索酒店关键词，会跳转到官方预设的页面。该页面可设置客房预订、餐饮预订、会员注册等模块，也有服务号、视频号、小程序的跳转链接。

朋友圈广告：酒店可根据人群用户画像，引导用户完成公众号关注、卡券发放，达成客资收集等推广目的。

微博：酒店可以通过发布最新的优惠信息、活动消息、酒店设施介绍等内容，吸引用户的关注和兴趣。

小红书：酒店可以通过发布旅游攻略、当地美食推荐、旅行故事等有趣的、有价值的内容，增加用户的参与度，提升酒店的知名度和品牌形象。

2. 搜索引擎优化

优化网站：酒店可通过优化酒店网站的关键词、内容和结构，提高在搜索引擎中的排名，增加网站的曝光度和流量。

3. 电子邮件营销

个性化邮件：酒店可根据客户的偏好和历史消费记录，定制邮件内容，增加客户的参与度和购买意愿。

4. 网络广告营销

定向投放：酒店可选择在相关旅游网站、社交媒体平台、搜索引擎等投放广告，根据目标客户群体的特征和兴趣定向投放广告，提高广告的效果和转化率。

5. 移动应用营销

移动应用程序：酒店可开发移动应用程序，提供在线预订、特别优惠、客户反馈等功能，通过移动应用发送推送信息，向客户提供个性化的优惠和信息。

这些内容展示了酒店在不同广告媒体上的应用和策略，有助于酒店在竞争激烈的市场中提升品牌知名度和客户参与度。

资料来源：陈学清．酒店市场营销［M］．3 版．北京：清华大学出版社，2023.

（三）营业推广

营业推广是由一系列具有短期诱导性、强烈刺激的促销方式所组成的，适宜于短期推销的促销方法。概括来说，营业推广具有以下特点：

1. 促销效果显著

在进行营业推广的活动中，可采用的方式多种多样。企业只要能选择合理的营业推广方式，就会很快地收到明显的促销效果，而不像广告和公共关系那样需要较长的时间才能见效。因此，营业推广适合于在一定时期内、一定任务的短期性促销活动中使用。

2. 促销方式具有辅助性

人员推销、广告和公共关系都是常规性的促销方式，而多数营业推广方式则是非常规性和非经常性的，只能是常规性的促销方式的补充。企业使用营业推广方式开展促销活动，虽然能在短期内取得明显的效果，但是它一般不单独使用，常需配合其他促销方式使用。企业可运用营业推广与其他促销方式相互配合以更好地发挥作用。

3. 有贬低产品之意

企业采用营业推广方式，可能会使顾客产生“机会难得、时不再来”的感觉，从而导致顾客需求动机的削弱和购买行为的惰性。营业推广的一些做法会使顾客认为企业有急于抛售的意图。若企业频繁使用或使用不当，往往会引起顾客对产品质量、价格产生怀疑。因此，企业在开展营业推广活动时，要注意选择恰当的方式和时机。

营业推广一般只作为人员推销和广告的补充方式，具有刺激性强、吸引力大的特点。

与人员推销和广告相比，营业推广不是连续进行的，只是一些短期、临时性的能够使顾客迅速产生购买行为的措施。

案例分析

铁路服务创新升级：精准票制改革与银发服务优化双轮驱动

在新时代交通强国重大战略部署指引下，中国铁路持续深化供给侧结构性改革，以创新服务举措回应民生需求。2025 年，国铁集团通过“梯度化定期票+计次票”组合创新与银发服务“三大升级”，构建起覆盖高频通勤、商务差旅、老年出行等多维场景的服务新生态。这一系列改革不仅通过票制精细化设计降低了跨城通勤成本，更以会员积分优惠、设施适老化改造等举措精准服务超 3 亿老年人口，展现了铁路服务从“普惠型”向“精准化”的转型升级，为促进区域协同发展、激发银发经济活力注入新动能。

1. 创新定期票、计次票组合

在原有 60 次/30 日定期票的基础上，国铁集团新推出 10 次/30 日、15 次/30 日、20 次/30 日、25 次/30 日、30 次/30 日、35 次/30 日、40 次/30 日、45 次/30 日、50 次/30 日、55 次/30 日共 10 种梯度定期票选择，形成“10+1”票制矩阵，精准匹配每日往返、弹性通勤等差异化需求。与此同时，计次票新增 10 次/90 天选项，加上既有 20 次/90 天计次票产品，为商务差旅、短期项目制工作等提供灵活解决方案。除此之外，11 个定期票产品在新票制实施后，将实施最低 8.5 折、最高 6.2 折 6 种折扣优惠，进一步惠利跨城旅客出行。另外，依托“铁路 12306”平台，新票制实现“一次购买、全程畅行”。旅客购票后可直接刷身份证或手机二维码进站，支持“当日一次有效”灵活乘车，实现“随到随走”。新票制以“梯度化、弹性化”为核心理念，通过定期票、计次票组合创新，实现“高频出行享优惠、灵活选择更便利”，进一步降低群众跨城通勤成本，提升铁路服务民生效能。

2. 银发旅客会员积分优惠

自 2025 年 4 月 1 日起，国铁集团在现行“铁路畅行”常旅客会员服务的基础上，对年满 60 周岁持居民身份证、港澳居民居住证、台湾居民居住证、港澳居民来往内地通行证、台湾居民来往大陆通行证、外国人永久居留身份证的老年常旅客会员实施更大幅度的积分优惠，积分可兑换火车票。年满 60 周岁的常旅客会员乘坐旅客列车（暂不含旅游专列、国际列车）时将获得票面金额 15 倍的积分，相当于普通常旅客会员的 3 倍，即花费 1 000 元乘坐火车，可获赠 1.5 万积分，兑换火车票时可抵 150 元使用。这一举措将更好地满足老年旅客对美好旅行生活的向往，助力更多老年人去追寻“诗和远方”，进一步激发养老消费市场潜能，为促进银发经济发展、扩大服务消费注入新动能。

3. 银发市场的服务设施升级

一是优化老年旅客购票服务。铁路 12306 网站、客户端（App）推出“敬老版”，具有字体大、图标大、对比度高等特点，操作界面直观易懂，功能布局丰富完善，已累计服务1 223万人次；保留车站窗口人工售票和现金服务，铁路12306为购买卧铺车票的年满60周岁老年旅客自动优先配售下铺；年满65周岁老年旅客使用注册时登记的手机拨打12306客服电话时，直接转人工服务。二是优化老年旅客出行服务。持续优化完善特殊重点旅客服务，年满65周岁无陪伴或行动不便的老年旅客，可通过铁路12306和车站服务台预约，铁路部门将提供专区候车、引导帮扶等服务；在大中型客运车站开设爱心通道，为老年旅客提供优先安检、验证服务；设置无障碍卫生间、自动升降电梯等设施，为行动不便的老年旅客乘车出行提供更多便利。三是优化适老化客运产品。大力开行满足老年旅客特定需求、以老年旅客为主要群体的银发旅游列车，对硬件设施进行适老化改造，精心设计旅行线路，配备专业适老化服务管理团队，推出棋牌、歌咏、观影、阅览等老年人喜爱的活动，更好地满足老年旅客个性化、多样化出行需求。

从“一刀切”到“梯度化”，从“标准化”到“适老化”，中国铁路的服务创新实践彰显了“人民铁路为人民”的根本宗旨。票制改革的“加减法”实现了资源精准配置，银发服务的“适老化”诠释了人文关怀温度。未来，随着“10+1”票制矩阵的落地和老年友好型服务的深化，铁路系统将持续释放民生红利，既做区域经济发展的“加速器”，更当美好生活追求的“助推者”，为构建新发展格局书写更具温度的交通答卷。

资料来源：黄紫玮. 低至6.2折，今天起广深城际加推多种优惠“计次票”[N]. 广州日报，2025-03-13.

分析：

该案例采用了哪些促销方式？谈谈你对这些促销方式的看法。

要点提示：

该案例主要采用了三种促销方式：（1）差异化定价策略，通过“10+1”梯度票制和折扣优惠吸引不同出行频次的旅客；（2）会员积分激励，针对银发族推出15倍积分增值服务；（3）增值服务促销，提供适老化设施和专属服务提升体验。

这些促销方式具有显著创新性：梯度票制精准匹配需求，既提升了上座率，又降低了空驶率；银发积分政策巧妙地将社会福利转化为消费激励；适老化服务则通过提升用户体验来培养忠诚度。特别是将传统价格促销与服务增值相结合，既刺激了短期消费又培育了长期市场，体现了“精准营销+社会责任”的现代促销理念。这种组合式促销不仅提升了铁路经济效益，更通过服务特殊群体彰显了公共企业的社会价值，为交通服务业促销策略提供了新范式。

（四）公共关系

公共关系是企业通过有计划的长期努力，影响团体与公众对企业及产品的态度，从而使企业与其他团体及公众建立良好的关系，使企业能适应环境，获得更大的发展。

公共关系既是公共关系组织及成员与其相关的组织与公众的一种特殊联系，也是一门“内求团结、外求发展”的管理艺术。良好的公共关系可以达到维护和提高企业的声望、获得社会信任的目的，从而间接促进产品的销售。公共关系应具备三种基本职能，即传播与沟通职能、联络与协调职能、咨询与引导职能。通过塑造良好的形象来促进经济效益的增加，是公共关系促销方式的显著特点。

案例分析

雀巢公司运用公共关系手段渡过难关

雀巢公司是一家大型跨国公司，作为一家享誉全球的国际性公司，它的三大类产品是乳制品、速溶咖啡和厨房用品。然而，20 世纪 70 年代初，世界范围内一种舆论甚嚣尘上：雀巢食品的竞销导致发展中国家母乳哺育率的下降，从而导致婴儿死亡率的上升。由于当时雀巢公司决策层拒绝向公众解释，加上竞争对手的煽风点火，如出版一些直接针对雀巢的小册子，冠以骇人听闻的标题如“杀害婴儿的杀手”等，以至于到了 20 世纪 80 年代，世界范围内形成了一场抵制雀巢奶粉、巧克力及其他食品的运动，雀巢产品在欧洲市场几乎无立足之地，雀巢公司面临着严重的危机。

在严酷的事实面前，雀巢公司的决策者不得不重金礼聘世界著名公共关系专家帕根来商量对策，帮助公司度过这一危机。帕根根据调查所得材料，制订了周密详细的公共关系计划。他将重点放在抵制最为强烈的美国市场，并采取了一系列措施，如虚心听取社会各界的批评，开展大规模的游说活动，组织有权威的听证委员会审查雀巢公司的销售行为等，使公众逐步改变态度；并且建议接任雀巢公司总经理一职的毛奇开拓发展中国家市场，并投入精力发展该市场。在开拓市场的过程中，毛奇吸取了以往的教训，不只是将发展中国家单纯看作雀巢的市场，而是从建立互利的伙伴关系着手。雀巢公司制定了以下目标：一是与知名公共关系专家建立联系；二是确立危机处理小组在舆论制造者心中的地位；三是使雀巢公司有机会发表自己的言论；四是确保与公众不间断的信息交流。

雀巢公司每年花费大量资金从发展中国家购买原料，每年投入大量资金帮助这些国家提高农业产量；高薪聘请多名专家，在发展中国家举办各种职业培训班。同时，雀巢公司针对雇员开展交流活动，与员工的沟通交流必须在公司内部进行。雀巢公司明确向员工解释引起危机的原因，以及公司正在采取的措施和公司的前景，迅速建立信息传播网络，以使信息能传递至每一位员工。雀巢公司开展了一系列与公众交流沟通的活动。例如，雀巢公司进行了大型宣传活动，对产品作进一步详细介绍，让更多的人清楚地了解；对新闻界实行“门户开放，坦诚相待”政策；成立了由医学专家、市民代表及国际政策专家等人组成的专门小组，对相关情况公开监督；进行了大规模的市场调查，搜集各方面的意见资料，针对公众的不同反应制定相应的决策。

这一系列活动使雀巢公司在发展中国家市场建立了良好的形象，也使雀巢产品的销路大增。

资料来源：佚名．案例分析［EB/OL］．（2024－12－06）［2024－12－11］．百度文库．

分析：

雀巢公司采用了哪些公共关系活动？请列举除此之外的公共关系形式。

要点提示：

（1）聘请公共关系专家制订计划：雀巢公司聘请了世界著名的公共关系专家帕根来制订详细的公共关系计划，以应对危机。

（2）虚心听取公众批评：雀巢公司在美国市场等抵制最为强烈的地区，虚心听取社会各界的批评，了解公众的需求和担忧。

（3）开展大规模游说活动：雀巢公司通过组织听证委员会、邀请专家审查销售行为等方式，积极向公众解释和澄清事实，逐步改变公众态度。

（4）制定发展目标，建立互利伙伴关系：雀巢公司不仅将发展中国家视为市场，还从建立互利的伙伴关系着手，与这些国家建立长期、稳定的合作关系。

（5）增加对发展中国家的投资：雀巢公司不仅每年花费大量资金从发展中国家购买原料，帮助这些国家提高农业产量，而且举办各种职业培训班，以促进当地经济发展。

（6）与雇员开展交流活动：雀巢公司向员工解释危机的原因、公司正在采取的措施以及公司的前景，建立信息传播网络，确保信息能够传递至每一位员工。

（7）与公众进行沟通交流：雀巢公司进行了大型宣传活动，对公司产品进行详细介绍，并通过邮寄资料、对新闻界实行开放政策、成立专门小组监督等方式，与公众保持不间断的信息交流。

除了上述列举的公共关系活动外，还有其他一些公共关系形式可以应用于企业危机管理中，如新闻发布会、社交媒体营销、赞助公益活动、内部沟通、危机模拟演练等。

万豪旅享家

2019年2月起，万豪酒店整合了会员奖励计划，正式命名为“万豪旅享家”（Marriott Bonvoy）。顾名思义，会员奖励计划提供了积分累积、房间升级、免费早餐、延迟退房等专属福利，在提升了会员住宿体验的同时降低了会员的入住成本。

1．会员等级

普通会员：每年0至9晚住宿；银卡：每年10晚住宿；金卡：每年25晚住宿；白金卡：每年50晚住宿；钛金卡：每年75晚住宿；大使：每年100晚住宿，且合格消费达到23 000美元。

2．终身会籍

会员可以终身享有会籍待遇且积分长期有效。终身银卡：累积250个有效房晚+5年银卡或更高级别会籍。终身金卡：累积400个有效房晚+7年金卡或更高级别会籍。终身白金卡：累积600个有效房晚+10年白金卡或更高级别会籍。

3. 会员礼遇

万豪酒店的高等级会员在多数酒店能享受到包括双份早餐、行政酒廊使用权、迎宾水果、套房升级以及延迟至下午4点退房的福利。这些特权是万豪忠实拥护者热衷于保持会员等级的原因之一。

4. 白金快速升级通道

万豪酒店的常规白挑（白金挑战）：会员一般需要在90天内付费入住16晚。淘宝88VIP会员可升级至万豪金卡，在120天内完成8晚住宿即可通过白挑，会员资格有效期将持续至次年。飞猪F4会员或支付宝钻石会员不仅能匹配到金卡，还能额外获得120天的白金体验期，同样在120天内住满8晚即视为白挑成功，会员资格有效期延续至次年。中信银行万豪旅享家白金卡，刚性年费6 800元，每账单年累计积分消费人民币50万元，即可获得白金会员会籍。

资料来源：梦游家.【常旅客】万豪会员入进门，酒廊、套房通通有！［EB/OL］.（2024-09-14）［2024-12-11］.微信公众平台.

分析：

该案例采用了哪些促销方式？结合案例分析各种促销方式的优缺点。

要点提示：

(1)会员奖励计划：通过积分累积、房间升级等福利吸引并留住会员，提升住宿体验和降低入住成本。优点在于增强客户忠诚度，促进重复消费；缺点则在于需要长期投入，且效果依赖于会员活跃度。

(2)会员等级制度：设置不同等级的会员，提供差异化服务。优点在于激励会员增加住宿次数和消费金额，提升品牌形象；缺点在于可能导致会员之间产生不公平感，且高等级会员的维护成本较高。

(3)合作促销：与淘宝、飞猪、中信银行等合作，提供快速升级通道和额外福利。优点在于扩大品牌影响力，能够吸引更多的潜在客户；缺点在于合作成本较高，且合作方的信誉和服务质量可能影响品牌形象。

二、组合促销策略及影响因素

（一）组合促销策略

企业如果想要获得良好的促销效果，就必须根据促销目标与任务、产品类型与性质、市场范围与规模、消费者素质与购买阶段等因素对人员推销、广告、营业推广、公共关系等各种促销方式进行综合运用、有机组合。由于影响因素的多样性、复杂性和促销方式多元、多变的特点，因此组合促销的模式也多种多样。在促销实践中，由于各种促销方式的排序不同、重要程度不同，因此就形成了具体的组合促销策略（见图9-3），包括推式策略、拉式策略、推拉结合策略。

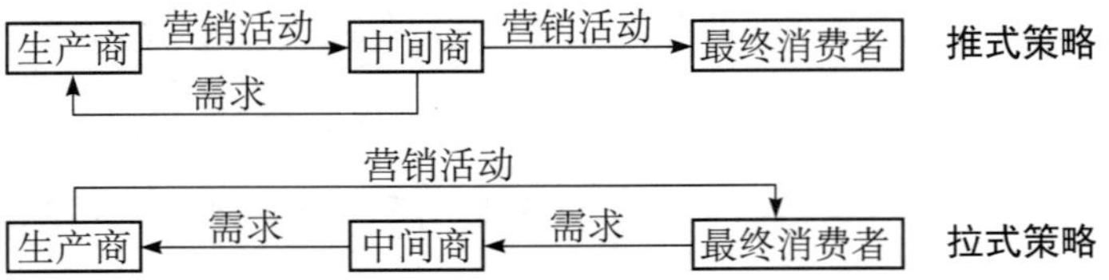

图 9-3　促销策略的主要形式

1. 推式策略

推式策略是指利用推销人员与中间商开展促销活动，将产品推入渠道的策略。推式策略亦称高压策略，企业需利用大量的推销人员推销产品，它适用于生产商和中间商对市场潜力看法一致的产品。推式策略风险小、推销周期短、资金回收快，但前提条件是需要有中间商的共识和配合。

为了有效地运用推式策略，企业必须具备以下三个条件：

（1）拥有高品质的单一产品，该产品具有推销卖点。为了促成销售，推销人员必须能够吸引潜在顾客的注意力和兴趣。

（2）拥有相对高价位的产品。中间商只有获得足够大的毛利，才能负担推销活动所需的费用，而且推销人员拜访客户也是一笔很大的开销，所以运用推式策略的产品必须能够负担所支出的费用。

（3）对于中间商及推销人员，企业必须给予其经济上的激励。

2. 拉式策略

拉式策略是企业针对最终消费者展开广告攻势，将产品信息介绍给目标市场的消费者，使其产生强烈的购买欲望，形成急切的市场需求，然后促使中间商纷纷要求经销这种产品。

在下列情况下，企业应运用拉式策略：产品差异性不大；企业拥有充分的资金，有力量支持广告促销；企业的产品的销售对象比较广泛；新产品初次上市，需要扩大知名度；等等。

企业运用拉式策略时主要有以下几种方法：进行广告宣传；实行代销、试销；创名牌、树信誉，增强消费者的信任感；举办产品的展销会、订货会。

3. 推拉结合策略

推拉结合策略，又称混合策略，在通常情况下，企业也可以将上述两种策略配合起来运用，在向中间商进行大力促销的同时，通过广告刺激市场需求。

推式策略的重心在于推动，着重强调企业的能动性，表明消费需求是可以通过企业的积极促销而被激发和创造的。拉式策略的重心在于拉引，着重强调消费者的能动性，表明消费需求是决定生产的基本因素，企业的促销活动只有符合消费需求，才能取得事半功倍的效果。

（二）影响促销组合的因素

企业在制定促销组合战略，运用推拉策略时，需要考虑很多因素，主要有以下六种：

1. 企业类型

不同类型的企业应该采取不同的促销组合策略。小型的工业品公司应以推式策略为主，这是由于公司实力不足以承担庞大的广告宣传费用，并且顾客群体范围较为狭窄，采用人员促销是比较适合的。某些直销公司应以拉式策略为主，它们是以消费者为目标，跨过中间商，直接进行产品营销。规模较大、实力较强的公司，则可以采用推拉结合策略，一方面利用大众传媒广告来进行拉引，另一方面利用庞大的销售队伍和众多的销售渠道来进行推动。

2. 企业营销目标

由于市场环境、资源条件及经营管理方面的差异使得每个企业的经营战略各不相同，因此企业所选择的促销策略也不同。当企业将保持较高的销售量和相对市场占有率作为战略目标时，由于强调市场目标，该企业应以拉式策略为主，进行低价渗透；当企业将获取较高的利润率作为战略目标时，由于强调利润目标，该企业应以推式策略为主，以高价获得利润，为企业带来较大的经济效益。

3. 产品因素

企业制定促销组合策略时必须考虑产品的特性、企业产品的组合以及产品的生命周期，依据产品因素的不同来设计不同的促销策略。

4. 行业竞争状况

在竞争日趋激烈的行业，企业应主要以拉式策略为主。因为产品的同质性增强，消费者对产品已有较高的认知度，此时消费者更关注产品的性价比和品牌知名度。通过广告和公共关系，企业使产品在众多的产品中脱颖而出，吸引消费者目光，提高产品知名度。通过适当的营业推广，企业可以有效地增加销量，锁定消费者。竞争激烈程度较低的行业通常具有一定的技术、资金或政府壁垒，在这种情况下，企业一般应以拉式策略为主。由于这类行业中的产品一般单价较高，有一定技术要求，并且目标用户较为狭窄，因此采用专业人员面对面的推销方式是最合适的。

5. 顾客购买过程

根据顾客购买的不同阶段，推拉策略所起的作用也有主次之分。当顾客处于知晓和认知阶段时，企业应以拉式策略为主、以推式策略为辅。由于此时企业需要加强形象建设和提高产品知名度，因此广告和公共关系的促销效果最好。当顾客处于喜欢与偏好阶段时，企业需要提高顾客的满意度，体现出优于竞争企业的性价比优势，因而营业推广的作用逐渐提高，广告和公共关系的重要性下降。从确认到购买阶段，企业应逐渐以推式策略为主，在这一阶段企业需要提升顾客的满意度，促销方式的选取依次是人员促销、营业推广、广告和公共关系。从购买到再次购买阶段，企业应重视顾客关系的维护和顾客价值的提升，最好的促销方式是营业推广，人员促销的重要程度下降，广告和公共关系可以适时采用。

6. 促销预算

开展促销活动就必须有资金的投入。无论采用哪种促销策略、促销组合，企业都应该根据实际情况来编制促销预算。企业编制促销预算时，必须确定合理的促销费用。促销费用过低，会影响促销效果；促销费用过高，又可能会影响企业的正常利润。

当今社会发展中，最有效的方法并不是单一地运用推式策略或者拉式策略，而应该是前拉后推、推拉结合。促销的基本过程就是运用“推动”和“拉引”两种力量，促使渠道成员或消费者购买企业的产品或服务。推拉策略是企业在促销时运用的基本策略，每个策略都有优缺点和适用条件，企业应该根据实际需要酌情使用，综合使用各种促销手段。

〖思考与讨论〗

促销活动是否是提高销量的关键？

分析提示： 虽然促销活动在一定程度上能够刺激消费者的购买欲望，在短期内提升销量，但是将其视为提高销量的关键并不全面。从长期来看，产品质量、品牌形象、客户服务、市场定位等因素才是决定销量的核心。促销活动往往只能给企业带来短暂的销量增长，若产品质量不佳或服务不到位，消费者仍不会持续购买。此外，频繁的促销活动还可能损害品牌形象，让消费者认为产品原价过高或品质不佳。因此，企业应更注重提升产品本身的竞争力，建立良好的品牌形象和客户忠诚度，通过持续创新和优质服务来赢得市场，而非仅仅依赖促销活动来提高销量。

项目三 酒店产品消费异议及处理

成功的最大阻碍是放弃。推销工作也是如此。从某种角度来说，推销人员的成功都是从遭受拒绝开始的，遭受拒绝是成功推销的开始。所以，推销人员应该认识到：顾客提出异议是很正常的，要将顾客的异议看成是推销的真正开始，要针对顾客异议的不同类型设定标准应答语，在实际中灵活运用。

活动1　酒店顾客异议假设

活动目的： 开发学生思维，引导学生正确认识酒店顾客异议。

活动内容与要求： 小组讨论，尽可能多地列举酒店顾客的异议案例。

结果与检测： 能够正确、全面地列举案例。

提示： 教师及时引导、纠正。

活动2　排除顾客酒店异议训练

活动目的： 锻炼学生排除顾客酒店异议的能力。

活动内容与要求： 对活动1列举的酒店异议进行归纳，团队成员对异议进行排除；制作简易的PPT汇报，学生互评；教师点评，比较评价。

结果与检测： 能够科学地进行异议排除。

提示： 教师及时引导、评价。

一、顾客异议的表现形式

顾客异议属于推销障碍，是指顾客针对推销人员及其在推销中的各种活动所作出的一种反应，是顾客对推销产品、推销人员、推销方式和交易条件发出的怀疑、抱怨，提出的否定或反对意见。常见的顾客异议有以下几种表现形式：

（一）需求异议

需求异议是指顾客认为不需要产品而形成的一种反对意见。它往往表现为推销人员向顾客介绍产品之后，顾客当面拒绝的反应。例如，一位女顾客对某一饮品提出不需要的意见。这类异议有真有假。真实的需求异议是成交的直接障碍。推销人员如果发现顾客确实不需要产品，那就应该立即停止营销。虚假的需求异议既可能表现为顾客拒绝的一种借口，也可能表现为顾客没有认识或不能认识自己的需求。推销人员应认真判断顾客需求异议的真伪，对于存在虚假需求异议的顾客，应设法让其觉得推销产品提供的利益和服务，迎合顾客的需求，使之动心再进行营销。

（二）财力异议

财力异议是指顾客认为缺乏货币支付能力的异议。例如，“产品不错，可惜无钱购买”。推销人员应准确辨认真实或虚伪的财力异议。真实的财力异议处置较为复杂，推销人员可根据具体情况，协助对方解决支付能力问题（如答应赊销、延期付款等），或者通过说服使顾客觉得购买机会难得而负债购买。对于作为借口的异议，推销人员应该在了解真实原因后再作处理。

（三）权力异议

权力异议是指顾客以缺乏购买决策权为理由而提出的一种反对意见。例如，顾客表示“做不了主”“领导不在”等。权力异议也有真实或虚假之分。推销人员在寻找目标顾客时，就需要对顾客的决策权力状况进行认真的分析，即找准决策人。对没有购买权力的顾客极力推销商品是营销工作的严重失误，是无效营销。

（四）价格异议

价格异议是指顾客以推销产品价格过高而拒绝购买的异议。无论产品的价格怎样，总会有人认为价格太高、不合理或者竞争者的价格更有优势。例如，“太贵了，最好能便宜点”。在实际营销工作中，价格异议是最常见的，推销人员如果无法处理这类异议，就难以达成交易。

（五）产品异议

产品异议是指顾客认为产品本身不能满足自己的需求而形成的一种反对意见。例如，“我不喜欢这种款式”。产品异议表明顾客对产品有一定的认识，但了解还不够，担心这种产品能否真正满足自己的需要。虽然有比较充分的购买条件，但是不愿意购买。因此，推销人员一定要充分掌握产品知识，能够准确、详细地向顾客介绍产品的使用价值及其利益，从而消除顾客的异议。

此外，还有推销人员异议、货源异议、购买时间异议等。因此，推销人员应认真分析异议的真正原因，利用恰当的方法来正确处理异议。

二、处理顾客异议的基本策略与方法

（一）处理顾客异议的基本策略

（1）欢迎顾客提出异议。异议既是成交的障碍，也是成交的信号。推销人员应认真分析顾客的异议，找出原因，听到异议时表情要自然。

（2）避免冒犯顾客。推销人员应避免与顾客争吵和冒犯顾客，应回避一些与成交关系不大的异议。

（3）向顾客提供有关证据。推销人员向顾客提供的有关证据包括文字、图片、使用者的感受、数据统计资料、报刊文章摘要、市场调查报告、承诺和示范结果等。

（二）处理顾客异议的方法

1. 补偿法

补偿法是指推销人员利用顾客异议以外的该产品的其他优点或长处对顾客异议涉及的短处进行补偿或抵消的一种方法。该方法适用于顾客的反对意见确实有道理的情况，这时推销人员采取否认的态度和反驳的策略是不明智的。在推销实践中，当顾客冷静地提出一些确实存在的购买异议时，推销人员应客观地对待，通过详细的产品介绍使顾客既看到产品的缺点，也清楚认识到产品的优点，并且确信优点大于缺点，该产品值得购买。

例如，顾客说："酒店环境确实不错，就是价格高了点。"这是一种客观的购买异议。推销人员不应该反驳和否定，应该在肯定的基础上加以补偿。"价格确实有点贵，但舒服、放心呀……"推销人员运用补偿法承认顾客异议，并突出了诉求重点，抵消和补偿了顾客异议，使顾客在心理上找到了平衡，有利于交易的达成。

【小训练】利用补偿法设计某药膳的推销语。

2. 转化处理法

转化处理法是指利用顾客异议积极的一面去克服顾客异议消极的一面，将顾客拒绝购买的理由转化为说服顾客，使其产生购买欲望的理由，将顾客异议转化成达成交易的信号，促使顾客产生购买欲望，最终达成交易。例如，预订包年客房的顾客表示："房价又涨了。"推销人员说："是的，标间涨了 20 元。根据市场行情，下个月还会再涨，您最好提前预订，可以节约一部分资金。"

3. 重复与削弱法

重复与削弱法是指针对某些不确切的、夸张的反对意见，推销人员先用婉转的语调将顾客的异议复述一遍，使其变得较为确切、温和，然后予以答复的一种处理方法。这一方法有助于通过重复来削弱顾客异议的尖锐程度甚至改变性质来缓和沟通与协商的气氛。

4. 有效比较法

有效比较法是指在推销洽谈过程中，推销人员不直接反驳顾客的购买异议，而是通过与顾客对可以考证的事件进行比较，凸显推销产品的优点，以此打动顾客，最终消除顾客异议的一种方法。

直接反驳顾客的意见或建议常常会激怒顾客，而没有针对性地介绍产品的特点，顾客往往又听不进去。推销人员运用有效比较法，可以使推销产品的优点凸显出来，更容易感染顾客，使他们产生购买欲望。有效比较法既适用于推销产品的使用价值的比较，也适用于产品价格、工艺水平、质量效用等方面的比较。

【小训练】请列举一些你遇到的顾客异议的事例，分析营业员的处理是否恰当。

操作训练

1. 案例分析

分析本模块案例"万豪旅享家"并讨论：

万豪旅享家系列活动的设计有哪些优势？你能否设计一种更完美的促销方案？

要点提示：万豪旅享家系列活动的设计优势在于会员奖励计划的丰富性和灵活性，

通过积分累积、房间升级、免费早餐等福利提升了住宿体验，同时设置了不同等级的会员制度，激励会员增加住宿次数和消费金额。此外，万豪酒店还与多个平台合作，提供了快速升级通道，进一步吸引了潜在客户。

更完美的促销方案可以考虑增加个性化服务，如根据会员的消费习惯和偏好，提供定制化的住宿体验和优惠活动；可以引入社交媒体元素，鼓励会员分享住宿体验，通过口碑传播吸引更多新客户；还可以设置积分兑换商城，提供更多样化的积分使用方式，增强会员的参与感和忠诚度。这些措施将有助于进一步提升万豪旅享家的市场竞争力。

2. 团队操作

实训内容：为当地某家酒店企业进行商品促销活动策划。

实训目标：让学生在调研的基础上，为酒店设计促销方案，并实施促销。

实训组织：成立实训小组，要求 3～6 人为一组。以小组为单位，在两周内利用周末时间来完成实训任务。

实训提示：注意利用本模块所学的策略与技巧。

实训成果：过程与效果汇报，制作 PPT。

3. 情景模拟

实训内容：学生扮演不同角色，模拟酒店促销活动。

实训目标：让学生体会酒店营销观念指导下的促销策略。

实训组织：成立实训小组，要求 2～3 人为一组。关注酒店大堂经理与工作人员一天的工作，学生分别扮演酒店营销岗位的不同角色与客户角色，现场模拟酒店促销活动。请注意从公共关系功能的角度讨论其工作的性质。其他学生观察，发现问题并讨论。

模块小结

完成本模块，你应该清楚：

1. 促销是指通过人员和非人员的方法传播产品信息，影响和促进顾客购买某种产品，或者使顾客对企业及其产品产生好感和信任的活动。促销的实质是营销者与购买者之间的信息沟通。

2. 促销的信息沟通不是单向式沟通，而是一种由卖方到买方以及由买方到卖方的不断循环的双向式沟通。促销主要有人员推销、广告、营业推广、公共关系四种方式，它们有各自具体的操作方式和各自的适用性。

此外，你应该明确推销人员应具备的素质，了解针对不同对象进行营业推广的方式，掌握公共关系的重要性及广告策划的内容。

素养园地

素养目标：酒店专业学生应深入理解市场环境的变化，掌握在线促销策略的制定与执行，能够根据消费者的需求和偏好，灵活调整促销方式，提升酒店的市场竞争力。在数字化时代，学生需熟练掌握数字营销工具和技术，如大数据分析、社交媒体营销等，以精准定位目标客户群体，提高促销活动的有效性和效率。

折扣还是积分？不同时间距离下在线酒店促销策略对预订意愿的影响研究

在数字化时代，在线促销对消费者进行酒店预订的决策有重要影响。酒店从单一地依托优势地段保证客源，转变为以互联网作为主要分销渠道，再加上线上“货比三家”的便利性和透明性导致促销信息对消费者预订决策的影响越来越大。第52次《中国互联网络发展状况统计报告》显示，截至2023年6月，我国网民规模达10.79亿人，互联网普及率达76.4%。网络购物成为常态，这意味着消费者进行在线酒店预订的方式从线下转移到线上。酒店通过在线旅游预订平台提供酒店价格、产品和服务的相关信息，同时消费者可以在不同的在线酒店比较价格和产品细节。由于在线酒店产品具有较高的不确定性，价格成为消费者的重要考虑因素，因此促销活动对企业和消费者来说有重要意义。从在线酒店企业的角度而言，促销策略在旅游企业刺激旅游者购买、培养旅游者忠诚、提升品牌知名度和公共认知度，以及提高企业经营绩效中发挥着不可或缺的作用。从消费者角度而言，不同的促销工具对于消费者来说是一种有效信息，这是因为在线酒店的信息不对称性导致消费者依赖于更多的信息进行决策。

虽然促销策略能够有效影响在线酒店预订，但是不同的促销信息表述方式下消费者的感知有所差异，从而导致不同的态度倾向和行为意愿。众多在线酒店品牌正在采用各种各样的在线促销活动以刺激旅游者对所购产品或服务的积极响应，进而增加购买可能性。价格促销和积分促销是我国在线酒店的两种主要促销策略。其中价格促销是在线酒店使用频率最高且使用范围最广的促销方式，主要以降价或优惠券的形式吸引消费者。然而，单一的促销方式背后是激烈的价格战所引发的一系列问题，包括虚假的低价和大量的自费服务。而积分促销作为一种非价格促销却很少被酒店作为吸引顾客的主要的促销方式。积分促销作为一种延迟型促销，由于促销优惠取得的时间在价格促销之后，因此对消费者来说具有一定的风险性。但对企业来说，积分促销不仅可以降低开展促销活动的成本，而且能加强消费者与在线酒店品牌之间的联系。

因此，对于在线酒店来说，哪一种促销方式能够更有效地刺激消费者的态度？不同促销方式发挥有效性的内在机制如何？在线酒店如何制定更有效的促销策略？

从结果上看，被试面对从预订到消费不同的时间距离的时候，酒店采取折扣促销还是积分促销对被试预订意愿有重要影响。当被试需要对一周后的度假活动进行在线酒店预订时，采取折扣促销的酒店能够吸引被试有更高的预订意愿；但当度假活动是发生在6个月后，采取积分促销的酒店能够吸引被试有更高的预订意愿。这意味着近时间距离和折扣促销匹配以及远时间距离和积分促销匹配的情况下，消费者更愿意进行预订；感知价值能够充当时间距离与折扣和积分促销对在线预订意愿交互影响的中介变量。被试对“一周后度假”和“折扣促销”以及“6个月后度假”和“积分促销”的情境中各个维度的价值进行总体评估后的分数较高，且在线预订意愿也较高；其他两种情境的感知价值和在线预订意愿都较低。这意味着对于酒店进行在线促销而言，匹配的时间距离与折扣促销和积分促销的组合能够使消费者在进行预订时，对相应的促销活动所产生的价值感知在心理上达到最大化，从而更愿意进行在线预订；感知风险能够充当时间距离与折扣促销和积分促销对在线预订意愿交互影响的中介变量。被试对“一周后度假”和“折扣促销”以及“6 个月后度假”和“积分促销”的情境中各个维度的风险进行总体评估后的分数较低，而在线预订意愿较高；其他两种情境的感知风险较高。这意味着对于酒店进行在线促销而言，匹配的时间距离与折扣促销和积分促销的组合能够最大化地降低消费者对风险的总体评估，从而使消费者更愿意进行在线预订。

资料来源：张若男．折扣还是积分？不同时间距离下在线酒店促销策略对预订意愿的影响研究［D/OL］．成都：西南财经大学，2024.

问题：在线酒店促销策略中，折扣促销和积分促销分别适用于哪些情境？

分析提示：折扣促销适用于消费者需要立即预订并消费的情况，如短期内的度假活动（如一周后）。在这种情况下，消费者更看重即时的优惠和实惠，折扣促销能够直接刺激他们的预订意愿。而积分促销则适用于消费者计划在未来较长时间后进行消费的情况，如 6 个月后的度假活动。积分促销作为一种延迟型促销，可以通过积分累积和兑换机制，增强消费者与酒店品牌的黏性，降低他们对风险的感知，从而提高远期预订的意愿。

思考练习

1. 促销组合包括哪些主要策略？企业应如何运用这些策略？
2. 人员推销的主要步骤以及对推销人员的要求有哪些？
3. 促销、促销组合、人员推销的含义各是什么？
4. 企业应该如何做好公共关系工作？企业可采取哪些手段？

模块十 创新酒店市场营销

学习目标

- 认知绿色营销、网络营销、关系营销等市场营销的新领域与新概念
- 掌握各种新型营销理念的技巧和实施步骤等
- 具备市场营销新领域的驾驭能力
- 能够以各种新型营销理念和技巧指导经营活动

导入案例

泰国东方饭店的营销秘诀

在被誉为世界十大饭店之一的泰国东方饭店，你也许从未瞄过该酒店的服务员一眼，但他们却知道你是一位老客户。服务员会将你视为头等客户，优先给你提供服务；楼层服务员会在为你服务时叫出你的名字；餐厅服务员会问你是否会坐一年前光顾的时候坐过的位子，并且会问你是否需要一年前点过的那道菜。在你的生日那天，你还可能收到一封酒店寄出的贺卡，贺卡上写着：东方饭店十分想念您。

泰国东方饭店的独特经营模式有：一是保持百年传统，不用洗衣机为客人洗衣服；二是不用塑料制品，提升卫生及服务的档次；三是当客人让服务员报菜名时，服务员会退后一步讲话；四是客人能享受到贵宾按摩服务。

东方饭店以特定方式为客人分级，以区分出对酒店利润有最多贡献的那一批客人，并为之创造更高的消费价值，提供更多更好的服务，使之成为酒店的永久客人。东方饭店会建立顾客数据库，利用数据库开展关系营销，为客人制定增值策略，让每一位客人都感受到其在酒店里是重要的角色。泰国东方饭店的入住率非常高，客人不提前预订就很难有入住机会。该酒店经营者表示，只要每年有 1/10 的老顾客光顾，酒店就会永远客满。

资料来源：泰国东方酒店［EB/OL］.（2023-08-01）［2024-12-11］. 百度百科.

项目一　绿色营销

实施绿色营销的企业以保护生态环境为前提，力求减少和避免环境污染，节约资源，维护人类社会的长远利益，并以此为宗旨来开发产品并实施营销活动，实现经济与市场

的可持续发展。因此，绿色营销是提高企业市场竞争力的重要手段，特别是对于酒店企业而言显得尤为重要。正如某位学者所言：绿色营销是化危机为商机的经营趋势。

活动1　认知酒店绿色营销

活动目的： 使学生了解酒店企业实施绿色营销的现状，认知酒店绿色营销的必要性。

活动内容与要求： 观察社会现象，通过调研或网络等手段，了解酒店企业实施绿色营销的现状，分组讨论酒店绿色营销的必要性。撰写一篇关于酒店绿色营销的调研报告。

结果与检测： 利用数据说明酒店企业实施绿色营销的现状，论证酒店绿色营销的必要性及相应的观点。

提示： 注意观点明确、立意新颖、语句通顺。

活动2　酒店绿色营销策划训练

活动目的： 培养学生酒店绿色营销的策划能力。

活动内容与要求： 在市场调研的基础上，为当地某酒店制定绿色营销策划方案。

结果与检测： 能够制定科学、合理、符合酒店实际的绿色营销策划方案。

提示： 注意符合酒店实际，策划方案结构合理、科学实用。

一、认知绿色营销

绿色营销是一种新的营销概念，是人类跨世纪营销活动的一个新飞跃。绿色营销又称环境营销、生态营销，其焦点是如何使市场能更加顾及环境保护以及社会经济发展的可持续性。从本质和内涵上看，企业绿色营销是企业以环保观念为经营指导思想，以绿色消费为出发点，以绿色文化为企业文化核心，在满足消费者绿色消费需求的前提下，为实现企业目标而进行的营销活动。它是传统市场营销的进一步扩展和深层次延伸，比传统市场营销意义更深远、更具时代性。

绿色营销与可持续发展是相互关联的统一体，它们的共同目标就是实现经济与社会、环境的协调发展。在可持续发展这一宏观导向下，绿色营销起着微观的基础性作用。

绿色营销观念认为，企业在营销活动中，要顺应可持续发展战略的要求，注重地球生态环境保护，促进经济与生态环境协调发展，以实现企业利益、消费者利益、社会利益及生态环境利益的协调统一。从这些界定中可知，绿色营销是以满足消费者和经营者的共同利益为目的的社会绿色需求管理，是以保护生态环境为宗旨的绿色市场营销模式。

绿色营销也是降低资源耗费、提高经济效益的重要途径。只有发展清洁能源技术，生产绿色产品，推进生产全过程的污染控制和预防，才能建立节能、降耗、节水、节地的资源节约型社会，实现生产方式的变革，加速工业、交通及通信业发展模式的全面转型，实现以尽可能小的代价和最少的能源、资源消耗，获得最大的经济发展效益。2015 年 9 月 25 日，联合国可持续发展峰会在纽约召开，成员国在峰会上正式通过 17 个可持续发展目标，旨在从 2015 年到 2030 年间以综合方式彻底解决社会、经济和环境三个维度的发展问题。

绿色营销的兴起与发展进一步培育了消费者的环保观念。大量绿色食品的出现推动了绿色食品消费趋势，促进了绿色消费意识的形成；可降解餐饮用具的使用不仅减少了白色污染，而且增强了人们保护环境、防治污染的意识；可回收资源的再利用也大大促进了人们节约资源、回收废物观念的建立。消费者环保观念的进一步培育与加强又直接作用于可持续发展的进程。

知识链接

绿色饮食

饮食是维持人类生存和繁衍的必需之物，它与每个人都息息相关。人的健康正是在一口一口的饮食中得以建立的。当人们吃的是无害、无毒的食物时，健康就有了基本保障。相反，如果食物中含有某些对人体有害的物质，则会直接损害健康。于是，人们不得不从花样翻新的各种食品中寻求健康安全的食品——绿色食品。

对于我国消费者来说，“绿色食品”是近年来一个逐渐变得耳熟能详的词汇。绿色食品标志由三部分构成：上方的太阳、下方的叶片和中间的蓓蕾，象征万物在阳光下生机勃勃、茁壮成长。

绿色食品是指产自优良生态环境、按照绿色食品标准生产、实行全程质量控制并获得绿色食品标志使用权的安全、优质食用农产品及相关产品。绿色食品加工的操作规程要求：食品在加工过程中，不能使用国家明令禁用的色素、防腐剂、品质改良剂等添加剂。食品生产加工过程、包装材料的选用、产品流通等环节都要具备安全无污染条件。

随着消费水平的提高，人们对绿色产品的消费会有更进一步的要求，但不一定会很好地认知绿色产品。作为一线服务人员，首要任务就是要引导顾客安全、健康、快乐地消费，科学地选择饮食。这就要求一线服务人员了解相关产品的生产过程、企业历史、企业文化、经营理念等。

二、绿色营销的特点

绿色营销是因企业和社会生存环境发生变化而提出的，与知识经济和可持续发展密切相关的一种新的市场营销观念。绿色营销具有以下特点：

（一）鲜明的时代性

知识经济时代已经悄然来临，可持续发展是当今社会一种全新的发展观，而绿色营销的理论和实践必然要以知识经济和可持续发展作为指导思想，同时，以知识和科学技术发展为支撑的知识经济又为绿色技术的开发、绿色能源的使用、绿色产品的生产、绿色营销的实施创造了有利条件。

（二）营销的可持续性

绿色营销的目的是实现社会资源、自然资源、生态资源的永久利用，保护和改善生态环境。企业要实现绿色营销，就应在技术开发、产品设计、物品采购、生产工艺、质量标准、包装材料、广告策划及促销方案等方面都贯彻绿色理念，从而促进绿色产业的发展，带动绿色消费理念、绿色意识的形成。

（三）发展的可持续性

随着绿色营销的实施，绿色产业和绿色消费必将大力发展，反过来将进一步促进人们绿色意识和环保意识的增强，使消费者实现由“不自觉”到“自觉”消费绿色产品的转变，这对社会进步和经济的可持续发展具有一定的促进作用。绿色营销体现了社会发展和消费需求转变的方向，必将成为未来营销观念和方式的主流。

（四）以绿色科技为保障

技术进步是产业变革和发展的决定因素，新兴产业的形成必然要求技术进步，但技术进步如果背离绿色理念，结果有可能加快环境污染的进程。只有以绿色科技促进节约能源的绿色产品的开发，才是绿色营销的物质保证。

三、酒店绿色营销的实施

绿色营销是一种以环境保护为经营指导思想，以绿色文化为价值观念，以消费者的绿色消费为中心和出发点的营销观念、营销方式和营销策略。它要求酒店企业在经营中贯彻自身利益、消费者利益和环境利益相结合的原则。

（一）研制酒店绿色产品

1. 理解酒店绿色产品

绿色产品既是绿色营销中的重要因素，也是企业开展绿色营销的载体。酒店企业应从以下几个方面理解绿色产品：

（1）产品的整体概念。绿色产品可分为三个部分。首先是核心产品，即绿色产品提供给消费者的实质利益。与传统产品相比，绿色产品的核心产品概念增加了满足消费者的环保、健康等诸多需求。例如，电动车就满足了消费者的环保、节能、便利的需求。其次是形式产品，即绿色产品在市场上出现时的物质实体的外形，包括绿色产品的品质、特征、造型、商标、包装等。最后是附加产品，这是绿色产品给消费者提供的一系列附加利益，如绿色服务、绿色保证、绿色运送、绿色维修等。

（2）绿色产品的生命周期。绿色产品的生命周期是指绿色产品从设计到最终退出市场并循环使用的过程。具体来说，绿色产品的生命周期包括绿色产品设计原料获取→绿色生产→绿色产品消费→绿色产品追踪服务→绿色产品回收循环利用→绿色产品设计原料获取，这一过程构成了一个循环。

2. 酒店绿色产品的标准

（1）酒店绿色产品的核心功能既要能满足消费者的传统需求，符合相应的技术和质量标准，更要满足对社会、自然环境和人类身心健康有利的绿色需求，符合有关环保和安全卫生的标准。

（2）酒店绿色产品的实体部分应减少资源的消耗，尽可能利用再生资源。产品实体中不应添加对环境和人体健康有害的原料、辅料。在产品制造过程中应消除或减少“三废”对环境的污染。

（3）酒店绿色产品的包装应减少对资源的消耗，包装的废弃物和产品报废后的残留物应尽可能成为新的资源。

（4）酒店绿色产品生产和销售的着眼点不在于引导消费者大量消费而大量生产，而在于指导消费者正确消费而适量生产，建立全新的生产观念。

（二）制定绿色产品价格

1. 绿色产品的定价原则

首先是污染者付费原则，即通过对污染环境者征收生态环境补偿费，使环境得到必要的保护，并使受污染的环境得到治理。其次是受益者分派原则，这要求那些从环境治理中获益的企业分担环境治理的费用和开支。最后是弹性价格原则，即按环境消耗和保护程度实行弹性价格。

2. 绿色产品的定价标准

由于企业对绿色产品支付了较高的环保费用，因此绿色产品的价格往往高于非绿色产品的价格。在发达国家，绿色产品的价格上涨幅度较大，消费者乐于接受。但在发展中国家，由于消费者的绿色意识还不够强烈，因此绿色产品价格的上扬幅度不宜过大。

（三）建立绿色分销渠道

绿色分销渠道是绿色产品从生产者转移到消费者所经过的流通环节。酒店企业应建立稳定、可靠的绿色分销渠道，首先要引导和培养中间商的绿色意识，保持与中间商恰当的利益分配关系，建立稳定的营销合作关系。酒店企业还必须做好绿色产品在流通过程中的安全、保鲜、运输等诸多工作。其次，酒店企业要利用信息网络，保障绿色分销渠道的短、宽、快，尽量减少流通渠道资源消耗，降低营销成本。另外，绿色产品的包装应减少对资源的消耗，酒店企业应关注包装废弃物的辐射、污染等问题，提倡包装材料的循环利用。

（四）实施绿色营销活动

完整的绿色营销应该包括如何激发消费者的绿色兴趣，引导他们消费绿色产品，并在消费过程中注意环境的保护。例如，绿色广告是指通过广告媒体向公众宣传绿色知识、绿色企业等相关内容，引导消费者关注和理解绿色知识，接受绿色产品，并最终购买绿色产品。绿色推广则是通过绿色营销人员的绿色推销和营业推广，从销售现场到推销实地，直接向消费者宣传、推广产品绿色信息，讲解、示范产品的绿色功能等。

〖思考与讨论〗

讨论并列举酒店企业绿色营销的成功实例。

分析提示：

(1) 天津丽思卡尔顿酒店。该酒店主动响应《“十四五”工业绿色发展规划》所提出的“绿色转型”号召，积极推进“创绿”工作，同时将“绿色策略”运用到酒店日常经营中。

(2) 景宁畲乡鸿宾大酒店。该酒店入选2024年度“反对餐饮浪费 践行绿色发展”十佳优秀实践案例。该酒店坐落于风景秀丽的鹤溪河畔，是一家集住宿、会议、餐饮、休闲、商务为一体的老牌高星级酒店。自开业以来，酒店积极提升服务品质，既是丽水市首个入选“浙江服务”品字标品牌的企业，也是丽水市首家“三金”大满贯酒店（“金树叶级绿色旅游饭店”“浙江省金鼎级特色文化主题饭店”“浙江省金桂级品质饭店”）。

案例分析

华住集团——“模块化”＋“绿色住”，创新酒店绿色减碳新范式

在全球四大创新节之一的2023 ECI FESTIVAL国际数字创新节上，华住集团凭借“模块化营建方案”助力降低碳排，荣获ECI Awards——企业ESG实践创新奖。

根据酒店内部各项设施设备的功能，华住集团对墙、房顶、地板、整体卫浴、家具等进行了功能模组化拆解。华住集团运用新型环保材料，搭配ABS开模注塑工艺等先进技术手段，实现规模量产，从而降低了采购价格，帮助加盟商控制成本、缩短营建周期，减少了施工过程中的污染。

在实现标准装配式装修的基础上，华住集团开发了最新的装修标准；秉持家具变家电的理念，将光电线嵌入家具内，就像汽车一样，一个车门就是一个功能系统，将不同家具通过标准线束连接起来，形成完整客控系统。例如，华住集团开发的全新E/EA系统，将客控及照明系统扩展为一套功能完善、操作简易、维护简便的光电线管理系统。每间标准客房的光电线综合造价（人工+材料）可在原有基础上降低16%。除了造价降低外，这套系统还能帮助酒店进一步降低能耗。

在探索酒店“绿色”之路上，华住集团还基于自身业务优势进行环保制度创新，发布“绿色住”服务品牌。通过华住会 App 预订华住集团旗下酒店（海友酒店）的住客都可参与“绿色住”相关活动，住客根据个人需求免除不需要的服务项目——如早餐代订、毛巾浴巾、续住清扫等，即可在房费基础上获得相应金额减免。如果住客到店后临时需要相应服务，只需补相应差价即可恢复服务。“绿色住”的模式不仅兼顾了住客的多样化需求，更通过减免入住费用，加大力度引导低碳生活方式。

华住集团利用“减法逻辑”制定“绿色住”价格自由政策，找到了住客、酒店、环境的平衡点，构建了三方共赢的新模式。华住集团通过 App，将服务与价格公开化、透明化、前置化，根据住客定制项目实时调整房费，真正做到实价销售与价格透明，不仅提升了经营效率，而且减少了运营物品的浪费和损耗。

除此之外，华住集团还结合自身业务，积极探索多种减碳路径，如发起无纸化发票号召，推动绿色建筑项目、酒店用品绿色化等，将 ESG 环境领域绿色发展理念贯彻到底。

资料来源：蓝道财经 ESG. ECI@ESG 获奖案例回顾［EB/OL］.（2024－05－07）［2024－12－11］. 微信公众平台 .

分析：

1. 分析该酒店实施的绿色营销策略。

2. 为当地某酒店设计绿色营销方案。

要点提示：

1.（1）模块化营建与环保材料使用；（2）“绿色住”服务品牌；（3）价格自由政策与透明化管理；（4）多种减碳路径探索。

2. 绿色营销方案参考：（1）绿色客房改造与宣传；（2）绿色餐饮推广；（3）绿色出行倡议；（4）绿色活动组织；（5）绿色营销合作；（6）绿色会员制度。

项目二 网络营销

网络营销是企业营销实践和现代通信技术、计算机网络技术相结合的产物，是企业以电子信息技术为基础，以计算机网络为媒介和手段而进行的各种营销活动的总称。计算机网络是现代通信技术与计算机技术相结合的产物。网络营销是企业借助互联网、计算机通信和数字交互式媒体，运用新的营销理念、新的营销模式、新的分销渠道和新的营销策略，为达到一定的营销目标所进行的经营活动。

活动1　调研酒店网络营销的应用及效果

活动目的： 使学生了解酒店企业实施网络营销的现状，认知酒店网络营销的必要性。

活动内容与要求： 观察社会现象，通过调研或网络等手段，了解酒店企业实施网络营销的现状，分组讨论酒店网络营销的必要性。

结果与检测： 用数据说明酒店企业实施网络营销的现状及效果。制作汇报PPT。

提示： 注意以事实为依据、观点明确、语句通顺。

活动2　酒店网络营销推广策划训练

活动目的： 培养学生酒店网络营销推广策划能力。

活动内容与要求： 在市场调研的基础上，为当地某酒店制定网络营销策划方案。

结果与检测： 能够制定科学、合理、符合酒店实际的网络营销策划方案。

提示： 注意符合酒店实际，策划方案结构合理、科学实用。

一、认知网络营销

互联网具有营销价值，企业或个人可以利用合理的互联网方式实现营销目标。企业应当维护互联网营销的良好环境，坚持规范的网络营销，反对不正当竞争行为。

从广义上讲，网络营销是以互联网为主要手段，为达到一定营销目标的经营活动。从营销的角度出发，网络营销是企业整体营销战略的一个组成部分，是为实现企业总体经营目标所进行的，以互联网为基本手段，营造网络经营环境的各种活动。

对于网络营销定义的理解，应注意：（1）网络营销不是孤立存在的；（2）网络营销不等于网上销售；（3）网络营销不等于电子商务；（4）网络营销不应被称为虚拟营销；（5）网络营销是对网上经营环境的营造。

〖思考与讨论〗

酒店企业应该怎样利用互联网营销？

分析提示： 酒店企业可以有效利用互联网营销方式来提升品牌影响力和客户黏性。首先，酒店企业可建立官方网站和社交媒体账号，发布酒店信息、优惠活动和客房预订服务，吸引潜在客户。其次，酒店企业可与在线旅游平台合作，拓宽销售渠道，提高曝光率。同时，酒店企业可利用大数据和人工智能技术，分析客户行为，提供个性化服务和推荐，提升客户满意度。最后，酒店企业可开展线上互动活动，如直播看房、虚拟现实体验等，增强客户参与感和体验感，促进口碑传播。

二、网络营销与传统营销的比较

网络营销是在传统营销的基础上发展起来的，与传统营销有着千丝万缕的关系，但两者有很大的不同。网络营销作为传统营销的延伸与发展，既有与传统营销相同的一面，也有区别于传统营销的一面。随着网络营销的发展，网络营销的特点表现得越来越突出。网络营销与传统营销的共同点表现在：都是企业的一种经营活动；都需要通过组合发挥功能；都将满足消费者需求作为一切活动的出发点；对消费者需求的满足，不仅停留在现实需求上，而且包括潜在需求。当然，传统营销与网络营销的区别也较明显（见表 10－1），网络营销对传统营销存在一定的冲击。

表 10－1　传统营销与网络营销的区别

分析角度	传统营销	网络营销
产品和消费者	电子产品、书籍、音像制品等有形产品，消费者通过现场体验产品后，作出购买决策	以互联网为主要手段而进行一系列的营销活动，消费者可以通过线上自由选择感兴趣的内容观看或购买产品
价格和成本	降低产品的时效性，增加成本，按成本定价或者根据消费者的需求制定均衡价格	无店面租金成本，且有实现产品直销功能，能帮助企业减轻库存压力，降低运营成本
媒体使用	单向的信息传播方式（如广告宣传），传统广告制作成本高，投放周期固定；需要借助二级甚至更多级的分销渠道	互动的信息传播方式；广告制作周期短，成本低、速度快、更改灵活，有效降低企业信息传播的成本
客户关系	在消费过程中有很强的交流性，强调将尽可能多的产品和服务提供给尽可能多的顾客	互动式沟通渠道，创造并满足顾客需求，一般能建立完整的用户数据库，包括用户的地域分布、年龄、性别、收入、职业、婚姻状况、爱好等
效率	提供的产品与服务同时进行，受到地域限制，耗费消费者的时间和精力	便利、快捷的生活方式，使消费者越来越信任和离不开网络营销

案例分析

云闪住全链 AI 数智模型引领酒店业数字化转型与创新实践

随着新技术如云计算、大数据、人工智能等的快速发展，酒店业正面临着数字化转型的时代变革。2024 年 9 月 19 日，在天津举办的 2024 中国酒店业数字化发展峰会上，云闪住创始人以“云闪住全链 AI 数智模型闭环解析”为主题，深度剖析了酒店业如何通过 AI 技术实现数字化转型与创新，多维度地展示了云闪住如何以全链 AI 数智模型引领酒店业迈入 AI 数智时代，以助力酒店业主实现数智化转型升级。

大数据分析：决策依据数字智能化

云闪住的 AI 数智模型通过整合 IoT 设备、移动端设备和智能采集设备，实现了酒店运营数据的全面采集和智能分析。这些数据包括客人的入住信息、消费习惯、服务评价等，为酒店管理者提供了丰富的决策依据。通过智能决策支持系统，酒店能够更精准地把握市场动态，优化管理决策，提升运营效率。

数字人服务：服务交付语音交互化

云闪住的数字人语音交互服务，利用 AI 技术为客人提供了前所未有的便捷服务体验。客人只需通过语音指令数字人“闪闪同学”，就可以在前台或客房轻松操控各类设施，享受个性化服务。这种创新的服务模式不仅提升了客户满意度，而且有效减轻了前台的工作压力，让前台人员能够更专注于提供高质量的服务。

云前台系统：前台非客服类任务自动化

云前台系统通过自动化处理日常非客服务类任务，如客评管控、OTA 直连等，极大地减轻了前台员工的工作负担。员工可以更加专注于为客户提供优质服务，而无须被烦琐的行政工作所困扰。这种智能化的前台系统不仅提高了工作效率，而且提升了员工的工作满意度和归属感。

客房数智派单：客房工作安排自动化

客房数智派单系统通过智能算法，实现了工单派遣的自动化管理。无论是保安、保洁人员还是工程维修人员，都能通过系统实时收到工作任务并记录。这种数智派单方式优化了人力资源配置，提高了工作效率和服务质量。

共享员工抢单：员工共享社会协作化

云闪住的共享员工抢单平台打破了传统酒店业的用工壁垒，实现了社会化协作。员工可以通过平台抢单的方式，自由选择工作任务和时间，提高了工作灵活性和满意度。同时这种协作模式也有助于酒店降低成本和解决用工难问题，实现多赢。

资料来源：云闪住．酒店行业迈入 AI 数智时代：云闪住全链 AI 模型引领酒店业数字化转型与创新实践[EB/OL]．(2024-09-20)[2024-12-11]．微信公众平台．

分析：

网络营销对酒店的影响有哪些？

要点提示：

(1) 提升品牌知名度：通过精美的网站、社交媒体账号和在线广告，酒店可以将品牌形象传播到更广泛的受众中，提高知名度。(2) 增加在线预订和销售：网络营销提供了便捷的在线预订平台，吸引更多客户，提高客房利用率和酒店收入。(3) 提升客户体验：网络营销策略通过个性化服务和定制化推荐，能够更好地满足客户需求，提升客户满意度。(4) 加强竞争优势：网络营销使酒店能够更好地了解市场需求和竞争对手情况，制定和调整销售策略，增强市场竞争力。

三、网络营销的特点

市场营销中最重要、最本质的是组织和个人之间进行信息传播和交换。互联网具有营销所要求的某些特性，使得网络营销呈现出以下特点：

（一）跨时空

营销的最终目的是占有市场份额。由于企业在互联网上可以超越时间约束和空间限制进行信息交换，因此使得脱离时空限制达成交易成为可能，企业可以有更多时间和更大的空间进行营销，可每周 7 天、每天 24 小时提供全球性营销服务。

（二）多媒体

在互联网上，企业可以传递不同表现形式的信息，如文字、声音、图像等，使得为达成交易进行的信息交换能以多种多样的形式存在和交换，可以充分发挥营销人员的创造性和能动性。

（三）交互式

企业借助互联网，通过展示商品图像、商品信息资料库提供有关的查询等来实现供需双方的互动与双向沟通。企业还可以通过互联网实施产品测试与消费者满意度调查等活动。互联网为产品联合设计、商品信息发布，以及各项技术服务提供了最佳工具。

（四）个性化

互联网上的促销是一对一的、理性的、消费者主导的、非强迫性的、循序渐进式的，是一种低成本与人性化的促销。网络营销避免了推销人员强势推销的干扰，企业可以通过信息提供与交互式交谈，与消费者建立长期良好的关系。

（五）成长性

全球范围内互联网用户的数量正在快速增长。由于很多互联网用户群体的购买力强而且具有很强的市场影响力，因此互联网成为极具开发潜力的市场分销渠道。

（六）整合性

企业开展网络营销时，从商品信息发布至收款、售后服务一气呵成，因此是一种全程的分销渠道。企业可以借助互联网将不同的传播营销活动进行统一设计规划和协调实施，以统一的传播资讯向消费者传达信息，避免不同传播途径的不一致性产生的消极影响。

（七）超前性

互联网是一种功能强大的营销工具，它同时兼具渠道、促销、电子交易、互动顾客服务，以及市场信息分析与提供等多种功能。它所具备的一对一营销能力，正符合了定制营销与直复营销的未来趋势。

案例分析

电子商务发展竞争格局更加多元、激烈

2024 年 6 月 17 日，网经社电子商务研究中心发布《2023 中国电商市场数据报告》。该报告显示，2023 年中国电子商务市场规模达 50.57 万亿元，较 2022 年的 47.57 万亿元同比增长 6.31%。此外，2019—2022 年国内电商市场规模（增速）分别为 35.63 万亿元

(9.46%)、38.16 万亿元（7.1%）、42.13 万亿元（10.4%）、47.57 万亿元（12.9%）。2023 年电子商务 148 起融资事件中，融资额排名前列的有：SHEIN、京东工业、KLOOK 客路旅行、Akulaku、能链集团、如祺出行、新瑞立、真橙汽车、普乐电商，前 10 起事件总融资金额约 227.8 亿元，占整体融资金额的 78.09%。

资料来源：电子商务研究中心 .2023 中国电商市场数据报告［EB/OL］.（2024 - 06 - 17）［2024 - 12 - 11］. 微信公众平台 .

分析：

本案例告诉了你哪些信息？请你从中体会酒店网络营销的必要性。

要点提示：

（1）中国电子商务市场规模持续增长：从 2019 年至 2023 年，中国电子商务市场的规模不断扩大，显示出电子商务行业在中国经济中的重要地位及持续的增长潜力。（2）电子商务融资活跃：2023 年电子商务领域发生了多起融资事件，且融资额排名前 10 起事件的总融资金额占据了整体融资金额的较大比例，这表明投资者对电子商务行业的信心和支持；（3）多元化发展：融资额排名前列的企业涵盖了服装（SHEIN）、工业品（京东工业）、旅游（KLOOK 客路旅行）、金融科技（Akulaku）、能源（能链集团）、出行（如祺出行）、汽车后市场（新瑞立、真橙汽车）以及电商综合平台（普乐电商）等多个领域，显示了电子商务行业的多元化发展趋势。

（八）高效性

计算机可储存大量的信息供消费者查询，而且互联网传递的信息数量与精确度远超过其他媒体。企业借助互联网能适应市场需求，及时更新产品或调整价格，因此能有效了解并满足顾客的需求。

（九）经济性

企业通过互联网进行信息交换，代替以前的实物交换。一方面，企业可以减少印刷与运输成本，实现无店面销售，免交租金，节约水电与人力成本；另一方面，企业可以减少由于迂回多次交换带来的损耗。

案例分析

酒店在线直销与分销渠道单位预订成本分析

在线直销渠道（酒店网站）：每订单预订成本为 12.92 美元（酒店网站的单位预订成本，包括网站主机托管和维护费用、市场推广费用、营销活动管理费用等（这一数据来源于 2009 年通过 HeBS 酒店客户的网站完成的 53 万多笔预订）。

在线分销渠道（在线旅行社）：每订单预订成本为 107.57 美元（参考标准为 2009 年纽约的每日平均房价 215.14 美元乘以 2 个间夜，再乘以 25%的在线旅行社佣金）。

由上可看出，在线直销与分销渠道之间的成本差距高达 8.3 倍。

通过在线直销渠道进行客房销售的性价比要远远比通过在线分销渠道（在线旅行社）

的高。如果从年度水平来看，你可以想象出一家价格为 200 美元以上的纽约酒店客房在不同分销渠道上的成本差异有多大。

分析：

为什么说酒店在线直销是目前酒店扩大市场、提高市场竞争力的有力工具？

要点提示：

酒店在线直销是酒店扩大市场、提高市场竞争力的有力工具，因为它能降低酒店对第三方平台的依赖，减少佣金支出，同时直接触达客户，提升品牌忠诚度和客户黏性。通过官方网站、社交媒体等多元渠道，酒店能自主展示特色和服务，增加曝光率和吸引力。此外，在线直销有助于酒店提高销售效率和转化率，快速响应市场变化和客户需求，为酒店带来更多直接预订，从而增强市场竞争力，实现可持续发展。

（十）技术性

网络营销是建立在高技术作为支撑的互联网的基础上的，企业实施网络营销必须有一定的技术投入和技术支持，改变传统的组织形态，增强信息管理部门的功能，引进懂营销与计算机技术的复合型人才，只有这样，未来才能具备竞争优势。

四、网络营销工具

网络营销工具是企业为实现营销目标而使用的各种网络技术、方法和手段。在现阶段的网络营销活动中，常用的网络营销工具包括企业网站、搜索引擎、微信、微博、视频、网络论坛、博客等。借助这些手段，企业可以实现营销信息的发布、传递、与用户之间的交互，并创造有利的营销环境。以下为酒店最常用的网络营销工具。

（一）微信营销

微信营销是网络经济时代企业对营销模式的创新，是伴随着微信的迅猛发展而产生的一种网络营销方式，是社会化媒体营销中运用得非常广泛的手段之一。从广义上来说，微信营销是一个系统的营销过程。微信营销是指利用微信提供的所有模块和功能，将个人号、公众号以及服务号进行合理的优化组合，建立有效的微信矩阵，从而形成一套精准的营销体系。从狭义上来说，微信营销仅仅是指个人或者企业使用微信的基本功能，实现建立个人品牌、宣传产品信息、发布促销活动、开展产品销售、维护客户关系等目标的一系列精准营销活动。

1. 微信营销的价值

（1）输出个人品牌。以微信为代表的社交软件的出现，让个人可以成为传播载体，能够在社交软件上展示自己鲜明的个性和情感特征，在符合大众的消费心理或审美需求下，成为可转化为商业价值的一种资源。

（2）刺激产品销售。这是微信营销最基本的价值。不论是基于熟人经济的微商，还是基于个人品牌效应的微店，“人”都成了新的商业入口。卖家通过个人微信的朋友圈发布产品信息，为买家提供咨询和沟通服务，买家使用微信支付功能完成付款，就这样实现了“社交电商”。

（3）维护客户关系。微信是人与人之间便捷沟通的一种手段。推销人员因业务关系添加了很多客户的微信好友，通过聊天联系或朋友圈互动，就有了与客户加深情感连接、让客户有进一步了解的机会。

2. 微信营销模式与推广

微信营销模式主要有朋友圈、微信群、微信公众号、微信广告等。对于不同的营销模式，推销人员需要选择不同的推广技巧。以微信群为例，开展微信群营销的前提是添加对方为好友。微信群增粉的方式主要有自建群和加入群两种。自建微信群增粉，就是通过组建微信群，将具有相同属性和需求的消费者聚集在一起，开展营销活动的方式，可以选择用雷达添加身边的朋友、面对面建群、线下活动建群、多平台引流、线下送礼品等方式。其中，推销人员开展线下送礼品活动时要注意，一定要找准目标市场，及时将客户转化为微信的目标群体，否则就会出现一些为了领取小礼品而加入的客户，这样微信的粉丝流失率就会比较高。企业可以采取搜索社群、口碑式推广、参加交流会等方式加入一些微信群以达到增粉的目的。

（二）搜索引擎营销

搜索引擎营销是网络营销方法体系的重要内容之一，已成为中小企业网站推广的首要方法。所谓搜索引擎营销，就是根据用户使用搜索引擎的方式，利用用户检索信息的机会，尽可能地将营销信息传递给目标用户。企业可利用这种被用户检索的机会实现信息传递的目的。

1. 搜索引擎营销的原理

搜索引擎营销得以实现的基本过程是：企业将信息发布在网站上，成为以网页形式存在的信息源；搜索引擎将网站/网页信息收录到索引数据库；用户利用关键词进行检索（对于分类目录则是逐级目录查询）；检索结果中罗列相关的索引信息及链接 URL；用户根据检索结果选择有兴趣的信息并点击 URL 进入信息源所在网页。这个过程也说明了搜索引擎营销的基本原理。

2. 搜索引擎营销的特点

搜索引擎营销的特点主要体现在六个方面：

（1）搜索引擎营销方法与企业网站密不可分；

（2）搜索引擎传递的信息只发挥向导作用；

（3）搜索引擎营销是用户主导的网络营销方式；

（4）搜索引擎营销可以实现较高程度的定位；

（5）搜索引擎营销的效果表现为网站访问量的增加而不是销量的增加；

（6）搜索引擎营销需要适应网络服务环境的发展变化。

3. 分类目录型搜索引擎和全文搜索引擎营销

分类目录型搜索引擎并不采集任何网站信息，而是利用各网站向搜索引擎提交网站信息时填写的关键词和网站描述等资料，经过人工审核编辑后，如果符合网站登录的条件，则输入数据库以供查询。雅虎是分类目录型搜索引擎的典型代表，搜狐、新浪等搜索引擎都是从分类目录型搜索引擎发展而来的。分类目录型搜索引擎的优势是：用户可以根据目录有针对性地逐级查询自己需要的信息，而不是像技术型搜索引擎一样同时反馈大量的信息，而这些信息之间的关联性并不一定符合用户的期望。

全文搜索引擎与分类目录型搜索引擎有许多不同之处：

（1）全文搜索引擎属于自动网站检索，而分类目录型搜索引擎则完全依赖手工操作。用户提交网站后，目录编辑人员会亲自浏览你的网站，然后根据一套自定的评判标准甚至编辑人员的主观印象，决定是否接纳你的网站。

（2）全文搜索引擎收录网站时，只要网站本身没有违反有关的规则，一般都能登录成功。而分类目录型搜索引擎对网站的要求则高得多，有时即使登录多次也不一定成功。

（3）在登录全文搜索引擎时，用户一般不用考虑网站的分类问题；而登录分类目录型搜索引擎时，用户则必须将网站放在一个最合适的目录中。

对于分类目录型搜索引擎，用户只有将自己的网站信息提交，才有可能获得被收录的机会（如果分类目录型搜索引擎经过审核认为符合收录标准的话）。此外，用户在注册分类目录型搜索引擎时有一定的要求，需要事先准备好相关资料，如网站的名称、网站简介、关键词等。由于各个分类目录型搜索引擎对网站的收录原则不同，因此用户需要对不同的分类目录型搜索引擎进行详细的了解，并准备相应的资料。

4. 技术型搜索引擎营销

（1）搜索引擎优化。搜索引擎优化是网站优化的组成部分，是通过网站栏目结构、网站内容、网站功能和服务、网页布局等网站基本要素的合理设计，使得用户更加方便地通过搜索引擎获得有效信息。

（2）对搜索引擎友好的网站的基本特征主要包括：为每个网页设置一个相关的标题；尽量使用静态网页；在页面中以文字信息为主，而不是以图片或 Flash 为主；重视外部网站链接的数量和质量；为搜索引擎访问网站提供方便；正确处理各种关键词的优化关系，如网页标题、网页主体内容、图片 Alt 属性、Meta 标签等。

5. 搜索引擎的广告策略

（1）百度竞价排名广告及表现形式。竞价排名的基本特点是按点击付费。广告出现在搜索结果中（一般是靠前的位置），如果没有被用户点击，不收取广告费；在同一关键词的广告中，支付每次点击价格最高的广告排列在第一位，其他位置同样按照广告主自己设定的广告点击价格来决定广告的排名位置。

（2）Google 的关键词广告及表现形式。关键词广告的基本形式是：当用户利用某一关键词进行检索时，在检索结果页面会出现与该关键词相关的广告内容。由于关键词广告具有较高的定位，效果比一般网络广告形式要好，因此获得快速发展。

当然，搜索引擎广告策略中也存在问题，包括关键词广告中无效点击比例过高；广告信息和自然检索结果对用户获取信息产生误导；专业搜索引擎关键词广告投放和管理并不容易；关键词广告每次点击费用在不断上涨。

（三）视频营销

视频营销是指主要基于视频网站为核心的网络平台，以内容为核心、创意为导向，利用精心策划的视频内容实现产品营销与品牌传播的目的，是视频与互联网相结合的产物。

1. 视频营销的类型

（1）微电影营销。微电影是近年来非常流行的新的影像形式，很多微电影引发了集体怀旧效应，可见微电影这种方式的魅力。微电影营销是完全为企业定制的影视营销方式。与传统电影的区别在于：微电影受到时间的限制，以情节制胜，采用一种更加柔和的、融入故事本身的叙事风格，使观众在潜移默化中接受企业的品牌。

（2）短视频营销。优酷视频前的贴片广告、微博中植入的广告等都是短视频营销形式。通常而言，短视频营销是通过短视频的内容为客户创造其想要的价值，通过渠道分发与客户建立并维持关系来获得回报的过程。短视频营销其实就是获取流量，企业在各种渠道上发视频以增加曝光。企业采用短视频营销方式，在对客户的吸引力上更具有优势，符合受众的接受习惯和移动端的使用习惯。企业不仅可以节约成本，而且可以拥有海量的客户规模。

（3）H5 营销。H5 是 Html5 的简称，是构建 Web 内容的一种语言描述方式。H5 营销是指利用现有的技术，在页面上融入文字动效、音频、视频、图片、音乐、互动调查等各种媒体表现方式，将品牌核心观点重点突出，使页面形式更加适合阅读、展示，更具互动性。

2. 视频营销的特征

（1）成本低廉。与传统的电视广告、冠名活动或者节目等方式相比，视频营销的成本较低，这是很多企业开始尝试网络视频广告的一个重要原因。相比传统广告的大量资金投入，视频营销往往只需要几千元就可以，甚至只需要一个好的创意、几个员工，就可以制作一个创意短片，免费放到视频网站上进行传播。此外，由于网络视频网站较多、选择性较多，因此企业可以选择投入成本更低的网络平台。

（2）目标精准。目前，国内主流的视频网站日活跃用户数庞大，而且视频更利于搜索引擎的优化，视频往往会在搜索结果中获得更高的排名。由于访客都是带着需求主动搜索的，因此针对的人群更为精准。

（3）传播速度快且难以复制。企业可借助互联网的超链接特性快速地将信息传播出去，用户分享、转发网络视频，会让网络视频的传播范围更广，企业可有效地实现营销。

例如，一些电视剧在各大视频网站播出，引起网民大量的点击和观看，一些品牌在视频中植入广告，被人们所熟知。同时，文章、图片可以被轻易地复制，但视频却很难被复制。

（4）互动性强。与传统的营销方式不同，网络视频的互动渠道更为便捷。网络视频网站一般都有评论、弹幕功能，受众可以在观看过程中或者观看后发布自己的感想和反馈信息。同时，互联网可以传输文字、声音、图片等多种媒体信息，这使得视频营销活动的互动性更强。只有有了较多的互动，才能更好地达到双向沟通的目的。及时反馈、便捷互动在很大程度上可以提升营销的效率，企业可以根据受众的反应进行营销过程评估，进而及时调整，提升营销活动的效果。

（5）传播范围广。网络视频营销不仅可以实现即时互动，而且传播效率较高。与传统营销方式相比，网络视频营销表现出来的优势非常明显。由于网络的辐射空间极为广泛，传播的范围远远大于传统视频，辐射半径不局限于全国，因此企业通过网络视频可将信息传递至全球任何有网络的地方，跨越了物理空间的限制。这对于一些着眼于海外市场的企业来讲极为有利，因为这种广泛的传播范围能极大地提高营销效率。

（四）病毒性营销

病毒性营销，又称病毒式营销、病毒营销，是一种常用的网络营销方法，常用于网站推广、品牌推广等。病毒性营销利用的是用户口碑传播的原理，在互联网上，这种口碑传播更为方便，可以像病毒一样迅速蔓延，因此病毒性营销成为一种高效的信息传播方式。由于这种传播是用户之间自发进行的，因此企业运用病毒性营销方式时投入成本较低。

（五）博客营销

自 2002 年“博客”概念在国内出现后，以博客为代表的 Web 2.0 网站获得快速发展，不仅带动了 Web 2.0 概念的广泛传播，而且使 Web 2.0 技术被应用于企业营销活动中，尤其是 RSS 和博客营销在网络营销中获得了更快的发展。

1. 博客营销的价值

博客可以直接吸引潜在用户，降低网站推广费用，为用户通过搜索引擎获取信息提供机会，增加企业网站的链接数量，有助于企业以更低的成本对消费者行为进行研究，产生权威网站品牌效应，减少被竞争者超越的潜在损失，让营销人员从被动的媒体依赖转向自主发布信息。

2. 博客营销的策略

企业在博客开展营销活动，具有面向用户群广、传播力强并且能直接带来粉丝的作用。与此同时，博客营销的推广方法也是层出不穷。企业可围绕寻找精准的粉丝、发布有趣的内容、与用户互动、借力粉丝头条推广等来开展博客营销活动，策划出有一定创意性、有助于获得好的营销效果的活动。这里主要介绍 4 种效果较好的营销活动策略。

（1）转发抽奖。活动策划方发出一条活动微博，要求用户按一定格式转发，通常要求至少@3 个人，并进行评论。最后活动策划方从参与活动的用户中，随机抽出一部分幸运儿并发放奖品。

（2）抢楼活动。活动策划方发出一条活动微博，要求用户按一定格式回复和转发，通常要求至少@3个人，并进行评论。当用户回复的楼层正好是规则中规定的获奖楼层时（如9楼、200楼），即可获得相应的奖品。

（3）转发送资源。活动策划方发出一条活动微博，要求用户按一定格式转发，通常要求至少@3个人，并留下邮箱。凡是转发者，邮箱中都会收到一份资源，如各种软件、工具、优惠券等。

（4）征集令。活动策划方发出一条活动微博，就某个内容发出征集令，如给淘宝店铺取名字、给某活动起标题或口号等，然后从众多参与者中选出优胜者并给予奖励。这样企业既宣传了产品，又得到了某个名字、口号，提高了产品的曝光率。

【小训练】

1. 选择博客托管网站、注册博客账号。
2. 选择优秀的博客进行比较并学习成功之处。

知识链接

微博营销

微博就是微型博客，是一个基于用户关系，通过关注机制分享简短实时信息的广播式的社交网络平台。用户可以通过Web、Wap及各种客户端组建个人社区，一般以140字左右的文字（附加图片、视频等多媒体形式可超过140字）更新信息，并实现即时分享。用户既可以作为观众，在微博上浏览感兴趣的信息；也可以作为发布者，在微博上发布内容供他人浏览。微博2024年第四季度财报显示，截至2024年第四季度，微博用户规模达到5.9亿，且仍在持续上涨。

微博不仅比博客草根性更强，而且广泛分布在浏览器、桌面和移动终端等多个平台上，多种商业模式并存。微博内容短小精悍、方便简单，特别适合移动终端的应用。对于酒店这一服务性行业，直接客户是消费者，酒店绝对不能离开客户、离开公众，微博营销对于酒店而言意义重大。如果酒店能够将微博营销和电子邮件营销、博客营销以及传统的媒体营销等有效结合，融入酒店的客户服务体系，一定会加强内部协作，大幅提高工作效率。

（六）直播营销

直播营销是指在现场随着事件的发生、发展进程同时制作和播出节目的方式，该营销活动以直播平台为载体，达到企业获得品牌提升或销量增长的目的。企业直播营销主要有直播+发布会、直播+产品互动、直播+互动活动、直播+解密、直播+广告植入、直播+访谈，以及直播+产品售卖等几种主流形式。例如，小米手机采用“线下产品体验+互动活动直播”，为了展示手机强大的电池续航能力，厂商用某一款小米手机持续进行直播，直到电量耗尽。这场别出心裁的直播将近 19 小时，更让人吃惊的是，竟然有近4 000 万的观众观看了这次直播。

直播营销的主要特征为即时事件、常用媒介、直达受众。借助直播营销，企业可以在呈现产品价值环节支付更低的营销成本，收获更快捷的营销覆盖，实现更直接的营销效果，收到更有效的营销反馈。

（七）自媒体营销

1. 自媒体营销的概念

自媒体，又称公民媒体或个人媒体，是指私人化、平民化、普泛化、自主化的传播者，以现代化、电子化的手段，向不特定的大多数或者特定的单个人传播规范性及非规范性信息的新媒体的总称。

自媒体有广义和狭义之分。广义的自媒体可以追溯到 20 世纪末，当时的个人主页、BBS 个人专辑都可以叫自媒体，而后就发展为博客、微博等。狭义的自媒体则是以微信公众号为标志，随着互联网技术的发展，包括各大主流媒体推出的自媒体平台如百家号、搜狐号、企鹅号、今日头条等。

自媒体的本质是信息共享的即时交互平台，是利用网络新技术进行自主信息发布的传播主体，人们所获取的信息不再只来自主流媒体机构，也有可能来自某一民间团体或某一个人。与此同时，人们获取信息的方式更自由，每个人都是信息的生产者和消费者。因此，自媒体具有以下特征。

（1）平民化、个性化。从“旁观者”转变为“当事人”，每个人都可以有自己的宣传平台，每个人都可以通过互联网成为信息传播的主体或是表达自己的观点。人们可以自主地在自己的“媒体”上来表达自己想要表达的观点，传递自己的情感，构建自己的社交网络。

（2）低门槛、易操作。对电视、报纸等传统媒体而言，媒体运作无疑是一件复杂的事情，它需要花费大量的人力和财力，并且要通过严格的审查，门槛极高。但是自媒体依靠互联网，不用大量的时间和精力，不用专业的媒体知识，让大众拥有一个属于自己的“媒体”成为可能。

（3）交互性强、传播速度快。自媒体不受空间和时间的限制，任何时间、任何地点，大众都可以经营自己的“媒体”，信息能够迅速地传播，时效性大大增强。此外，自媒体的互动性更加广泛，作者与读者之间、作者与作者之间均可产生深度的互动，作者和读者之间的界限变得模糊。

2. 自媒体营销的特点

自媒体营销是利用自媒体平台进行营销的模式，即利用今日头条、百家号等互联网平台来传播和发布资讯，从而形成的营销、销售、公共关系处理和客户关系服务维护及开拓的一种方式。随着互联网在日常生活中的普及，自媒体作为网络媒体的主力军，不断呈现出自身的营销特点。

（1）打破时空界限。传统营销局限于特定的时间和特定的地点，受众人群较窄，自媒体营销打破了时空界限，有助于企业在最广泛的受众群体中开展营销活动。

（2）口碑效应。自媒体的特点之一是传播迅速。一种产品的出现会迅速在互联网上得到传播。互联网打破了时间和空间的制约，使传统的口碑效应进一步被放大。用户对产品的体验无论是好是坏，都会以病毒式的传播方式被无限放大。

（3）互动营销。自媒体的交互性强，促进了互动营销模式的发展。电子商务就是一个成功的例子。互动营销主要强调的是商家和客户之间的互动。

（4）个性营销。在自媒体时代，企业要针对客户的个性需求提供产品和服务，细分市场，对不同的人群实施不同的营销战略。

（5）营销成本降低。细分市场和口碑效应使企业减少了在传统电视、广告上的投入，降低了营销成本。

3. 自媒体营销策略

在自媒体营销过程中，企业要注意掌握一定的策略：

（1）突出个性，差异化运营；

（2）提高辨别力，重点突破；

（3）掌握技巧，选择内容；

（4）学会模仿，巧立标题；

（5）及时调整，化朽为奇；

（6）把握规律，提高推荐率。

（八）移动营销

移动营销是指依托于移动互联网进行的，面向移动终端用户，以各种移动媒体形式直接向目标受众定向和精确地传递产品、活动或服务等个性化即时信息，通过与消费者的信息互动达到市场营销目标的行为。

移动营销的实质是利用移动终端获取云端营销的内容，实现将个性化的即时信息精准、有效地传递给用户，达到“一对一”的互动营销目的。换句话说，移动营销本质上就是为精准的目标消费者提供“独特”的价值。移动营销是驱动力，通过创造价值、宣传价值、传递价值来赢得客户、留住客户并拓展客户是其首要任务。

移动营销的核心在于六大要素：科技、实体、故事、速度、交互及简单。“科技”是指营销团队需要掌握最前沿的技术手段，更充分地挖掘和分析用户数据，为企业开展精准的移动营销活动奠定基础。“实体”是指随着场景化营销和线上线下 O2O 的发展，移动营销需要更加注重客户体验，以及新产品、新功能开发上的客户参与。“故事”是指移动营销需要用更加柔性的方式，深入用户的内心，通过一个事件、一场活动，在目标用户中形成热门话题。“速度”是指移动营销在快速启动、快速感应消费者需求、快速有效利用闲置资源等方面具有速度优势。“交互”是指移动营销可以实现低门槛的参与活动，通过网络的快速复制和传播，在短时间内使特定的信息像病毒一样扩散。“简单”是指移动营销整合所有可能的营销形式，形成全方位的营销格局，在吸引粉丝、形成品牌效应等方面将越来越简单。

1. 移动营销的特征

移动营销的发力点在于移动智能终端，而移动智能终端具有随身携带的特性，各种手机应用软件将用户的碎片化时间充分利用起来，进而吸引越来越多的用户参与其中。当前，移动用户的消费行为逐渐呈现出移动化、碎片化、个性化、多元化、社交化、生态化等特征，促使移动营销具有以下特征。

（1）精准性：全面获取用户信息。企业通过移动应用及内置广告，一方面，精准获取用户的机型、操作系统等标准化信息；另一方面，获取应用安装列表、媒体使用行为等非标准信息，从而有助于企业对用户的人口统计学和背景信息进行推断，描绘出更加精准的用户行为、使用时间等特征，从而实现移动营销的精准投放及管理。

（2）社交性：提供优质的用户体验。基于移动客户端封装的特性，用户不可以在 App 活动界面上使用其他的应用。因此，企业借助移动营销能够为用户提供优质的用户体验，主要表现为在线客服答疑、游戏活动的参与、精准信息的推荐等，最大限度地实现用户体验的流畅性和一致性。

（3）位置性：精准锁定用户位置。移动智能终端具有移动定位的功能，企业通过定位设备获取用户的地理位置，不仅可以根据当前的位置推送周边的营销活动，而且可以描述用户的生活轨迹，从而更加精准地定位目标受众，指导企业营销活动的开展，并且可以加入一定的社交属性，增强与用户的互动体验。

（4）长尾性：整合长尾资源。手机的属性是个性化、私人化、功能复合化和时尚化，人们对于个性化的需求比以往任何时候都更加强烈。利用手机进行移动营销具有强烈的个性化色彩，使得移动营销自身具备长尾特性，具体表现在流量的分布、用户的使用时间和频次等方面。抓住优质媒体、整合长尾资源是企业普遍采用的营销策略。

2. 移动营销的模式

从营销内容的表现形式来看，移动营销的模式主要有移动广告营销模式、二维码营销模式、App 营销模式及移动 O2O 营销模式等。这里主要讲解移动广告营销模式和移动

O2O 营销模式。

（1）移动广告营销模式。因为手机屏幕太小、流量有限等问题，在手机端继续使用横幅广告和视频广告，不仅会影响用户的体验，还会直接增加用户的资费负担，无法完美地将其嫁接到移动互联网平台上，因此，移动广告营销出现了原生广告、LoopMe 和游戏内置广告三种模式。

1）原生广告模式。原生广告是为了消除用户对广告产生的厌恶心理，而对广告进行一定的设计，使广告与内容保持和谐，甚至成为内容的一部分。目前，该类模式有：插屏、视频、Feeds 信息流、移动搜索、锁屏应用、游戏关卡、主题表情、Banner 等。推广的视频、被赞助的内容、相关的优惠券及受赞助的文章等原生广告不仅不会干扰到用户，而且会为用户体验带来新的价值。因此，原生广告的关键在于品牌内容的质量，核心的要素是：融入媒体环境、用户自主选择、提供价值内容。

2）LoopMe 模式。LoopMe 模式，又称智能广告箱，它是一个在应用中显示的小按钮，完全不会影响用户的操作，如果用户想要查看这些广告，只需点击这个按钮，广告就会显示出来，平时这些广告不会打扰用户。LoopMe 还添加了“允许用户对广告进行投票”的功能，并将那些用户不喜欢的广告“踢出”广告盒，从而保证广告的整体质量。此外，LoopMe 还为用户提供了一个简单的返回按钮，保证用户随时能够返回之前的应用或游戏中。

3）游戏内置广告模式。游戏内置广告是将广告内置到游戏中，让用户在玩游戏的过程中点击。在移动互联网上，游戏最先兴起，也最早获利，就是因为内置广告这一模式适应了移动终端的用户习惯。例如，京东与某款非常火爆的手机游戏合作，将京东广告内置到游戏玩家乘坐的道具中，就是这种模式的体现。通过游戏内置广告模式，将广告与游戏内容整合在一起。这种广告能给用户带来虚拟世界中的利益，从而增加用户的接受度。

（2）移动 O2O 营销模式。移动 O2O 营销模式是在移动互联网时代，线上（手机等终端的虚拟世界）和线下（现实世界）互动的一种新型营销模式。线上和线下是依存在一起的，需要在现实和虚拟之间实现深度交互。营销、交易、互动和消费体验是移动 O2O 营销模式中最活跃的行为，有 4 种典型模式。

1）Online to Offline 模式，是指线上交易、线下体验消费的移动营销模式。例如，美团外卖、淘票票等生活服务类应用，就是线上完成交易、线下体验消费的模式。

2）Offline to Online 模式，是指线下营销、线上交易的移动营销模式。例如，现在大多数门店都会设置二维码实现移动支付、手机下单购物、浏览网页、添加微信关注、线下领取会员卡等功能。

3）Offline to Online to Office 模式，是指线下营销、线上交易、线下消费体验的移动营销模式。例如，三大电信运营商会开展“预存话费，送……”活动，此模式就是线下营销、在线完成交易，手机客户到线下完成消费体验。

4）Online to Office to Online 模式，是指线上交易或营销，线下消费体验后再回到线上的移动营销模式。例如，曾有某款游戏道具中有虚拟的麦当劳套餐，玩家购买后，需要到线下的麦当劳店中吃完套餐，再回到线上玩游戏。此模式使用较少，但所体现出的经典的线上线下互动，却具有较大的市场潜力。

五、网络营销的实施

在互联网时代，企业要想实现营销价值的最大化，必须首先具备新媒体营销的思维，并且熟练运用。常见的思维主要包括互联网思维、全局思维、跨界思维、大数据思维以及共享经济思维。

（1）互联网思维。互联网思维是指在（移动）互联网+、大数据、云计算等科技不断发展的背景下，对市场、用户、产品、企业价值链乃至对整个商业生态进行重新审视的思维方式。

（2）全局思维。全局思维，又称战略思维，即从实际出发，正确处理全局与局部、未来与现实的关系，并抓住主要矛盾制定相应规划，为实现全局性、长远性目标的思维方式。

（3）跨界思维。跨界思维是指以大世界大眼光，从多角度、多视野看待问题和提出解决方案的思维方式。它不仅代表一种时尚的生活态度，更代表一种新锐的思维特质。

（4）大数据思维。大数据思维是指在理解、决策和创新过程中，运用大数据的理念、技术和方法，从海量数据中抽取有价值信息、发现模式和趋势，以数据驱动替代经验和直觉的思维方式。

（5）共享经济思维。共享经济思维是指本着互惠互利的原则，将社会资源的价值最大化地利用起来，实现共享各方的利益最大化的思维方式。

网络营销竞争越来越激烈，也就意味着网络营销的成本将越来越高，企业仅仅依靠传统的网络推广方式（如搜索引擎营销或者单一网络平台推广等）成本过高，而且获得的潜在用户有限，因此，网络营销的实施需要进行多渠道网络推广方面的探索。企业实施网络营销时应做好以下五个方面的工作：

（1）市场调研。企业通过市场调研的手段，对市场进行客观的了解，主要是了解客户群体以及客户群体的日常行为和思维方式。企业只有知道自己的客户是谁、客户在哪里、客户的需求量等情况，才可能真正地利用网络与客户达成交易。

（2）市场定位。市场定位就是根据所做的市场调研来判断企业是否适合通过网络进行营销。虽然网络空间很大，但并不是所有的企业都适合通过网络来达成业务，所以企业一定要结合自身的实际情况作出决策。

（3）方案制定。企业应根据市场定位，找到目标客户群在互联网上的主要集中区域。例如，有些客户群主要通过搜索的方式获取信息，而有的主要集中在行业网站，有些则主要通过论坛了解相关资讯。企业应针对不同的目标客户群制定详细的推广方案，着重研究怎样通过有效的方式将商品信息传递给客户等。

（4）方案执行。企业应确立方案的负责人，将任务分解细化，将客户最想要的以客户最希望的方式展示给他们，并且要做好与客户的沟通工作。

（5）效果评估及策略调整。企业应对方案执行情况进行科学的定位以及时调整方案，主要评估的标准是客户关注度和客户咨询量的对比、客户咨询量和客户成交量的对比，以此为依据找出提高销量的方法并予以实施。

总之，理想的网络营销服务应该具备：一是跨平台网络推广，将方便留给用户；二是网络营销效果第三方监控，将知情权还给用户；三是全程整合网络营销，将效益带给企业。

项目三 关系营销

随着科学技术的进步，以全球市场和信息技术革命为基础的经济发展迅速。全球信息化与经济全球化作为不可阻挡的发展潮流，以及电子通信、交通运输等行业的迅猛发展，使得人与人之间的时空距离相对缩短。距离的缩短使得生产者之间、生产者与消费者之间的依赖性、相关性也越来越强，彼此之间越来越注意相互情感的倾诉。作为大中型酒店，对这种时代特征不可漠然视之，要处理好这种互动关系，形成持续发展的基础和动力，达成酒店的战略目标。

活动 1 酒店关系营销战略讨论

活动目的：了解学生对酒店关系营销的初步理解现状，引导学生正确理解。

活动内容与要求：分组讨论“我国的大中型酒店运用怎样的方式体现酒店关系营销的战略核心作用”。制作汇报 PPT，小组代表发言。

结果与检测：能够作出比较正确的论述。

提示：教师及时引导、纠正。

活动 2 为特定酒店设计关系营销方案

活动目的：引导学生了解学习本项目的目的，并学以致用。

活动内容与要求：团队每个成员为特定酒店分别设计关系营销方案；制作简易的 PPT 汇报，学生互评；教师点评，比较评价。

结果与检测：根据酒店实际情况，制定科学、有效的关系营销方案。

提示：教师及时引导、评价。

一、酒店关系营销的含义和实质

（一）酒店关系营销的含义

酒店关系营销是指识别、建立、维护和巩固酒店与顾客及其他利益相关者的关系的活动，并通过酒店的一系列努力，以成熟的交换机制及履行承诺的方式，使活动涉及的各方面的目标在酒店关系营销活动中实现。这一观念强调的重点是在酒店与顾客及其他利益相关者之间建立起相互信任的合作关系。酒店关系营销也是酒店和顾客通过交换服务和价值的同时，创造双方更加亲密的相互依赖关系，以满足社会需求的一个管理过程。在面向经济全球化、服务多元化和个性化的21世纪，酒店关系营销是大型酒店服务营销的核心战略。

（二）酒店关系营销的实质

（1）双向沟通。在关系营销中，必须建立和发展与相关个人及组织的互动关系，建立双向沟通机制。只有实现广泛的信息沟通与信息共享，才能赢得各方面的支持。

（2）合作共赢。酒店企业应建立和发展与相关个人及组织的互动关系，通过广泛的信息沟通与信息共享，实现合作共赢。

（3）情感维护。关系营销双方的关系能否维护，不仅要看物质上的双赢，而且要建立与维护情感关系，使得参与各方能够从关系中获得情感需求的满足。

（4）动态控制。参与各方的关系在不断变化，酒店企业必须通过建立专门的关系营销机构不断了解合作各方的动态、态度的转化等，及时采取措施消除关系中不稳定的因素和不利于关系各方利益共同增长的因素，以维系多方合作共赢的关系。

二、酒店关系营销的原则

酒店企业可以运用以下几个原则来体现酒店关系营销的核心作用。

（1）主动沟通原则。在酒店关系营销中，各关系方（如旅行社与大型酒店、大型酒店与政府主管部门等）都应主动与其他关系方接触和联系，相互沟通消息，了解情况，形成沟通机制或以合同形式定期或不定期接触，相互交流各关系方的需求和利益变化情况，主动为关系方服务或为其解决困难和问题，增进伙伴间的合作关系。

（2）承诺信任原则。在酒店关系营销中，关系方相互之间都应作出一系列的书面或口头承诺，并以实际行动履行诺言，这样才能赢得关系方的信任。

（3）互惠原则。在与关系方的交往过程中，必须满足关系方的经济利益，并通过在公平、公正、公开的条件下进行高质量的产品或价值交换，使关系方都能得到实惠和利益。

三、酒店关系营销策略

（一）顾客关系营销策略

1. 树立以顾客为中心的观念，提高顾客满意度

长期以来，我国酒店业一直将“如何更好地满足顾客的功能需求”作为酒店的追求目标，在这种经营理念的支配下，酒店企业经营的重心始终离不开产品，即物质型的基础满足，强化酒店的“吃”“住”功能成为酒店经营的基本点。而在感性消费时代，顾客在某酒店享受服务是出于对该酒店某项服务的良好感受，出于某种信任、荣誉和爱好等方面的要求，出于情感的渴求和心灵的认同。因此，在酒店关系营销中建立并维持与顾客的良好关系是酒店服务营销活动成功的基本保证，因为顾客是酒店生存和发展的基础。要做到这一点，酒店企业首先要一切从消费者出发，切实考虑他们的需求和欲望以及愿意为之付出的成本。其次，酒店企业要切实关心消费者的利益，提高消费者的满意程度与享受服务的便利性，将顾客的利益落到实处。最后，酒店企业要加强与顾客的联系，密切双方感情。

2. 数据库营销和顾客组织化营销

酒店企业建立和维持与顾客良好关系的具体手段还包括进行酒店的数据库营销和顾客组织化营销。酒店数据库营销是指通过采集、积累有关酒店顾客各方面的信息，利用计算机技术进行综合处理并加以科学的分析，从而更加完善地为顾客服务，节约营销成本，提高酒店关系营销效率。顾客组织化是指通过有效的消费者组织战略，将酒店顾客纳入酒店的外围组织系统中，使酒店与顾客更为紧密地结合，培养顾客对企业及其产品品牌的忠诚，并使酒店能对顾客形成比较有效的控制。例如，酒店企业成立会员俱乐部，成员是现有顾客或潜在顾客。俱乐部为会员提供各种特殊服务，包括产品信息、优惠价格、优惠销售条件或方式、优先挑选权等，从而为企业培养稳定的顾客群，最终获得利益。同时，这种方式也有利于形成一个直接的反馈系统，并产生群体广告效应。

案例分析

酒店关系营销

根据“二八定律”，酒店都十分重视顾客忠诚度的培养，因此对消费者的争夺重点也由原来的争取新的消费者转为凝聚已有的顾客。最简单的关系营销是利用价格刺激顾客的财务利益从而维持双方忠诚关系，如各酒店发行的会员卡，客人凭卡消费能享受一定的折扣和优惠。而深一层次的关系营销就是增加会员财务利益的同时，也增加他们的社会利益。如为客人提供个性化服务，让会员享有优先权，定期或不定期地为会员举办专业论坛、文体活动。

Hotel Club 就是一种典型的关系营销模式，最早启用该计划的是香格里拉酒店管理集团和希尔顿酒店集团。Hotel Club 将顾客占有率和忠诚度放在首位，充分利用“二八定律”，以建立会员制为发展导向，运用专业的电话营销方式，为酒店挖掘培养出一批具备高消费能力的忠实客户群体。

Hotel Club 通过贵宾卡的组合方式，将酒店房间、餐饮、娱乐休闲等消费项目预售给顾客，并建立顾客数据库，登记所有会员的翔实资料，及时解决会员在酒店消费时遇到的问题，并通过各种会员活动，与会员进行交流，培养会员的忠诚度。也正是因为 Hotel Club 与会员之间的密切交流，所以双方除了普通的交易关系外，还存在一种相互渗透、相互支持的伙伴关系、情感关系，确保了会员的稳定性与忠诚度。

资料来源：山东省旅游饭店协会．六种酒店营销策略［EB/OL］．（2023－07－29）［2024－12－11］．微信公众平台．

分析：

Hotel Club 是如何实施关系营销的？

要点提示：

首先，Hotel Club 通过会员制建立与顾客的长期联系，利用贵宾卡预售酒店各项服务，绑定消费者的消费习惯，增强顾客黏性。其次，Hotel Club 注重顾客数据的收集与整理，建立详尽的顾客数据库，以便及时解决会员在消费中遇到的问题，提供定制化服务，增加会员的财务利益和社会利益。最后，Hotel Club 通过组织各类会员活动，如专业论坛、文体活动等，与会员进行深入交流，培养情感关系，将简单的交易关系升级为相互渗透、相互支持的伙伴关系，从而确保会员的稳定性和忠诚度。

（二）供应商与中间商关系营销策略

随着市场机制的不断完善，酒店业从供不应求转向基本平衡，现在更转向以供过于求为主要特征的买方市场。酒店的数量、客房和床位的数量逐年上升，而酒店业的利润却在下降。酒店进入微利时代已成为一种不可逆转的趋势。在买方市场的微利时代，酒店企业如果还按照原先以质量、价格为重心的商品经营模式，必然会受到市场竞争的强大挤压。因此，酒店企业必须致力于酒店关系营销，与供应商、中间商之间建立长期的合作关系，讲究信用、互惠互利、诚意合作、共同发展。

（三）竞争者关系营销策略

在当今市场竞争日趋激烈的形势下，过去的营销观念所强调的视竞争对手为仇敌的彼此势不两立的竞争不利于企业目标的实现。酒店企业应通过各种横向或纵向的酒店间的合作来巩固已有的市场地位，并依靠合作所产生的合力开辟新市场。从宏观的角度来讲，就是减少无谓的竞争损失，提高竞争效率，达到竞合效果。

（四）企业内部关系营销策略

内部营销是企业关系营销的基础，企业只有内部关系协调融洽、内部团结协作，才能外求发展。

1. 建立良好的内部沟通氛围

内部沟通就是与企业内部公众进行沟通。内部公众是指组织内部沟通、传播的对象，包括由组织内部全体员工构成的公众群体，如企业内部的员工、员工家属、股东等。内部公众是与组织利益关系最密切的公众，是组织内部公关工作的重要对象，又是外部公关工作的主体。酒店企业需要通过自身成员的认可和支持来增强内部凝聚力，需要通过全员公共关系来增强外部张力。因此，酒店企业需要营造良好的内部沟通氛围。

2. 造就良好的员工信念

员工信念是企业及其员工所公认的，在实践中奉行的一种文化价值观念。酒店的价值观是酒店企业文化的核心。酒店的价值观是指酒店企业在追求经营成功过程中推崇的基本信念及奉行的目标。例如，酒店制度文化是酒店企业为实现目标给予酒店员工的行为一定的方向、方式的具有适应性的文化。酒店制度文化是酒店企业文化的重要组成部分，同时又是精神文化的基础和载体。所以，酒店企业在领导机制、组织机构的建立以及管理制度的制定方面一定要全面、系统、协调、有效。在制度建设上，酒店企业不能仅仅考虑纪律与限制，还要建立激励机制、沟通机制等；正确处理好管理者与员工、企业与员工、员工与员工之间的关系；树立集体价值高于个人价值、协作价值高于单体价值、人的价值高于物的价值的价值观；关心员工、尊重员工，给员工以安全感、受尊重感和成就感，使员工真正体会到工作的意义，从而使他们能够在各种制度的约束下，最大限度地发挥自己的能力和才能，服务好酒店的客人。

3. 满足员工各层次的需求

酒店企业在加强对员工的激励过程中，不能仅仅凭物质激励加强员工公共关系，而要满足员工各层次的需求，既包括现实需求又包括潜在需求，既包括物质需求又包括精神需求。一般来说，酒店企业要同时考虑员工的生理需求、安全需求、社交需求、尊重需求、自我实现需求和对下一代培育的需求等，做到真心关心员工，尽力提高员工的满意度。

（五）政府机构与组织关系营销策略

酒店企业应协调处理好酒店与政府及各种社会团体的关系，创造良好的关系营销环境，努力扩大自身的市场份额。政府出于国家利益的考虑，通过立法、行政、经济等手段对社会经济活动实行宏观调控和管理，因此酒店的营销活动必然受到政府有关规定的影响。政府在酒店举行公务活动时，酒店应该持积极的态度，保证酒店关系营销的成功，这有利于酒店树立良好的公共关系形象，并通过与政府的密切合作获取直接或间接的利益。酒店可以借此开展酒店关系营销，促进与政府或者社会团体的联系，从而占据相关的政府公务活动的大部分市场份额。

一般来说，酒店企业可以通过组织宣传型公共关系活动树立企业形象；通过服务型公共关系活动为顾客提供全方位服务，最大限度地满足顾客需求；通过社会型公共关系活动，如赞助性活动、公益性活动等赢得社会声誉与顾客的支持；通过交际型公共关系活动，建立广泛的公共关系网络；通过征询型公共关系活动，了解民心民意，保持酒店与社会环境之间的动态平衡。

操作训练

1. 案例分析

酒店公关部经理的岗位职责

（1）负责组织实施酒店的业务推广和商品销售活动，树立和提高酒店的声誉，使酒店商品有一个好的市场。

（2）负责与业务单位进行业务洽谈，以及合同、协议的拟订与草签；受理单位或个人的房间、宴会厅预订，会议场地租赁等业务。

（3）了解和掌握市场信息，进行市场预测和分析；了解和掌握同行的业务状况，收集业务情报，向总经理提供报告，便于经济决策，使酒店商品销售建立在可靠的基础上。

（4）经常对长期住客、政府相关机构、合作公司、社会团体等进行礼节性的拜访，征求他们的意见，密切与他们的关系，希望得到他们业务上的关照、支持和惠顾。

（5）凡节日与大的纪念性活动，要向有业务联系的单位和个人发贺电、贺信或寄出贺卡，还可以邀请他们参加酒店组织的庆祝或纪念活动。

（6）负责 VIP 的接待，并将他们的情况转告有关部门。向客人介绍酒店的情况，了解他们的需要，尽可能给予满足。

（7）对来酒店学习考察和参观的客人要热情友好，向他们介绍情况要认真细致，给客人留下良好的印象。

（8）利用一切机会和场所进行公关活动，如在宴会、酒会、茶话会、展览会、洽谈会、座谈会、庆祝会等一切社交活动中宣传酒店产品。

（9）负责组织酒店宣传材料的编写、印刷及宣传，并与宣传部门、新闻界建立良好关系，取得他们的支持和帮助。

（10）负责酒店资料的收集、积累，文件、材料的整理、编写等工作。

（11）负责对部属进行培训，建立公关销售业务档案，以便查阅。

资料来源：佚名．某酒店公关部经理岗位负责制［EB/OL］．(2023-06-20)［2024-12-10］．360 文库．

思考：阅读酒店公关部经理的岗位职责，分析酒店关系营销活动的优劣。

2. 团队操作

实训内容：了解当地某家酒店企业的营销活动内容。

实训目标：让学生初步了解酒店营销活动的基本内容，并设计新营销方案。

实训组织：成立实训小组，要求 3～6 人为一组。以小组为单位，在两周内利用周末时间来完成实训任务。

实训提示：实训小组既可以实际走访某家酒店企业，也可以通过二手资料了解有关信息，创新营销方案。

实训成果：制作 PPT，课堂汇报。

3. 情景模拟

实训内容：学生扮演不同角色，模拟酒店关系营销活动。

实训目标：让学生体会酒店关系营销策略。

实训组织：成立实训小组，要求 2～3 人为一组，学生分别扮演酒店营销岗位的不同角色与客户角色，现场模拟关系营销的服务过程、事件的处理。其他学生观察，发现问题并讨论。

4. 能力训练

某市有一家豪华公寓，周围景色迷人、服务优质、价格合理，但因交通不便，公众担心入住酒店后不方便购买日常用品，而且周围缺少娱乐场所而不能休闲娱乐。自开业以来，该公寓的大部分房间处于空置状态。公寓采取降价手段后，销售仍不见起色。这家公寓决定通过公关活动来推动销售。假若你是公关部经理，你将如何开展公关活动？要求策划出具体的公关方案。

模块小结

完成本模块，你应该清楚：

1. 绿色营销是一种新的营销概念，是人类跨世纪营销活动的一个新飞跃。绿色营销又称环境营销、生态营销，其焦点是如何使市场能更加顾及环境保护以及社会经济发展的可持续性。从本质和内涵上看，企业绿色营销是企业以环保观念为经营指导思想，以绿色消费为出发点，以绿色文化为企业文化核心，在满足消费者绿色消费需求的前提下，为实现企业目标而进行的营销活动。它是传统市场营销的进一步扩展和深层次延伸，比传统市场营销意义更深远、更具时代性。

2. 互联网具有营销价值，企业或个人可以利用合理的互联网方式实现营销目标。企业应当维护互联网营销环境，坚持规范的网络营销，反对不正当竞争行为。从广义上讲，网络营销是以互联网为主要手段，为达到一定营销目标的经营活动。从营销的角度出发，网络营销是企业整体营销战略的一个组成部分，是为实现企业总体经营目标所进行的，以互联网为基本手段，营造网络经营环境的各种活动。

3. 酒店关系营销是指识别、建立、维护和巩固酒店与顾客及其他利益相关者的关系的活动，并通过酒店的一系列努力，以成熟的交换机制及履行承诺的方式，使活动涉及的各方面的目标在酒店关系营销活动中实现。这一观念强调的重点是在酒店与顾客及其他利益相关者之间建立起相互信任的合作关系。酒店关系营销也是酒店和顾客通过交换服务和价值的同时，创造双方更加亲密的相互依赖关系，以满足社会需求的一个管理过程。在面向经济全球化、服务多元化和个性化的21世纪，酒店关系营销是大型酒店服务营销的核心战略。

素养园地

素养目标：培养学生热爱酒店事业，认同并践行酒店行业的核心价值观，如服务至上、顾客为尊等，形成正确的职业认同感和归属感；强调在服务中融入人文关怀，理解并尊重每一位顾客的情感需求，学会通过提供情绪价值来增强顾客满意度和忠诚度。

情绪价值当道，酒店如何创新运营？

1. 何为情绪价值？

“情绪价值”一词最早来源于经济学和营销领域。美国艾奥瓦大学商学院的杰弗里·贝利教授将情绪价值用公式表达为：情绪价值=情绪收益－情绪成本。简言之，顾客的积极情绪体验减去消极情绪体验，即一种让人“心生愉悦”的超能力，超能力的组成可以是空间产品的功能、美学、材料、结构及空间主人的服务能力。

随着消费升级和大众审美意识的觉醒，我国正迈入体验经济时代；在酒店业这一影响城市先锋人群并引领他们消费观念和生活方式的前沿之地，“体验”成为迈入发展新阶段的“关键词”。

2. 酒店提供情绪价值的案例

● 松赞——让顾客与品牌产生情感联结

在中国酒店业高速发展的20多年里，松赞度假酒店集团走上一条截然不同的发展之路，它将在地自然、人文景观与山居旅行完美融合，通过植入与定位相适配的产品与功能，致力于传递获得幸福和快乐的价值，与顾客产生情感联结，为消费者带来积极正向的情绪价值。

注重场景营造，构建情感升华的场景。松赞度假酒店集团不仅提供优质的住宿服务，更是将藏文化深深地融入酒店的每一个角落。从建筑设计到内部场景，从餐饮服务到文化体验，每一处都充满了浓郁的藏族风情，致力于带领消费者沉浸式感受淳朴和宁静，从而产生高能的体验瞬间，进而在消费者心中留下独特的认知和印象。

明确产品逻辑，打造独特的精神世界。松赞度假酒店集团最初的定位就是做旅行、做藏文化，而不是做一个好酒店。基于这套逻辑，松赞度假酒店集团更加关注所在土地的力量、时间的力量、空间的力量，并成立了“在地产品运营中心”，致力于将其转化为消费者所需要的产品，并以符合消费者需求的呈现方式，与消费者进行交互，以期为消费者带来生活美学和生活哲学的思考，从而带来心灵精神净化和情绪价值体验。

● 西安丽思卡尔顿——用场景设计熨帖旅人情绪的感官秘境

在快节奏的现代生活中，酒店不仅仅是一个简单的住所，而更多地成为人们寻求精神慰藉和心灵放松的场所。西安丽思卡尔顿酒店通过重视公共空间、休息区域的场景设计与打造，并形成开放且利于社交的场所，方便人与人、人与场景建立情感联结，满足旅游者"悦己"的首要目标，营造"松弛感"旅行场景，从而满足消费者的情绪价值。

场景设计，生活回归。酒店建筑采用黑、白主色调，展现都市生活的品质与格调，契合都市消费者的审美需求；抵达庭院则采用西安的传统中式庭院，郁郁葱葱的树木为消费者营造一个与世隔绝的绿洲，满足消费者的休闲情绪；大堂设计采用格栅、绿植等元素，呈现静谧的四合院氛围，实现消费者远离城市喧嚣、回归生活本质的情绪价值。

艺术植入，触动情愫。酒店大堂融入"城墙""皮甲""窗棂""青砖"等历史文化元素，带领消费者感受当代时尚与历史古韵的魅力碰撞。酒店共有 1 000 多件收藏品和艺术品，通过将艺术融入环境，与消费者来一场不期而遇，打造绝佳的体验瞬间，助力消费者与酒店共同诠释艺术的力量，从而为消费者营造独特的消费体验。

● 亚朵 4.0——聚焦"中国体验"，契合顾客情绪需求

亚朵酒店作为"体验派"的坚定代表，始终秉承"从经营房间升级为经营人群"的经营理念，致力于为顾客提供有温度的服务，使顾客感受到家的温暖。亚朵 4.0 的面世更是推动中高端酒店进入高质量发展新阶段，通过精细化服务与消费者共情，致力于抢占新一代商旅消费者的心智，打造高情感赋能的创新产品和细节服务。

提供个性服务，打造独特体验。亚朵通过提供个性化迎宾体验来展现对细节服务的承诺，根据客人的偏好和住宿历史精心挑选，赠予每位客人量身定做的欢迎礼物，从手工艺品到当地特产，使客人感受到独特的欢迎仪式，赋予顾客温暖的情绪体验。

聚焦基础需求，满足深睡体验。在深睡体验打造上，亚朵 4.0 增加了至少一个深睡楼层，在隔音、睡眠、智能等方面进行全面升级。与此同时，每个深睡楼层中还会设置 3～6 间冥想房，通过亚朵星球的床品升级、智能化一键入睡功能增设以及助眠音乐、助眠香氛等产品配置，为用户打造沉浸高质的深睡体验，充分照顾顾客的入住体验和实际需求。

针对细分市场，关注情绪价值。考虑到商务出行人群的办公需求，亚朵 4.0 推出了专享私密商务空间——"坐云"；并通过氛围的升级、家具设计等途径，满足小型会议及活动需求，贴合商务人群的消费特点。

资料来源：张晓峰．情绪价值当道，酒店如何创新运营？[EB/OL].（2024-05-22）[2024-12-09]．迈点网．

问题：情绪价值在酒店业中的重要性体现在哪些方面？

分析提示：情绪价值在酒店业中的重要性体现在以下几个方面：首先，情绪价值能够提升顾客的积极情绪体验，减少负面情绪体验，增强客人的满意度和忠诚度。其次，情绪价值可以通过空间设计、服务能力和文化体验等方面，为客人带来独特的消费体验。最后，情绪价值有助于酒店与客人建立情感联结，提升品牌形象和市场竞争力。在酒店业中，提供情绪价值对于提升客人满意度和忠诚度至关重要。例如，松赞度假酒店集团通过将藏文化融入酒店设计与服务中，为客人带来沉浸式文化体验，从而与顾客产生情

感联结，提供正向的情绪价值。这种情感联结能够增强客人的归属感和忠诚度，促进酒店的长期发展。

思考练习

1. 联系某酒店企业实际情况，说明该酒店企业当前应如何实施绿色营销策略。
2. 网络营销的工具有哪些？
3. 如何理解关系营销？

参考文献

［1］罗维晗，张振．经济发展阶段研究：1978—2023［M］．北京：经济管理出版社，2024.

［2］冯英健．网络营销基础与实践［M］．5 版．北京：清华大学出版社，2016.

［3］菲利普・科特勒，凯文・莱恩・凯勒，洪瑞云，等．营销管理：亚洲版・第 6 版［M］．王永贵，等译．北京：中国人民大学出版社，2020.

［4］李海琼．市场营销理论与实务［M］．2 版．北京：清华大学出版社，2015.

［5］成荣芬．网络营销策划实务［M］．北京：中国人民大学出版社，2013.

［6］瑞鹏．希尔顿家族：永恒的酒店帝王［M］．北京：新世界出版社，2016.

［7］陈学清．酒店市场营销［M］．3 版．北京：清华大学出版社，2023.

［8］黄昕．酒店与旅游业市场营销：基于数字化创新［M］．北京：机械工业出版社，2024.